DIM SUM

Chinesisch in kleinen Portionen

Frank Meinshausen und Heike Kraemer

REICHERT VERLAG WIESBADEN

Bibliografische Information der Deutschen Nationalbibliothek
Die Deutsche Nationalbibliothek verzeichnet diese Publikation in der Deutschen Nationalbibliografie; detaillierte bibliografische Daten sind im Internet über http://dnb.dnb.de abrufbar.

ISBN: 978-3-95490-203-3
eISBN: 978-3-7520-0504-2
https://doi.org/10.29091/9783752005042
www.reichert-verlag.de

Gedruckt auf säurefreiem Papier
(alterungsbeständig – pH7, neutral)

INHALTSVERZEICHNIS

Danksagung

Unser aufrichtiger Dank gilt allen, die uns im Laufe der Arbeit an diesem Buch unterstützt haben. Insbesondere danken wir:

Melina Barth, Patty Chang, Miles Chen, Hartmut Göbel, Dominik Holzer, David Z. Q. Jia, Ding Na, Christoph Kampka, Tobias Kegler, Veronika Köppl, Thomas Kraemer, Diana Krause, Hartwig Latocha, Li Dawei, Rebecca Rausl, Jeff Tsai, Claas Vortkamp, Angela Wagner, Anita Weiß, Johannes Weikmann, Chenyang Zhai.

Sie haben uns freundlicherweise passende Bilder aus dem chinesischen Alltag zur Verfügung gestellt bzw. uns als abgebildete Personen ihr Einverständnis zur Veröffentlichung erteilt.

Julius Friedl – für die gelungenen Grafiken und Zeichnungen der Dämpfkörbe.

Jing Zulehner und Lü Tianshu – für ihre aufmerksame Manuskriptdurchsicht, viele wertvolle Verbesserungsvorschläge und ihre tatkräftige Unterstützung bei den Tonaufnahmen.

Sigrun Kotb – für die geduldige und kompetente Betreuung im Verlag sowie die schöne und ansprechende Gestaltung des Buches.

Die Verfasser

Audiodateien zum Download
oder direkten Hören auf
reichert-verlag.de

Benutzerhinweise

Dim Sum, so werden in der kantonesischen Küche Südchinas kleine Häppchen genannt, die meist gedämpft oder frittiert sind, und in speziellen Lokalen zum Tee angeboten werden. In einem *Dim Sum*-Restaurant kann man sich diese kleinen Speisen selbst beliebig zusammenstellen. Das Lehrbuch ***DIM SUM*** hat sich von dieser Idee inspirieren lassen: Es bietet Ihnen beliebig zusammenstellbare Themeneinheiten und durchweg kurze Dialoge, die Sie als kleine „Portionen" genießen können.

DIM SUM ist also kein Lehrbuch im herkömmlichen Sinn. Das Besondere ist, dass Sie nach der Bearbeitung einer Basislektion selbst aussuchen können, mit welchen Themen Sie sich in welcher Reihenfolge beschäftigen möchten. Die weiteren Einheiten des Buches bauen nicht aufeinander auf, sondern können unabhängig voneinander bearbeitet werden. So ermöglicht Ihnen der Kurs, sich gezielt auf diejenigen Alltagssituationen sprachlich vorzubereiten, die für Sie persönlich relevant sind oder während Ihres China-Aufenthalts auf Sie zukommen.

Bei jedem Thema können Sie innerhalb der Lektion selbst entscheiden, ob Ihnen ein einfaches sprachliches Niveau (Stufe A) genügt, oder ob Sie Ihre Ausdrucksmöglichkeiten noch erweitern möchten (Stufe B).

DIM SUM richtet sich an alle, die Chinesisch im Alltag verstehen und sprechen wollen. Deswegen müssen Sie mit ***DIM SUM*** keine Schriftzeichen erlernen. Für Interessierte sind in den Vokabellisten die Schriftzeichen dennoch mit angegeben. Dialoge und Übungen lesen und bearbeiten Sie ausschließlich in der standardisierten Umschrift *Pinyin*, die auch in der Volksrepublik China an vielen Stellen zusätzlich zu den Schriftzeichen verwendet wird, zum Beispiel auf Straßenschildern und auf vielen Produktverpackungen.

Aufbau des Buches

Der Abschnitt **„Zur Aussprache"** hilft Ihnen dabei, die chinesische Lautung auf der Grundlage der *Pinyin*-Umschrift zu erlernen. In den Vokabellisten der Lektionen finden Sie weitere Aussprachehilfen.

Die Basislektion **„Erstes Kennenlernen"** müssen Sie zuerst bearbeiten. Sie bietet auf der Grundlage häufiger Alltagsgespräche eine Einführung in den chinesischen Satzbau und die wichtigsten grammatikalischen Strukturen. Sie lernen hier auch einen grundlegenden Basiswortschatz, der für die Arbeit mit den weiteren Themeneinheiten vorausgesetzt wird.

Die Themeneinheiten beinhalten Alltagssituationen, die auf die Bedürfnisse von Expats und ihren Familienangehörigen sowie von Geschäfts- und Individualreisenden zugeschnitten sind. Nach einer kurzen Einführung mit wissenswerten Informationen zum jeweiligen Thema stellen sehr knapp gehaltene Kurzdialoge einfache Ausdrücke und grundlegende Satzmuster vor, mit denen man sich in den einzelnen Situationen verständlich machen kann (**Stufe A**). Auf den Grundlagendialogen kann man optional mit zusätzlichen Dialogen aufbauen und dadurch erweiterte Ausdrucksmöglichkeiten kennenlernen (**Stufe B**). Jede Themeneinheit enthält zusätzliche wichtige interkulturelle Hinweise und landeskundliche Informationen.

Der Übungsteil zu jeder Lektion ist parallel zu den beiden Schwierigkeitsstufen der Dialoge ebenfalls in einen A- und einen B-Teil gegliedert. Die einzelnen Übungen reichen von stark strukturierten Satzmusterübungen über Hörverständnis-, Grammatik- und Vokabelübungen bis hin zu freien Sprechübungen.

Im Anhang finden sich ein alphabetisches **Wortverzeichnis** sowie eine **Grammatik zum Nachschlagen**, in der alle sprachlichen Strukturen, die in den Lektionen vorkommen, anwendungsorientiert erklärt werden.

Lektionsteil

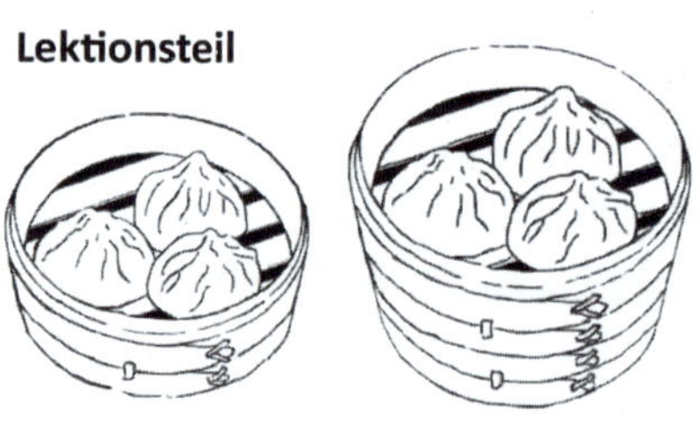

Stufe A *Stufe B*

Als Fortgeschrittene stellen Sie zwei Dampfkörbe übereinander!

Übungsteil

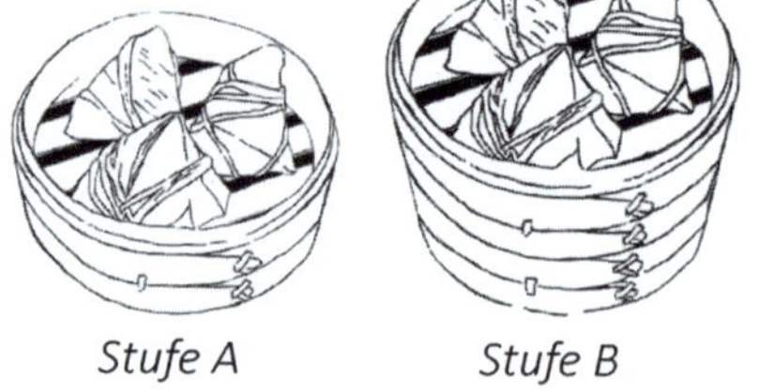

Stufe A *Stufe B*

bāo|zi (包子)

sind Hefeteigtaschen, die mit Gemüse-, Meeresfrüchte- oder Fleischfüllung angeboten werden.

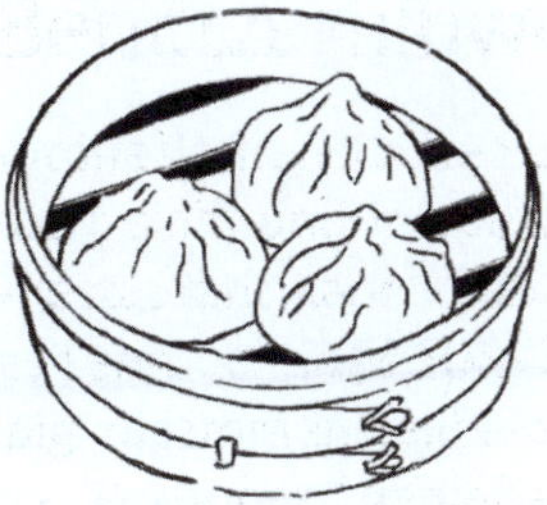

Symbol Lektionsteil

zòng|zi (粽子)

sind in Bambus- oder Schilfblätter eingewickelte Klöße aus Klebreis.

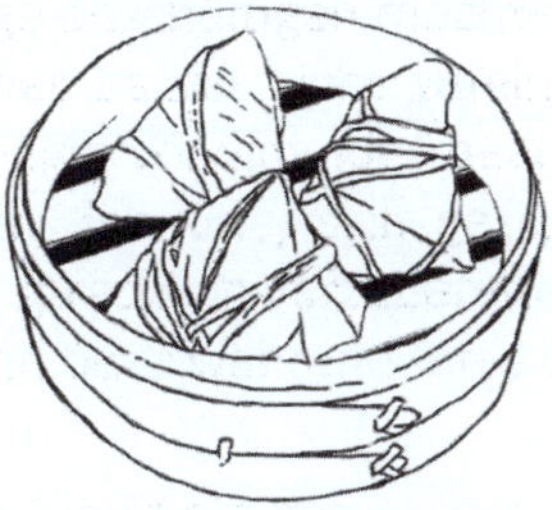

Symbol Übungsteil

jiǎo|zi (饺子)

werden auch chinesische Maultaschen genannt. Neben Chinakohl und Pilzen sind sie entweder mit Gemüse, Garnelen oder (Schweine-)Fleisch gefüllt.

Symbol Grammatik

Zur Aussprache

Chinesisch – Eine Sprache aus wenigen Silben

Die chinesische Hochsprache – auch *Mandarin* genannt – besteht aus nur etwa 400 Silben. Zum Vergleich: Das Deutsche kennt annähernd 12.000 verschiedene Silben! Dazu kommen noch vier mögliche Silbentöne. Wenn Sie die Aussprache einer Silbe einmal beherrschen, dann beherrschen Sie sie für jedes beliebige Wort, in dem diese Silbe vorkommt, ganz gleichgültig, welche grammatikalische Rolle das Wort spielt und ob die Silbe einen Ton trägt oder nicht.
Um die Silbengrenzen deutlich zu machen, wurden bei mehrsilbigen Wörtern Trennstriche zwischen die einzelnen Silben gesetzt.

Die Silbe *shu* wird immer gleich ausgesprochen (wie das deutsche Wort „Schuh“):

shu *–* ***shu****|fa – mi|****shu*** *– ji|****shu****|hua*

Ein weiterer wichtiger Unterschied zum Deutschen besteht darin, dass sich die Silben – sowie die Wörter, die aus ihnen gebildet werden – nicht verändern lassen, man sie also weder deklinieren noch konjugieren kann. Es gibt im Chinesischen also weder Verbformen (wie etwa: ich sage, du sagst, sie sagt, wir sagen usw.) noch Fälle (wie etwa: der Apfel, des Apfels, dem Apfel, den Apfel usw.).

Anstatt Schriftzeichen: die Standardumschrift *Pinyin*

Um die Silben zu schreiben, benutzt dieses Buch die Standardumschrift *Pinyin*. Sie besteht aus den 26 Buchstaben unseres Alphabets sowie dem Umlaut ‚ü‘. Pinyin wird Ihnen auch in China an vielen Orten immer wieder begegnen, z.B. – ergänzend zu den Schriftzeichen – auf Straßenschildern und Produktverpackungen. Pinyin lernen auch alle chinesischen Grundschüler, damit sie wissen, wie die eigene Hochsprache korrekt auszusprechen ist. Außerdem wird die Umschrift bei der Eingabe von Schriftzeichen am Computer genutzt.

Zu den Buchstaben kommen folgende vier Tonzeichen:

ˉ	für den *Ersten Ton.*	Beispiel: ā
ˊ	für den *Zweiten Ton.*	Beispiel: á
v	für den *Dritten Ton.*	Beispiel: ǎ
ˋ	für den *Vierten Ton.*	Beispiel: à

Tonzeichen stehen immer über dem Vokal einer Silbe. Besitzt die Silbe zwei Vokale, dann steht sie über dem Vokal, der jeweils lauter ausgesprochen wird.

shōu / tuó / bǎo / guà

Die vier Töne

Chinesisch ist eine sogenannte *Tonsprache*. Das bedeutet, dass die einzelnen Silben in einer bestimmten „Melodie" gesprochen werden, mit der zusammen sie erst ihre Bedeutung erhalten. Da es im Hochchinesischen vier Töne gibt, kann jede Silbe auf vier verschiedene Arten ausgesprochen werden (zumindest theoretisch, denn tatsächlich kommen manche Silben nicht in allen vier Tönen vor).

Der erste Ton (ā) ist ein hoch gesprochener Ton mit konstanter Lautstärke, der wie eine lange Note ausgehalten bzw. gesungen wird. Aussprache-Tipp: Stellen Sie sich vor, Sie zeigen Ihrem Arzt bei einer Untersuchung die Zunge und machen dabei „aaaa".

Der zweite Ton (á) ist relativ kurz und steigt nach oben. Somit klingt er wie unser Frageton am Ende eines beliebigen Fragesatzes.

Der dritte Ton (ǎ) beginnt in halber Höhe und sinkt tief nach unten, um dann wieder aufzusteigen. Aussprache-Tipp: Versuchen Sie, ein einzelnes deutsches Wort im Ton übertriebener Verwunderung zu sprechen: Wie? – Heute? – Wirklich? Ihre Stimme wird dann fast automatisch hinunter und wieder hinaufsteigen wie beim dritten Ton.

Der vierte Ton (à) fällt kurz und schnell von ganz oben nach ganz unten.
Aussprache-Tipp: Versuchen Sie, einem vorgestellten Gesprächspartner mit einem kurzen und heftigen ‚Nein!' klar zu machen, dass Sie mit etwas überhaupt nicht einverstanden sind.

Welchen Ton eine Silbe trägt, entscheidet also über ihre jeweilige Bedeutung.

001

mā (Mutter)	*shū* (Buch)	*guō* (Topf)
má (Hanf)	*shú* (reif)	*guó* (Land)
mǎ (Pferd)	*shǔ* (zählen)	*guǒ* (umwickeln)
mà (beschimpfen)	*shù* (Baum)	*guò* (vorbeigehen)

Allerdings ist Vorsicht geboten. Eine Silbe kann auch mit demselben Ton *mehrere* Bedeutungen haben. Hier entscheidet der Zusammenhang oder die Verwendung der Silbe in mehrsilbigen Begriffen. Aber auch hier ist jeder Silbe in der Regel ein Ton zugeordnet.

shù|lín (Wald; *shù* = Baum)
shù|xué (Mathematik; *shù* = Zahl)
yì|shù (Kunst; *shù* = Methode, Technik)

Hier sehen Sie die vier Töne nochmals in schematischer Darstellung.

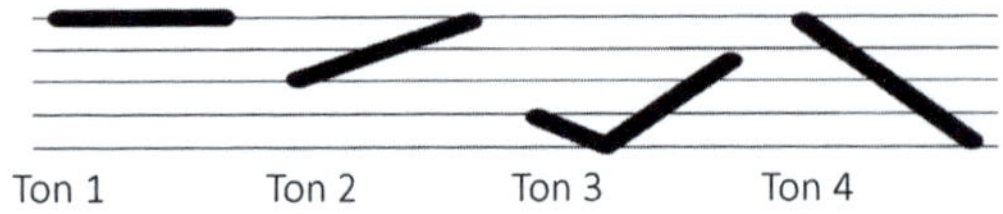

Es gibt auch einzelne Silben, die keinen bzw. einen sogenannten **„neutralen" Ton** tragen. Hierbei handelt es sich oft um Funktionspartikel (wie z.B. den Fragepartikel *ma*) oder die Endsilben bestimmter Verben oder Substantive.

rèn|shi („kennen")
mèi|mei („jüngere Schwester")

Veränderungen von Tönen

002 In wenigen, klar definierten Fällen kommt es bei bestimmten Silben beim Sprechen zu einer Veränderung des ursprünglichen Tons.

a) Tonveränderung bei *bù* („nicht")
Folgt dem Wort *bù* („nicht") unmittelbar eine Silbe mit dem vierten Ton, so wird *bu* im zweiten statt im vierten Ton gesprochen. In diesem Buch wurde die Schreibung entsprechend angeglichen.

bú cuò („nicht übel")

b) Tonveränderung bei zwei dritten Tönen
Folgen zwei Silben mit einem dritten Ton unmittelbar aufeinander, so wird die erste der beiden Silben im zweiten statt im dritten Ton gesprochen. In diesem Buch werden die Tonzeichen beider dritter Töne beibehalten.

hěn hǎo („sehr gut") wird zu *hén hǎo.*

c) Tonveränderungen der Silbe *yī* („eins")
Folgt der Silbe *yī* („eins") entweder eine Silbe im vierten oder im neutralen Ton, wird *yi* im zweiten Ton gesprochen.

yī|dìng („ganz bestimmt") wird zu *yí|dìng.*

Folgt der Silbe *yī* dagegen eine Silbe im ersten, zweiten oder im dritten Ton, so wird sie im vierten Ton gesprochen.

yī nián („ein Jahr") wird zu *yì nián.*

Yī behält nur dann den ersten Ton, wenn es allein oder am Satzende steht. Auch bei *yī* wurde die Schreibung im Buch entsprechend angeglichen.

Einfache Silben

003

Bei vielen Silben wird die Aussprache kein Problem für Sie darstellen, weil Ihnen die Laute vertraut sind. Üben Sie folgenden Beispielsilben mit Hilfe der Tonaufnahme oder Ihrer Lehrkraft.

a an
ba ban bang bi bin bing bu
da dan dang ding du dun
fa fan fang fu
ga gan gang gu gun
ka kan kang ku kun
la lan lang li lin ling lu lun lü
ma man mang mi min ming mu
na nan ni nin nu nü
pa pan pang pi pin ping pu
sa san su sun (gesprochen wie ein scharfes ‚s' bzw. ‚Eszett')
shang shen shu shun
ta tan tang ti ting

Sicher werden Sie diese und weitere Silben als einfach empfinden. Im Folgenden stellen wir Ihnen die Laute vor, die Schwierigkeiten machen können.

Schwierige Anlaute

004

Bei einigen Silben ist die Aussprache des Anlauts nicht ganz leicht und muss daher eine Weile geübt werden. Hier sind typische schwierige Anlaute.

h: wird wie das kehlige ‚ch' im Wort „noch" gesprochen.

h*ǎo*	gut sein	*Nǐ* ***h****ǎo!*	Hallo!
h*uā*	Blume	***h****uā|píng*	Blumenvase

j: wie das ‚j' im Wort „Jeep", nur liegt die Zungenspitze etwas weiter vorne an den Zähnen.

j*iā*	Familie	***j****iā|rén*	Familienmitglieder
j*īng*	Hauptstadt	*Běi|****j****īng*	Peking

Kǎi|bīn|sī|jī (Kempinski)

q: wie das ‚ch' im englischen Wort „cheap" (billig), nur liegt die Zungenspitze etwas weiter vorne an den Zähnen.

q*ī*	sieben	***q****ī|shí*	siebzig
q*ǐng*	bitte	***q****ǐng|wèn*	eine Frage bitte

Jiāng Qīng (chinesische Politikerin, Ehefrau Mao Zedongs)

x: wird wie das ‚ch' im Wort „ich" gesprochen.

x*ī*	West	***x****ī|fāng*	der Westen
x*iǎo*	klein	***x****iǎo|shān*	Hügel, kleiner Berg

Dèng Xiǎo|píng (chinesischer Politiker)
Xī|mén|zǐ (Siemens)

zh: wie das ‚dsch' im Wort „Dschungel".

***zh**è*	das, dies	***zh**è ge*	dieser/diese/dieses da
***zh**ú*	Bambus	***zh**ú|sŭn*	Bambussprossen

Zhāng Xī\|zhé (ehemaliger chinesischer Bundesliga-Fußballspieler)

ch: wie das ‚ch' in „Cha-Cha-Cha".

***ch**á*	Tee	***ch**á|hú*	Teekanne
***ch**ăng*	lang	***ch**ăng|duăn*	Länge

Bēn\|chí (Benz)

z: wie das ‚ds' im englischen Wort „reads".

***z**ăo*	der Morgen	***Z**ăo|shang hao!*	Guten Morgen!
***z**ài*	sich befinden	***z**ài jiā*	zu Hause sein

Zhāng Zī\|yí (chinesische Filmschauspielerin)

c: wie das deutsche ‚z'.

***c**ăo*	Stroh	***c**ăo|bao*	Strohkopf
***c**uò*	falsch, schlecht	*Bú **cuò**!*	Nicht schlecht!

Cáo Cāo (General und Stratege des chinesischen Altertums)

r: das ‚r' wird nicht gerollt, sondern eher „amerikanisch" ausgesprochen.

***r**én*	Mensch	*hăo|**rén***	ein guter Mensch
***r**è*	heiß	*hĕn **rè***	sehr heiß

Die Anlaute ‚y' und ‚w'

005 Eine Besonderheit stellen die Anlaute ‚y' und ‚w' dar, weil sie streng genommen gar keine Anlaute sind, sondern einen fehlenden Anlaut repräsentieren.

y + i: Hier sprechen Sie nur das ‚i' aus. *yi – yin – ying*

y + andere Auslaute: Hier wird ein leichtes ‚i' gesprochen.
ya – ye – yang – yu

w + u: Hier sprechen Sie nur das ‚u' aus. *wu*

w + andere Auslaute:
Hier wird im Anlaut ein leichtes ‚u' gesprochen. *wo – wa – wei – wang*

Schwierige Auslaute

006 Die Aussprache der Auslaute mit den Vokalen ‚a', ‚i', ‚u' und ‚ü' ist, wie Sie oben gesehen haben, sehr ähnlich wie im Deutschen. Anders verhält es sich mit den Auslauten ‚e' und ‚o', sowie- in einigen Fällen- mit dem ‚i'.

e: Vergleichbar mit dem unbetonten ‚e' im Wort ‚danke'.

è	hungrig	*hěn* ***è***	hungrig sein
*zh**è***	das, dies	*Zh**è** shì …*	Das ist …

Gē|dé (Goethe)

i: Im Chinesischen gibt es zwei verschiedene ‚i'-Laute. Ein langes ‚i' (wie im Wort „Krise“) sowie ein kehliger gesprochenes ‚i' das mit dem ‚i' im englischen ‚is' vergleichbar ist. Dieses zweite, kehlige ‚i' wird nach den Anlauten z, c, s, zh, ch, sh und r gesprochen.

*s**ì***	vier	*s**ì**|shí*	vierzig
*ch**ī***	essen	*ch**ī** bǎo*	sich satt essen
*sh**ì***	sein	*bú sh**ì***	nicht sein
*r**ì***	Sonne	*R**ì**|běn*	Japan

Lǎo|zǐ (chinesischer Philosoph)

Achtung, Sonderfall!

i + an: Folgt dem ‚i' der Auslaut ‚an', wird das ‚a' wie ‚e' gesprochen. Die Silbe *lian* etwa spricht sich also wie die letzten vier Buchstaben im Wort „Familien".

Silben mit ‚ian': *nian, mian, dian, tian, bian, xian.*
Ān|lián (Allianz)

o: Wie das kurze ‚o' im Wort ‚Post'.

*w**ǒ***	ich	*w**ǒ** shì ...*	Ich bin ...
*t**ó**u*	Kopf	*t**ó**u|téng*	Kopfschmerzen

Mò|zā|tè (Mozart)

Achtung, Sonderfall!

o + ng: Folgt dem ‚o' der Auslaut ‚ng', wird es wie ‚u' gesprochen. Die Silbe ‚tong' spricht sich also wie die zweite Silbe des Wortes ‚Zeitung'.

Silben mit ‚ong': *hong, gong, rong, dong, nong, long, yong.*

Máo Zé|dōng (chinesischer Politiker)
Kǒng Fū|zǐ (Meister Kong = Konfuzius)

Weitere Besonderheiten zur Aussprache von Vokalen und Vokalkombinationen

a) ‚u' nach j, q, x und y

007

Steht vor einem ‚u' einer der vier Anlaute j, q, x oder y, so wird das ‚u' wie ‚ü' gesprochen. Etwa bei diesen Silben: *qun, yun, xu, ju, qu, jun*

Lǐ Yún|dí (chinesischer Pianist)
Wáng Yǔ|jiā (chinesische Pianistin)

b) Mehrere Vokale hintereinander

Wenn mehrere Vokale in einem Auslaut vorkommen gilt die Regel, dass diese zwar fließend aber doch getrennt voneinander gesprochen werden. Hier einige wichtige Kombinationen: *ei – ie – ai – ao – uo – ou*

Ài Wèi|wèi (chinesischer Künstler)
Hǎi|yīn|lǐ|xī Hǎi|niè (Heinrich Heine)
Mài|dāng|láo (McDonalds)
Tuō|mǎ|sī Màn (Thomas Mann)
Ōu|zhōu (Europa)

c) Die „iu- und ui-Falle"

Stehen die beiden Vokale ‚u' und ‚i' hintereinander, dann ist Vorsicht geboten. Denn in der Schreibung wird jeweils ein Vokal weggelassen, den man bei der Aussprache sehr wohl hört. Es handelt sich einmal um ein ‚o' und das andere Mal um ein ‚e':

iu (Schreibung) → **iou** (Aussprache)
ui (Schreibung) → **uei** (Aussprache)

Eselsbrücke zum besseren Einprägen:

Folgt ‚u' auf ‚i' und ‚i' auf ‚u', kommt mittig ein Vokal dazu.

Etwa bei diesen Silben: *liu, niu, jiu, gui, rui, hui*

Niǔ|yuē (New York), *Niǔ|lún|bǎo* (Nürnberg)
Ruì|shì (die Schweiz), *Ruì|diǎn* (Schweden)

Sollten Sie mit einzelnen Silben Schwierigkeiten haben, können Sie diese mit Hilfe der Tonaufnahmen zu diesem Kapitel üben. Zur Erleichterung haben wir in den Vokabellisten der Lektionen bei schwierigen Silben außerdem immer wieder Aussprachehinweise hinzugefügt.

Wichtige Wendungen im Alltag

008

Eine Frage bitte ...	Qǐng|wèn, ...	请问，…
Was tun?	Zěn|me|bàn?	怎么办
Wie wäre es mit ...?	... zěn|me|yàng?	怎么样
Entschuldigung	duì|bù|qǐ	对不起
Es tut mir leid.	bào|qiàn	抱歉
Das ist mir unangenehm.	Bù|hǎo|yì|si.	不好意思
Verzeihen Sie die Störung. Entschuldigen Sie die Umstände.	Má|fan nín le!	麻烦您了！
Das macht nichts.	Méi guān|xì.	没关系。
Kein Problem.	Méi wèn|tí.	没问题。
Danke!	Xiè|xie!	谢谢
Vielen Dank!	Duō xiè!	多谢
Keine Ursache!	Bú kè|qi!	不客气！
Nicht der Rede wert.	Nǎ|li nǎ|li.	哪里哪里。
Nichts zu danken.	Bú|xiè.	不谢
Das brauche ich nicht. / Das will ich nicht.	Bú yào!	不要！
Auf Ex! Prost!	Gān|bēi!	干杯
Was kostet das?	Zhè ge duō|shǎo qián?	这个多少钱？
Die Rechnung bitte.	Mǎi|dān.	买单
Gehen Sie langsam!	Màn zǒu!	慢走

Geldeinheiten

009

Chinesische Währung	Rén|mín|bì
Euro	Ōu|yuán
Dollar	Měi|yuán

Yuán Währungseinheit (Symbol: ¥)	Kuài umgangssprachlich für Yuán
Jiǎo Währungseinheit für 1/10 Yuán (10 Cent)	Máo umgangssprachlich für Jiǎo

BASIS
Erstes Kennenlernen

„Wie geht es Ihnen?" – Einander begrüßen

Die Begrüßung mit *Nǐ hǎo!* kennen Sie wahrscheinlich schon. Gerade, wenn man schon etwas vertrauter miteinander ist, wird diese Anrede auch gerne verdoppelt. Die höfliche Anrede *nín* wird im Norden Chinas häufiger verwendet als im Süden. In der Regel nutzt man sie gegenüber wesentlich älteren Personen, Vorgesetzten oder Kunden.

1

Sie begrüßen zwei Kollegen.

010 Sie: Nǐ|men hǎo!

Kollegen: Nǐ hǎo, nǐ hǎo!

Ein älterer Herr, den Sie noch nicht kennen, kommt dazu.

Sie: Nín hǎo!

Älterer Herr: Nǐ hǎo!

nǐ|men	ihr	你们	
hǎo	gut, gut sein, gut gehen	好	h = (Ba)**ch**
nǐ	du	你	
nín	Sie	您	

Personalpronomen

ich	*wǒ*	wir	*wǒ|men*
du/Sie	*nǐ|nín*	ihr	*nǐ|men*
er/sie/es	*tā*	sie	*tā|men*

011

Spezialwissen: Wenn beim „wir" die angesprochene Person explizit einbezogen werden soll, wird auch *zán\|men* verwendet.

Sätze mit Adjektivprädikat (S. 232)

Begrüßungen für Fortgeschrittene

012 Wenn Sie jemanden um die Mittagszeit treffen, wird als Gruß gerne die Frage gestellt, ob Sie schon gegessen haben. Das entspricht in etwa dem bei uns häufig gebrauchten „Mahlzeit!". Als Antwort wird die Frage in der Regel bejaht, auch wenn dies nicht stimmt. Eine Verneinung könnte als Aufforderung zu einer Essenseinladung missverstanden werden.

Sie können diese kurzen Sätze als Ganzes lernen. Die Vokabeln dieser Sätze werden in späteren Lektionen nicht vorausgesetzt.

A: *Chī fàn le ma?* „Haben Sie schon gegessen?"

B: *Chī fàn le.* „Ja, habe ich."

Wenn Sie jemanden auf der Straße treffen, wird als Gruß gerne gefragt: „Wohin des Wegs?" oder einfach festgestellt: „Sie sind unterwegs." Wieder ist die Erwiderung formelhaft, eine Antwort auf die Frage, wohin Sie gehen, wird nicht erwartet.

A: *Nǐ qù nǎr?* „Wohin des Wegs?"

B: *Chū|qù yí|xià.* „Ich bin mal unterwegs."

A: *Nǐ chū|qù le!* „Sie sind unterwegs."

B: *Chū|qù le.* „Ja, ich bin unterwegs."

Wer nach Hause oder zurück ins Büro kommt, wird gerne mit der schlichten Feststellung begrüßt: „Du bist/Sie sind wieder da." Auch hier wird als Antwort diese Feststellung einfach wiederholt.

A: *Nǐ huí|lái le!* „Sie sind wieder da."

B: *Huí|lái le.* „Ja, ich bin wieder da."

2

013 *Sie verabschieden sich.*

Sie: Zài|jiàn, zài|jiàn!

Kollege: Zài|jiàn!

zài|jiàn	auf Wiedersehen	再见	z = ds; j = dsch

Zu einem unverbindlichen kurzen Austausch unter Bekannten gehört auch die Erkundigung nach dem Befinden oder danach, wie viel Sie gerade zu tun haben.

3

014 *Sie treffen einen Bekannten auf der Straße.*

Sie: Nǐ hǎo ma?

Bekannter: Wǒ hěn hǎo, xiè|xie. Nǐ ne?

Sie: Wǒ yě hěn hǎo. Nǐ máng ma?

Bekannter: Wǒ bù máng. Nǐ ne?

Sie: Wǒ yě bù máng.

Baukasten*
è: hungrig sein
gāo|xìng: erfreut sein
lèi: müde/erschöpft sein

ma	*Fragepartikel*	吗	
wǒ	ich	我	wo = oa
hěn	sehr	很	
xiè|xie	danke	谢谢	x = (i)**ch** ; ~ie = ~ieah
ne	*Fragepartikel bei Rückfragen*	呢	
yě	auch	也	ye = yeah (engl.)
máng	beschäftigt sein, viel zu tun haben	忙	
bù	nicht	不	

Zur Bildung von Alternativfragen und Rückfragen → Partikel *ma* und Partikel *ne* (S. 231), Adverbien *hěn* und *yě* (S. 222) und Verneinung mit *bù* (S. 236)

* Variieren Sie den Dialog mit den Wörtern im Baukasten, indem Sie die unterstrichenen Begriffe ersetzen. Diese Übung wird Ihnen im Buch immer wieder begegnen. Die Vokabeln im Baukasten sollten Sie mitlernen.

„Mein Name ist Krause, hier ist meine Visitenkarte.“
Sich vorstellen

Baukasten
nǚ|shì: Frau (Anrede)
xiǎo|jie: Anrede für junge Frauen (nur in Verbindung mit einem Famliliennamen)
tài|tai: Ehefrau (Anrede)*

4

015

Sie lernen einen neuen Kollegen kennen.

Sie: Qǐng|wèn, nín guì xìng?
Kollege: Wǒ xìng Wáng.
Sie: Wáng xiān|sheng, nín hǎo.

Qǐng|wèn, ...	Eine Frage bitte ...	请问，…	q = tsch
Nín guì xìng?	Wie ist Ihr werter Familienname?	您贵姓?	~ui = ~uej
xìng	mit Familiennamen heißen, Familienname	姓	x = (i)**ch**
Wáng	*Familienname:* „König“	王	
xiān|sheng	Herr (Anrede)	先生	~ian = ienn

Sätze mit Subjekt – Prädikat – Objekt (S. 232)

* In China behalten beide Partner nach der Heirat ihren jeweiligen Nachnamen. Mit *tài|tai* können Sie eine Frau mit dem Nachnamen ihres Ehemannes ansprechen, wenn Sie ihren eigenen Nachnamen nicht kennen. Im Falle eines Ehemannes geht das nicht, Sie können Ihn einfach mit *xiān|sheng* („Herr“) ansprechen.

Bei geschäftlichen Kontakten werden beim Kennenlernen Visitenkarten, *míng|piàn*, ausgetauscht. Dabei ist es üblich, diese mit beiden Händen zu übergeben und anzunehmen, und es gilt als höflich, die Karte eingehend zu studieren. Auf keinen Fall sollten Sie die Karte einfach gleich einstecken, lieber legen Sie sie auf den Tisch vor sich. Privat ist auch der Austausch von Kontaktdaten über die App WeChat üblich.

5

016

Bei einem Essen sitzen Sie neben einer Person, die Sie nicht kennen.

Sie: Nǐ jiào shén|me míng|zi?

Tischnachbar: Wǒ jiào Wáng Dà|dōng.

Nǐ yǒu míng|piàn ma?

Sie: Duì|bu|qǐ, wǒ méi yǒu míng|piàn.

Tischnachbar: Méi guān|xì.

Baukasten
Wēi|xìn: WeChat (Kommunikations-App)

jiào	heißen, genannt werden, rufen	叫	j = dsch
shén|me	was, welche/r/s, was für ein/e	什么	
míng|zi	Name	名字	zi = dz + (engl.) i(s)
Dà|dōng	*Vorname*: „Großer Osten“	大东	~ong = ~ung
yǒu	haben, es gibt	有	
míng|piàn	Visitenkarte	名片	
duì|bu|qǐ	Entschuldigung	对不起	q = tsch
méi yǒu	nicht haben	没有	
Méi guān|xì.	Das macht nichts.	没关系。	mei = mej

Fragewörter (S. 225)
Verneinung des Verbs *yǒu* (S. 236)

6

017

Bei einem Empfang werden Sie von einem anderen Gast angesprochen.

Gast: Nǐ shì nǎ guó rén?

Sie: Wǒ shì Dé|guó|rén.

Der Gast zeigt auf eine Person, die auf der anderen Seite des Raumes steht.

Gast: Tā yě shì Dé|guó|rén ma?

Sie: Tā shì Zhōng|guó|rén.

Baukasten
Aò|dì|lì|rén: Österreicher/in
Ruì|shì|rén: Schweizer/in
Měi|guó|rén: Amerikaner/in

shì	sein (im Sinne einer Identität)	是	shi = sch + (engl.) is
nǎ guó rén	*wörtl.*: Mensch aus welchem Land?	哪国人	r = (engl.) car
nǎ	welcher/welche/welches	哪	
Dé|guó|rén	Deutsche/r	德国人	
rén	Mensch, Person	人	
tā	er/sie/es	他/她/它	
Zhōng|guó|rén	Chinese/in	中国人	

Sätze mit *shì* (sein) (S. 232)
Fragewörter (S. 225)

Es gibt verschiedene weitere Formulierungen für die Frage nach der Herkunft, zum Beispiel *Nǐ shì nǎ ge guó|jiā* (Heimatland) *de?* oder *Nǐ shì shén|me guó|jiā de?*

018

Länder und Herkunftsorte

Deutschland (Deutsche/r)	Dé|guó|(rén)	德国(人)
Hongkong(er/in)	Xiāng|gǎng|(rén)	香港(人)
Österreich(er/in)	Aò|dì|lì|(rén)	奥地利(人)
Schweiz(er/in)	Ruì|shì|(rén)	瑞士(人)
Singapur(er/in)	Xīn|jiā|pō|(rén)	新加坡(人)
Taiwan(er/in)	Tái|wān|(rén)	台湾(人)
USA (Amerikaner/in)	Měi|guó|(rén)	美国(人)

Weitere Länder und Nationalitäten, die Sie benötigen

7

In einem Museum unterhalten Sie sich mit einer älteren Dame.

019

Ältere Dame: Nǐ duō dà?

Sie: Wǒ sān|shí|bā suì.

... duō dà?	Wie alt ist ...? (bei Erwachsenen oder Jugendlichen)	…多大?	
duō ...?	wie ...?	多	
dà	groß, *hier:* alt	大	
sān|shí|bā	38	三十八	
... suì	*wörtl.*: ... Lebensjahre alt sein	… 岁	~ui = ~uej

Zahlen (S. 237)
Fragewörter (S. 225)

„Wir haben zwei Kinder." – Fragen zur Familie

Schon beim ersten Kennenlernen ist es in China durchaus üblich, sich nach den Familienverhältnissen zu erkundigen, vor allem, wenn Freunde und Familienmitglieder mit Ihnen unterwegs sind und Ihrem Gesprächspartner vorgestellt werden.

8

020

Während eines Abendessens fragen Sie Ihren Kollegen, Herrn Wang, ob er verheiratet ist.

Sie: Nǐ jié|hūn le ma?

Herr Wang: Wǒ jié|hūn le.

Er zeigt auf die Person, die neben ihm sitzt.

Herr Wang: Zhè shì wǒ tài|tai.

Sie: Nín hǎo, Wáng tài|tai.
Wǒ hái méi jié|hūn.

Frau Wang: Yǒu nǚ|péng|you ma?

Sie: Yǒu.

Baukasten
(jetzt sprechen Sie mit einer Kollegin)
zhàng|fu: Ehemann
xiān|sheng: Herr (Anrede)
nán|péng|you: (fester) Freund

jié|hūn le	verheiratet sein	结婚了	j = dsch
zhè	das, dies	这	zh = dsch
hái	noch	还	
méi jié|hūn	nicht verheiratet sein	没结婚	
nǚ|péng|you	(feste) Freundin	女朋友	

9

021 ***Eine Kollegin stellt Ihnen in der Teeküche ihren Begleiter vor.***

Kollegin: Zhè shì wǒ de péng|you.

Sie: Nǐ hǎo, hěn gāo|xìng rèn|shi nǐ.

Baukasten
tóng|shì: Kollege/Kollegin

de	*Attributspartikel*	的	
péng|you	Freund/in, Bekannte/r	朋友	
rèn|shi	kennenlernen, (persönlich) kennnen	认识	shi = sch + (engl.) is

Partikel *de* (S. 229)

10

022 ***Eine Mitarbeiterin Ihres Geschäftspartners fragt bei einem gemeinsamen Essen nach Ihrer Familie.***

Mitarbeiterin: Nǐ yǒu hái|zi ma?

Sie: Yǒu liǎng ge.

Mitarbeiterin: Nán|háir hái|shi nǚ|háir?

Sie: Yí ge nán|háir yí ge nǚ|háir.

Mitarbeiterin: Hái|zi jǐ suì?

Sie: Nán|háir jiǔ suì, nǚ|háir wǔ suì.

Baukasten
Üben Sie den Dialog mit beliebigen anderen Altersangaben.

hái|zi	Kind	孩子	zi = ds + (engl.) is
liǎng	zwei *(vor Zähleinheitswörtern)*	两	
ge	*Zähleinheitswort, wörtl.:* Stück	个	
nán|hái(r)	Junge	男孩儿	
hái|shi	oder *(in Fragen)*	还是	
nǚ|hái(r)	Mädchen	女孩儿	
... jǐ suì?	Wie alt ist/sind ...? (nur bei Kindern)	. . . 几岁?	~ui = ~uej
jǐ	wie viel, wie viele *(Frage nach einer Zahl unter zehn)*	几	j = dsch

Zähleinheitswörter (S. 238)
Fragewörter (S. 225)

Die Zahlen von 0 bis 10

023

0	*líng*	
1	*yī*	yi = i
2	èr	~e = (Lag)e r = (engl.) car
3	*sān*	
4	*sì*	si = s + (engl.) is
5	*wǔ*	wu = u

6	*liù*	~iu = ~iou
7	*qī*	q = tsch
8	*bā*	
9	*jiǔ*	~iu = ~iou
10	*shí*	shi = sch + (engl.) is

Für die Bildung größerer Zahlen → Zahlen in der Grammatik (S. 237)

Zahlen und Zahlenmystik

Dass am 8.8.2008 genau um 8:08 Uhr in Peking die XXIX. Olympischen Sommerspiele eröffnet wurden, ist kein Zufall, sondern hat damit zu tun, dass die Zahl 8, *bā,* in China als die Glückszahl schlechthin gilt. Telefonnummern oder Autokennzeichen, die eine oder gar mehrere Achten enthalten, sind daher heiß begehrt und kosten hohe Beträge. So beliebt die 8 ist, so unbeliebt ist die 4, *sì*, erinnert sie doch in ihrer Aussprache an das Wort *sǐ*, „sterben". Als Sitzplatz- oder Raumnummer wird die Vier oft ebenso gemieden wie für die Nummerierung von Stockwerken. Zu Chinesen, die Deutsch verstehen, sollte man beim Abschied aus dem gleichen Grund nicht „Tschüss" sagen, da dieses Wort so klingt wie *qù sǐ*, „Geh sterben!".

„Ich war schon einmal in Shanghai." – Smalltalk

Beliebte Fragen in ersten Gesprächen sind, wie lange Sie sich schon in China aufhalten, wie oft Sie zuvor schon dort waren, und welche Städte und Regionen Sie bereits besucht haben. Sollten Sie schon länger im Land sein, wird man Ihnen gerne bestätigen, dass Sie sich hervorragend auskennen und gut über China Bescheid wissen.

11

Sie unterhalten sich im Zug mit einem anderen Fahrgast.

024 Fahrgast: Nǐ lái Zhōng|guó duō jiǔ le?

Sie: Yí ge yuè.

Wǒ lái Zhōng|guó yí ge yuè le.

Baukasten
yì nián: ein Jahr (ohne Zähleinheitswort)
yì tiān: ein Tag (ohne Zähleinheitswort)
yí ge xīng|qī: eine Woche

lái	kommen	来	
Zhōng|guó	China	中国	
... duō jiǔ le?	Wie lange schon ...?	… 多久了？	~iu = ~iou
jiǔ	lange (Zeit)	久	
yuè	Monat	月	yue = üea

Partikel *le*: Veränderung einer Situation (S. 231)

12

Die Kassiererin im Supermarkt ist begeistert von Ihrem Chinesisch.

025 Kassiererin: Nǐ xué Hàn|yǔ, xué duō jiǔ le?

Sie: Yì nián.

Kassiererin: Nǐ de Hàn|yǔ hěn hǎo.

Sie: Nǎ|li nǎ|li.

Baukasten
Dé|yǔ: Deutsch
Yīng|yǔ: Englisch

xué	lernen	学	x = (i)**ch**; ~ue = ~üea
Hàn|yǔ	Chinesisch	汉语	yu = ü
nián	Jahr	年	~ian = ienn
Nǎ|li nǎ|li.	„Nicht doch!" / „Ach was!" (Höfliche Abwehr eines Kompliments)	哪里哪里。	

13

026 *Auf einer Zugfahrt unterhalten Sie sich mit Ihrer Sitznachbarin.*

Sitznachbarin: Nǐ qù|guo Zhōng|guó shén|me dì|fang?

Sie: Qù|guo Běi|jīng, Shàng|hǎi, Xiāng|gǎng.

qù|guo	schon einmal da gewesen sein	去过	qu = tschü
dì|fang	Ort, Platz, Stadt	地方	
Běi|jīng	Peking	北京	~ei = ~ej
Shàng|hǎi	Shanghai	上海	
Xiāng|gǎng	Hong Kong	香港	

14

027 *Ein Taxifahrer erkundigt sich nach Ihrer Herkunft.*

Taxifahrer: Nǐ shì nǎ guó rén?

Sie: Wǒ shì Dé|guó|rén.

Taxifahrer: Dé|guó shén|me dì|fang?

Sie: Bó|lín.

Baukasten
Hàn|bǎo: Hamburg
Fǎ|lán|kè|fú: Frankfurt
Mù|ní|hēi: München

Bó|lín	Berlin	柏林	~o = ~oa

In einem chinesischen Taxi: Die Metallstangen sichern den Fahrer vor möglichen Angriffen von hinten.

15

028

Ihre neue Kollegin spricht einen chinesischen Akzent, den Sie bisher nicht kannten.

Sie: Nǐ shì shén|me dì|fang rén?

Kollegin: Wǒ shì Shān|dōng rén.

Sie: Shān|dōng shén|me dì|fang?

Kollegin: Jǐ|nán.

Baukasten
Hú|běi: Provinz Hubei
Wǔ|hàn: Wuhan (Hauptstadt der Provinz Hubei)

Shān|dōng	*Provinzname:* Shandong	山东	~ong = ~ung
Jǐ|nán	Jinan (Hauptstadt der Provinz Shandong)	济南	j = dsch

Erstes Kennenlernen – BASISÜBUNGEN

Übungen zu den Dialogen 1 bis 3

1. Begrüßen Sie folgende Personen.

a) einen gleichaltrigen und gleichrangigen Kollegen
b) die Mitarbeiterin eines Geschäftspartners
c) eine alte Dame
d) einen neuen Kunden
e) eine Gruppe von Bekannten

2. Sie haben bereits gelernt, wie man nach dem Befinden fragt, und wie man sich erkundigt, ob jemand gerade viel zu tun hat. Nach dem gleichen Muster können Sie nun auch in folgenden Situationen Fragen stellen.

a) Sie haben einer Freundin eine nette Überraschung bereitet. Fragen Sie sie, ob sie sich freut.
b) Sie möchten Essen gehen und fragen Ihren Kollegen, ob er auch hungrig ist.
c) Auf dem Heimweg von einer anstrengenden Dienstfahrt fragen Sie Ihren Mitarbeiter, ob er müde ist.

3. Wie lauten die Fragen zu den gegebenen Antworten?

Frage	*Antwort*
a)	Wǒ hěn máng.
b)	Wǒ bú è.
c)	Wǒ bú lèi.
d)	Xiè|xie, wǒ hěn hǎo.

4. Beantworten Sie die Rückfragen.

	Bestätigung mit „auch“	*Verneinung*
a) Wǒ hěn hǎo, nǐ ne?	Wǒ yě hěn hǎo!	Wǒ bù hǎo!
b) Wǒ hěn máng, nǐ ne?		
c) Wǒ bú lèi, nǐ ne?		
d) Wǒ hěn gāo|xìng, nǐ ne?		
e) Wǒ bú è, nǐ ne?		

5. Die Adverbien *bù, hěn* und *yě* können Sie auch aneinanderreihen. Bilden Sie Sätze mit den angegebenen Adverbien und übertragen Sie diese ins Deutsche.

Beispiel: yě bù hěn Tā yě bù hěn máng. – Sie ist auch nicht sehr beschäftigt.

a) yě hěn ____________________

b) bù hěn ____________________

c) yě bù ____________________

d) hěn bù (überhaupt nicht) ____________________

e) yě hěn bù ____________________

029

6. Hören Sie sich den Dialog an und beantworten Sie auf Deutsch die folgenden Fragen, auch wenn Sie vielleicht nicht jedes Wort verstehen.

a) Was sagen die beiden Personen jeweils über sich selbst?

b) Welchen Vorschlag könnte einer der beiden am Ende des Dialogs machen?

Übungen zu den Dialogen 4 bis 7

7. Lesen Sie die Zahlen auf Chinesisch.

a) 18 – 43 – 97 – 85 – 88 – 26 – 51 – 72 – 14 – 63 – 94 – 7 – 21 – 39 – 44 – 32 – 55 – 76 – 68

b) Lesen Sie auch diesen Zungenbrecher:

14 shì 14

40 shì 40

44 shì 44

8. Führen Sie zu zweit einen kurzen Dialog zwischen den abgebildeten Personen. Orientieren Sie sich dabei an den angegebenen Inhalten.

Lí Bīng|bīng hat eine Visitenkarte und WeChat	*Lina Schuster hat keine Visitenkarte aber WeChat*
• erkundigt sich nach dem Namen der Frau • fragt nach einer Visitenkarte	• erkundigt sich nach dem Namen des Mannes • fragt nach WeChat (Wēi|xìn)

9. Stellen Sie Fragen und geben Sie sinngemäß passende Antworten. Üben Sie allein oder zu zweit.

Beispiel: Fragen Sie Herrn Ross, ob er Amerikaner ist.

Ross xiān|sheng, nín shì Měi|guó|rén ma? – Bú shì, wǒ shì Dé|guó|rén.

a) Fragen Sie Frau Chen nach einer Visitenkarte.

b) Fragen Sie, wie alt Herr Wu ist.

c) Fragen Sie, ob Ihr Gegenüber Zeit hat.

d) Fragen Sie, ob Herr Sun Singapurer ist.

e) Fragen Sie, aus welchem Land Ihr Gegenüber kommt.

10. Füllen Sie den „Steckbrief" nach Belieben aus. Fragen Sie sich in der Gruppe gegenseitig nach den einzelnen Informationen und antworten Sie auf die Fragen.

Familienname:	______________________
Vorname bzw. ganzer Name:	______________________
Alter:	______________________
Herkunftsland:	______________________
Visitenkarte (ja/nein)	______________________
WeChat (ja/nein)	______________________

11. Nennen Sie die Herkunftsorte und das Alter der Personen.

a)  Schweiz
37 Jahre

b)  Deutschland
42 Jahre

c)  China
29 Jahre

d) 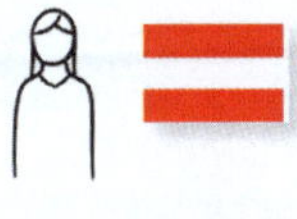 Österreich
51 Jahre

e)  Taiwan
18 Jahre

f)  Singapur
46 Jahre

030

12. Hören Sie sich die Personenbeschreibungen an und ordnen Sie zu, zu wem (Nr. 1–6) sie passen. Lassen Sie sich nicht irritieren, wenn Sie nicht alles verstehen. Achtung: Zwei Personen werden nicht vorgestellt.

a) ___ b) ___ c) ___ d) ___

Personen:
Nr. 1: 42 Jahre, Deutsche
Nr. 2: 39 Jahre, Schweizer
Nr. 3: 57 Jahre, Deutscher
Nr. 4: 51 Jahre, Chinese
Nr. 5: 42 Jahre, Schweizerin
Nr. 6: 28 Jahre, Chinesin

Übungen zu den Dialogen 8 bis 10

13. Geben Sie an, was für Personen auf den Bildern zu sehen sind. Beginnen Sie mit *Zhè shì …*

a) 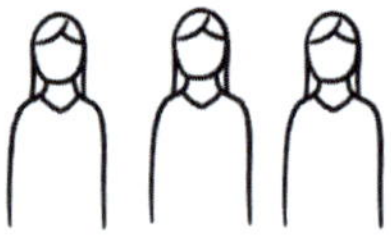

Frau: nǚ|rén

b) 

Mann: nán|rén

c) 

d) 

14. Führen Sie zu zweit kurze Dialoge zwischen den genannten Personen. Orientieren Sie sich dabei an den angegebenen Inhalten.

a)

Sie sind Herr Scholler.	*Sie sind Frau Li.*
• Begrüßen Sie Frau Li und stellen Sie Ihre Ehefrau vor. • Begrüßen Sie Herrn Ma.	• Begrüßen Sie das Ehepaar Scholler und stellen Sie Ihren Ehemann, Herrn Ma vor.

b)

Sie sind Frau Schneider.	*Sie sind Frau Sun.*
• Fragen Sie Frau Sun, ob sie verheiratet ist. • Sie sind nicht verheiratet und Sie haben auch keinen Freund.	• Sie sind nicht verheiratet aber Sie haben einen Freund. Fragen Sie Frau Schneider, ob sie verheiratet ist.

15. Stellen Sie Ihrem chinesischen Kollegen die folgenden befreundeten Ehepaare vor.

a) Martina Bauer, Österreicherin, 39 Jahre; ihr Mann Oliver, Deutscher, 38 Jahre

b) Steven Lee, Singapurer, 54 Jahre; seine Frau Julia Ho, Hongkongerin, 45 Jahre

16. Nennen Sie die Anzahl, das Geschlecht und das Alter der Kinder.

a) 2 Kinder, ein Mädchen (7) und ein Junge (5)

b) 3 Kinder, ein Mädchen (11) und zwei Jungen (13 und 6)

c) 4 Kinder, zwei Mädchen (18 und 15) und zwei Jungen (beide 19)

d) Ihre eigenen Kinder

17. Sie sind mit Ihren zwei Kindern im Park. Eine ältere chinesische Dame wird auf Sie aufmerksam und stellt Ihnen interessierte Fragen. Formulieren Sie die Fragen der Dame und antworten Sie wie vorgegeben.

a) Sie kommen aus Deutschland.

b) Alter des Mädchens: drei Jahre

c) Geschlecht des Babys: Junge

d) Sie sind 38 Jahre alt.

Am Ende des Gesprächs sagt die Dame begeistert:

Liăng ge hái|zi hăo! Yì nán, yì nǚ, hěn hăo!

Verstehen Sie, was gemeint ist?

18. Übersetzen Sie die folgenden Wendungen mithilfe der Partikel *de* ins Chinesische.

a) meine Freundin
b) der Mann meiner Kollegin
c) das Kind des Amerikaners
d) die Freundin meiner Frau
e) die Visitenkarte von Frau Li
f) das Englisch von Herrn Li
g) die Ehefrau von Herrn Ma
h) die Visitenkarte meines Mannes

19. Stellen Sie Fragen mit *hái|shi*. Benutzen Sie dabei folgende Begriffspaare.

Beispiel: nán de – nǚ de → Tā shì nán de hái|shi nǚ de?

a) shí|yí suì – shí|èr suì
b) zhàng|fu – nán péng|you
c) Dé|guó|rén – Měi|guó|rén
d) Tái|wān|rén – Xiāng|gǎng|rén
e) xìng Píng – jiào Píng

031

20. Hören Sie sich Frau Lis kurze Selbstvorstellung an und beantworten Sie die folgenden Fragen, auch wenn Sie vielleicht nicht jedes Wort verstehen.

a) Wie alt ist Frau Li?
b) Hat sie einen Freund, oder ist sie verheiratet?
c) Aber Kinder hat sie keine, oder?

Übungen zu den Dialogen 11 bis 15

21. Geben Sie an, wie lange Sie schon in den genannten Orten sind.

a) drei Monate in China
b) zwei Wochen in Peking
c) acht Tage in Shanghai
d) ein Jahr in Hongkong

22. Bilden Sie mithilfe der Partikel *de* sechs beliebige Begriffsverbindungen und geben Sie jeweils die deutsche Bedeutung an.

Dé|guó	nǚ|péng|you	míng|zi	tài|tai	Hàn|yǔ	xiān|sheng
nǐ	Zhāng xiǎo|jie	kòng (freie Zeit)	péng|you	dì|fang	nán|péng|you
hái|zi	tā	Dé|yǔ	míng|piàn	wǒ	Zhōng|guó

23. Heute finden Sie alles sehr gut. Äußern Sie sich lobend über …

Beispiel: … sein Chinesisch: Tā de Hàn|yǔ hěn hǎo.

a) … Ihren Freund
b) … Herrn Lis Visitenkarte
c) … das Englisch von Frau Sun
d) … die Kinder von Herrn Ma
e) … Pekings Menschen

24. Geben Sie an, in welchen Städten Chinas Sie schon gewesen sind. (Erfinden Sie etwas, falls Sie noch nie in China waren.)

A: Nǐ qù|guo Zhōng|guó shén|me dì|fang?

B: … …

032

25. Hören Sie sich den Dialog zwischen Herrn Ma und Frau Li an und markieren Sie, ob die folgenden Aussagen richtig oder falsch sind. Lassen Sie sich nicht irritieren, wenn Sie nicht alles verstehen.

	richtig	*falsch*
a) Herr Ma spricht gut Englisch.		
b) Frau Li ist sehr damit beschäftigt, Englisch zu lernen.		
c) Herr Ma spricht zwar gut Deutsch, war aber noch nie in Deutschland.		
d) Herr Ma war ein Jahr im Ausland.		
e) Frau Li war noch nie im Ausland.		
f) Frau Li lernt erst seit drei Wochen Englisch.		

Einkaufen

Chinas Städte gelten zu Recht als Einkaufsparadies. In fast jeder größeren Straße gibt es eine Vielzahl von Einkaufszentren, Läden und Marktständen, von denen manche bis in die späten Abendstunden geöffnet haben, und die beinahe alles verkaufen. An Geschäften der höheren Preisklasse herrscht vor allem in den Einkaufspassagen der großen Metropolen kein Mangel. Westliche Ketten wie Ikea (*Yí|jiā*) oder Carrefour (*Jiā|lè|fú*) gehören in größeren Städten ebenfalls zum Angebot.

„Dieses T-Shirt sieht gut aus." – Waren aussuchen

Stufe A

A 1

033 *An einem Straßenstand sehen Sie einen Pullover, der Ihnen gefällt.*

Sie: Zhè ge hěn hǎo|kàn.

Kě|yǐ mō yì mō ma?

Händler: Kě|yǐ.

Baukasten
kàn yí kàn: mal ansehen
shì yí shì: mal anprobieren

hǎo|kàn	gut aussehen	好看	
kě|yǐ	können, dürfen; es geht	可以	yi = i
mō yì mō	mal anfassen	摸一摸	~o = ~oa

Modalverben (S. 227)
Verbverdopplung (S. 235)

A 2

034

In einem Kaufhaus gefällt Ihnen ein Kleidungsstück, aber es passt nicht. Deswegen wenden Sie sich an den Verkäufer.

Sie: Zhè ge tài xiǎo. Nín hái yǒu bié de ma?

Verkäufer: Zhè ge zěn|me|yàng?

Sie: Yě tài xiǎo. Wǒ zhǎo dà de.

Verkäufer: Yǒu.

Der Verkäufer zeigt Ihnen ein passendes Stück.

Sie: Hǎo, wǒ mǎi zhè ge.

Baukasten
cháng: lang
duǎn: kurz

tài	sehr, zu (sehr)	太	
xiǎo	klein	小	x = (i)**ch**
bié de	andere, anderer, anderes	别的	~ie = ~ieah
... zěn|me|yàng?	Wie wäre es mit ...?	. . . 怎么样	z = ds
zhǎo	suchen	找	zh = dsch
dà de	ein/eine Große/Großer/Großes	大的	
dà	groß	大	
mǎi	kaufen	买	

Fragewörter (S. 225)
Partikel *de*: Wegfall des Bezugsworts (S. 229)

A 3

035

In einer Boutique wollen Sie ein Kleidungsstück anprobieren.

Sie: Zhè tiáo qún|zi kě|yǐ shì yí shì ma?
Verkäufer: Méi wèn|tí.
Sie: Gēng|yī|shì zài nǎr?
Verkäufer: Zài nàr.

Baukasten
zhè tiáo kù|zi: diese Hose
zhè jiàn chèn|shān: dieses Hemd
zhè jiàn T-xù: dieses T-Shirt
(jiàn: Zähleinheitswort u.a. für Kleidung)

tiáo	*Zähleinheitswort für Hosen und Röcke*	条	
qún|zi	Rock	裙子	q = tsch
shì yí shì	mal anprobieren	试一试	
shì	anprobieren, versuchen	试	
Méi wèn|tí.	Kein Problem.	没问题。	~ei = ~ej
gēng|yī|shì	Umkleidekabinen	更衣室	~eng = (Lag)e + ng
zài	sich befinden, (da) sein	在	
nǎr	wo, wohin	哪儿	r = (engl.) car
nàr	dort (drüben)	那儿	

Zähleinheitswörter (S. 238)

Stufe B

B 1

036 *Sie wollen im Warenhaus einen fehlerhaften Artikel umtauschen.*

Sie: Zhè ge dōng|xi kě|yǐ huàn ma?
Verkäufer: Kě|yǐ. Fā|piào, nín dài le ma?
Sie: Dài le.
Verkäufer: Qǐng gěi wǒ kàn yí kàn.

dōng|xi	Ding, Sache	东西	~ong = ~ung
huàn	umtauschen, wechseln	换	
fā|piào	Quittung, Kassenzettel	发票	
dài	mitbringen, mitnehmen	带	
le	*Partikel zur Anzeige der Vollendung einer Handlung*	了	
qǐng	bitte, bitten	请	q = tsch
gěi	*hier:* lassen	给	

Sätze mit Thema-Kommentar-Struktur (S. 233)
Partikel *le*: Vollendung einer Handlung (S. 231)

„Das ist zu teuer!" – Über den Preis sprechen

Anders als in Warenhäusern oder Supermärkten, die ausschließlich feste Preise haben, gehört auf Straßenmärkten und Antikmärkten das Feilschen zur Einkaufsroutine. Oft wird sehr lange und hartnäckig verhandelt, bis sich beide Seiten einigen oder der Kunde dem Stand demonstrativ den Rücken kehrt, womit er dem Händler indirekt eine letzte Chance gibt, mit seiner Forderung weiter hinunterzugehen. Nutzt er diese nicht, ist sein Verhandlungsspielraum möglicherweise erschöpft. Um am Ende eine ausreichende Summe für den Artikel zu erhalten, verlangen die Händler zunächst meistens einen deutlich überzogenen Preis. Als Kaufwilliger sollte man das Feilschen, *jiǎng|jià*, daher mit höchstens der Hälfte des Anfangspreises beginnen. Idealerweise einigt man sich mit dem Händler dann irgendwo in der Mitte.

Stufe A

A 4

037

An einem Straßenstand sehen Sie etwas, das Sie interessiert. Es hat aber kein Preisschild, daher fragen Sie die Händlerin.

Sie: Zhè ge duō|shao (qián)?

Händlerin: Bā|shí|wǔ Kuài qián.

Sie: Nà ge ne?

Händlerin: Liù|shí Kuài.

... duō|shao (qián)?	Wieviel kostet ...?	… 多少钱?	
duō|shao	wieviel, wie viele	多少	
qián	Geld	钱	~ian = ienn
Kuài	*Umgangssprachlich für Yuán*	块	
nà	das dort (drüben)	那	

Geldeinheiten (S. 226)
Demonstrativpronomen (S. 224)

A 5

038

Sie finden den Preis von 60 Yuan zu hoch und beginnen zu handeln.

Sie: Ò, hěn guì a! Sì|shí Kuài, hǎo bù hǎo?

Händlerin: Bù xíng. Zhè ge dōng|xi hěn hǎo! Wǔ|shí Kuài.

Sie: Hǎo, wǔ|shí Kuài.

ò	Oh! Ah!	哦	
guì	teuer	贵	~ui = ~uej
hǎo bù hǎo?	Einverstanden?	好不好?	
bù xíng	Das geht nicht. Das ist nicht möglich.	不行	x = (i)**ch**
dōng|xi	Ding, Sache	东西	~ong = ~ung

Fragesätze mit Verneinung (S. 224)

Stufe B

B 2

039

Sie sind mit dem niedrigeren Preis von 50 Yuan, den Ihnen die Händlerin vorgeschlagen hat, immer noch nicht zufrieden.

Sie: Wǔ|shí Kuài? Hái shì tài guì le.

Händlerin: Sì|shí|wǔ Kuài wǔ Máo.

Sie: Zài pián|yi yì|diǎn ba!

Händlerin: Hǎo, hǎo, hǎo. Sì|shí|èr Kuài qián.

Sie: Hǎo, gěi nǐ sì|shí|èr Kuài.

Háishi tài guì le.	Das ist immer noch zu teuer.	还是太贵了。	~ui = ~uej
Máo	*ein Zehntel Yuan*	毛	
zài	noch (mal)	再	
pián|yi	billig, günstig	便宜	~ian = ienn
yì|diǎn	ein wenig	一点	yi = i
ba	*Vorschlags- oder Aufforderungspartikel*	吧	
gěi	geben	给	~ei = ~ej

Steigerung von Adjektiven mit *yì|diǎn* (S. 233)
Partikel *ba*: Vorschlag oder Aufforderung (S. 228)
Dativ mit *gěi* (S. 223); Partikel *le* (S. 231)

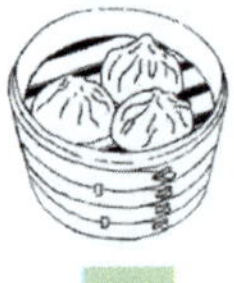

„Nehmen Sie Kreditkarten?" – Bezahlen

Nicht in allen Kaufhäusern oder Geschäften kann mit Kreditkarte, *xìn|yòng|kǎ*, bezahlt werden. Vor allem bei Fahrten in kleinere Orte oder Dörfer sollte man unbedingt ausreichend Bargeld mitnehmen. Allerdings ist das Bezahlen mit Apps wie WeChat, *Wēi|xìn*, oder Alipay, *Zhī|fù|bǎo*, sehr verbreitet. Dies ist meistens nur möglich, wenn man ein Konto bei einer chinesischen Bank besitzt. In einzelnen Geschäften ist das sogar Standard. Hier kann es passieren, dass der Wunsch nach Barzahlung zwar akzeptiert wird, aber durchaus zu Irritationen führen kann. Am besten Sie erkundigen sich im Internet nach den neuesten Entwicklungen. Dort finden Sie auch aktuelle Videoanleitungen.

In einigen Geschäften funktioniert das Bezahlen noch in zwei Schritten: Der Verkäufer stellt zunächst einen Beleg über Art und Preis der Ware aus, der beim Bezahlen an der Kasse abgestempelt wird. Gegen Vorlage dieses abgestempelten Belegs erhält der Kunde am Warenabgabeschalter dann den erworbenen Artikel.

Geldwechsel und Geldautomaten

In chinesischen Banken oder an Geldautomaten, *zì|dòng tí|kuǎn|jī*, mit Visa-Card, MasterCard, Maestro- oder EC-Karte etc. Bargeld abzuheben ist in der Regel kein Problem, da die Geldautomaten meistens auch über ein englischsprachiges Menü verfügen. Man muss allerdings mit einer Gebühr rechnen, die je nach Bank unterschiedlich hoch sein kann. Wer ausländische Währung in chinesische *Yuan* (*Renminbi*/RMB) umtauschen möchte, sollte darauf achten, möglichst neue und glatte Banknoten mitzunehmen, da einige Geldinstitute selbst solche Scheine nicht annehmen, die nur leicht zerknittert oder eingerissen sind. Hier ist unbedingt ein Reisepass, *hù|zhào*, mitzunehmen.

Stufe A

A 6

040

Sie haben sich für mehrere Artikel entschieden und reichen sie einem Mitarbeiter am Verkaufstresen.

Sie: Wǒ yào mǎi zhè xiē dōng|xi.

Verkäufer: Zhè shì fā|piào. Qǐng nín xiān qù shōu|kuǎn|tái fù ba.

Sie: Hǎo.

Sie gehen zur Kasse.

Verkäuferin: Sān|shí|sān Kuài qī Máo.

Sie: Zhè shì wǔ|shí Kuai.

yào	*hier:* wollen	要	
xiē	*Zähleinheitswort*: ein paar	些	~ie = ~ieah
fā|piào	Quittung, Kassenzettel	发票	
xiān	zuerst	先	~ian = ienn
qù	hingehen, hinfahren, zu/zum/zur ... (Ziel)	去	qu = tschü
shōu|kuǎn|tái	Kasse	收款台	
fù	bezahlen	付	
Máo	*ein Zehntel Yuan*	毛	

Stufe B

B 3

041

Ihr Handy hat kein Guthaben mehr, sodass Sie einen Laden betreten, in dem es Prepaid SIM-Karten zu kaufen gibt.

Sie:	Wǒ yào yì zhāng shǒu|jī chōng|zhí|kǎ.
Verkäufer:	Yì zhāng wǔ|shí Kuài.
Sie:	Wǒ yòng xìn|yòng|kǎ fù, hǎo ma?
Verkäufer:	Hěn bào|qiàn, bù xíng. Qǐng nín fù xiàn|jīn.

yào	*hier*: brauchen	要	
zhāng	*Zähleinheitswort für flache Dinge*	张	
shǒu|jī	Handy	手机	j = dsch
chōng|zhí|kǎ	Aufladekarte	充值卡	zhi = dsch + (engl.) is
yòng	*hier:* mit	用	
xìn|yòng|kǎ	Kreditkarte	信用卡	~ong = ~ung
bào|qiàn	Es tut mir leid.	抱歉	
xiàn|jīn	Bargeld	现金	~ian = ienn

Für *yòng* siehe Verben mit präpositionalem Charakter (S. 235)

Einkaufen – ÜBUNGEN

Übungen zu den Dialogen A 1 bis A 3

1. Welche dieser Verben passen jeweils in die Lücken?

yǒu	zhǎo	shì	lái yì lái	zài	kàn yí kàn	mō yì mō	mǎi

a) Wǒ kě|yǐ _____ ma?
b) Zhè _____ tā de qún|zi.
c) Tā nǚ|péng|you _____ tā.
d) Nǐ|men de kù|zi _____ nàr ma?
e) Nǐ hái _____ shén|me?
f) Nàr _____ bié de gēng|yī|shì ma?

2. Wie könnten die Fragen zu den gegebenen Antworten lauten?

Beispiele: Frage (gegeben): Tā|men máng ma? – Antwort: Tā|men hěn máng.

Frage	*Antwort*
a)	Tā yě bú lèi.
b)	Wáng Dà|dōng bú tài gāo|xìng.
c)	Zhè ge tài dà.
d)	Wǒ|men bú è. Tā|men yě bú è.
e)	Yǒu bié de hǎo|kàn de!
f)	Zhè tiáo qún|zi bù duǎn. Nà tiáo qún|zi bù cháng.

3. Sie sind mit dem Angebot eines Verkäufers nicht zufrieden. Fragen Sie nach einer Alternative.

Beispiel: Zhè ge dà de zěn|me|yàng? – Zhè ge tài dà / (Zhè ge bù hǎo). Wǒ zhǎo xiǎo de.

a) Zhè ge cháng de zěn|me|yàng?
b) Zhè ge xiǎo de zěn|me|yàng?
c) Zhè ge zěn|me|yàng? (Sie suchen ein anderes.)
d) Zhè ge duǎn de zěn|me|yàng?
e) Zhè ge hòu de zěn|me|yàng? (hòu = dick; bó = dünn)

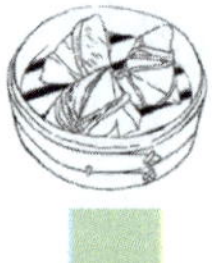

4. Welche Antworten passen zu welchen Äußerungen?

a) Zhè jiàn qún|zi zěn|me|yàng?	1) Mǎi liǎng ge.
b) Zhè jiàn tài xiǎo. Duì|bu|qǐ!	2) Zhè jiàn hěn hǎo.
c) Nà ge jiā|jù (Möbelstück) kě|yǐ mō yì mō ma?	3) Méi wèn|tí.
d) Tā mǎi ma?	4) Zhè jiàn bù hǎo. Wǒ bù mǎi.
e) Zhè jiàn chèn|shān bù xiǎo, yě hěn hǎo|kàn.	5) Bù kě|yǐ.

5. Hören Sie sich die Dialoge der Lektionstexte A2 bis A3 an und beantworten Sie die folgenden Fragen.

a) Nín zhǎo dà de hái|shi xiǎo de yī|fu?
b) Nín zhǎo de yī|fu yǒu ma?
c) Nín mǎi liǎng ge ma?
d) Nín yào shì yí shì yì tiáo kù|zi ma?
e) Nín zhǎo shén|me dì|fang

Aufschriften auf den T-Shirts (von links nach rechts): „Was glotzt du?" – „China" – „Wer keinen Spaß hat, verschwendet seine Jugend."

Übungen zum Dialog B 1

6. Übertragen Sie diese Sätze ins Deutsche bzw. ins Chinesische.

a) Wo sind die Umkleidekabinen? – Es gibt es keine.
b) Wǒ kàn yí kàn zhè ge dōng|xi. – Méi wèn|tí.
c) Sie hat ihren chinesischen Freund mitgebracht.
d) Nín méi yǒu fā|piào, bù kě|yǐ huàn qún|zi.
e) Kann ich dieses Hemd anprobieren?
f) Zhè jiàn dà|yī (Mantel) bú tài dà yě bú tài xiǎo.
g) Lassen Sie mich diesen Rock mal anschauen (sehen).
h) Wǒ jiào Peter, wǒ dài le wǒ de nǚ|péng|you.

7. Sie sind beim Einkaufen. Äußern Sie Ihre Wünsche.

Sie wollen ...
a) ... einen Mantel (dà|yī) umtauschen.
b) ... ein Hemd in die Hände nehmen.
c) ... eine Hose anprobieren.
d) ... ein Möbelstück (jiā|jù) näher anschauen.
e) ... von einer Sache kosten (cháng yì cháng).

8. Antworten Sie auf die folgenden Fragen unter Verwendung der Vorgaben. Benutzen Sie dabei die Partikel *le*.

a) Nà jiàn tài dà de chèn|shān, tā huàn le ma? – Er hat es umgetauscht.
b) Nǐ rèn|shi le tā ma? – Sie haben ihn in Deutschland kennengelernt.
c) Tā jié|hūn le ma? – Sie ist noch nicht verheiratet.
d) Nǐ kàn le wo de míng|piàn ma? – Sie haben sie nicht gesehen.
e) Nà tiáo qún|zi nǐ mǎi le ma? – Sie haben einen anderen Rock gekauft.
f) Tā|men xué le Dé|yǔ ma? – Sie haben kein Deutsch gelernt. Sie haben Englisch gelernt.

Übungen zu den Dialogen A 4 und A 5

9. Übertragen Sie diese Sätze ins Chinesische.

a) Dieses Ding hier sieht gut aus, das da nicht.
b) Dies ist nicht möglich, das ja.
c) Dies hier ist zu klein, das da ist zu groß.
d) Dies geht, das nicht.
e) Dieses Geld gehört nicht mir, das Geld dort gehört mir.
f) Wieviel kostet dies und wie viel das da?

10. Führen Sie zu zweit einen kurzen Dialog. Orientieren Sie sich dabei an den angegebenen Inhalten.

Sie	*Händlerin*
• Sie fragen nach dem Preis „dieses Hemdes dort". • Sie signalisieren ihr, dass der Preis zu hoch ist und bieten ihr 50 Kuài an. • Sie akzeptieren die 70 Kuài und sagen, dass Sie das Hemd kaufen. Sie fragen sie, ob sie auch Hosen hat.	• Die Händlerin meint, dass das Hemd sehr gut sei und verlangt 90 Kuài. • Die Händlerin lehnt ab, bietet aber 70 Kuài. • Die Händlerin verneint.

042

11. Hören Sie sich den Dialog an und beantworten Sie die folgenden Fragen, auch wenn Sie vielleicht nicht jedes Wort verstehen.

a) Welche Preisvorschläge macht der Verkäufer der Kundin?
b) Kommt zum Schluss ein Kauf zustande oder nicht?

Angabe: *wà|zi*: Strümpfe, Socken

Übungen zum Dialog B 2

12. Welches Wort in den Spalten passt jeweils nicht zu den anderen?

a)	b)	c)
shí|yī	gāo|xìng	qián
jiǔ|shí	guì	chèn|shān
èr|shí	mǎi	kù|zi
gēng|yī|shì	xiǎo	T-xù
sān|shí|yī	lèi	qún|zi

13. Bilden Sie unter Verwendung der vorgegebenen Wörter vollständige Sätze.

Beispiel: kù|zi / nàr / wǒ de → Wǒ de kù|zi zài nàr ma? / Wǒ de kù|zi zài nàr.

a) gěi / kě|yǐ / kàn yí kàn / zhè

b) Kuài / dōng|xi / Máo / ge

c) pián|yi / shén|me / yǒu

d) yì|diǎn / zài pián|yi

e) jiàn / nà / qián

14. Füllen Sie die Lücken mit passenden Wörtern.

a) Jiǔ|shí|jiǔ Kuài? Hái _____ guì _____. Zài pián|yi _____!

b) Bā|shí|bā _____ yě _____ pián|yi! _____ bù mǎi.

c) Yí _____ T-xù liù|_____ Kuài? Tài _____ le. Bù _____!

d) Wǒ|men _____ mǎi bù hǎo|kàn _____ dōng|xi.

e) _____ gěi wǒ _____ tiáo kù|zi ba.

15. Versuchen Sie, den Inhalt der folgenden Sätze sinngemäß ins Deutsche zu übertragen.

a) Tā gěi wǒ zhè jiàn guì de chèn|shān, wǒ gěi tā nà jiàn pián|yi de T-xù.

b) Tā dài le shén|me hǎo dōng|xi?

c) Jiǔ Kuài bú shì dà qián. Jiǔ|wàn (90.000) Kuài shì dà qián!

d) Mǎi xiǎo de bù xíng, mǎi dà de kě|yǐ.

e) Nǐ huàn zhè liǎng ge dōng|xi ba, hǎo bù hǎo?

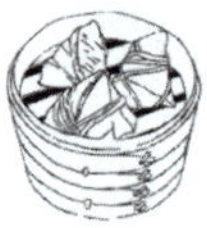

Übungen zum Dialog A 6

16. Wie lauten diese Preise auf Chinesisch?

a) 2,80 Yuan b) 3,40 Yuan c) 45,10 Yuan d) 13,50 Yuan e) 21,70 Yuan
f) 92,90 Yuan g) 56,20 Yuan h) 33,60 Yuan

17. Sagen Sie einem Verkäufer, dass Sie ...

a) ... sich erst mal umsehen (kàn) wollen.
b) ... erst mal nach dem Kassenzettel suchen wollen.
c) ... erst mal die Hose bezahlen wollen.
d) ... erst mal zur Kasse gehen wollen.
e) ... diese Sachen erst mal nicht kaufen wollen.

18. Pyramidensätze: Fügen Sie die angegebenen Wörter oder Wortgruppen nacheinander so zusammen, dass bei jedem Schritt ein sinnvoller und grammatikalisch korrekter Satz entsteht.

Beispiel: dōng|xi / xiān / tā mǎi / zhè ge

Tā mǎi.
Tā mǎi **dōng**|**xi**.
Tā **xiān** mǎi dōng|xi.
Tā xiān mǎi **zhè ge** dōng|xi.

a) nǐ|men qù / ba / wǒ|men de shōu|kuǎn|tái / qǐng
b) tā|men fù / shí|sān Kuài / bā Máo / yào
c) tā mǎi / bù / zhè xiē / pián|yi de / T-xù
d) tā yào / ma / lái / Dé|guó / yě
e) zhè ge / duō|shao / qián / hǎo|kàn de / dà|yī (Mantel)
f) nín zhǎo ba / fā|piào / nín de / qǐng

Übungen zum Dialog B 3

19. Bringen Sie Sätze in eine sinnvolle Reihenfolge, so dass ein Verkaufsgespräch entsteht.

Hěn bào|qiàn, bù xíng, ... – Kě|yǐ, méi wèn|tí. – ... wǒ yào mǎi nà jiàn.
Zhè jiàn qún|zi tài guì, ... – Hǎo, nà jiàn jiǔ|shí Kuài bā Máo. – ... qǐng nín fù xiàn|jīn ba.
Kě|yǐ gěi wǒ fā|piào ma? – Kě|yǐ yòng xìn|yòng|kǎ fù ma?

Kundin: ______________________ , ______________________.
Verkäufer: ______________________
Kundin: ______________________
Verkäufer: ______________________ , ______________________.
Kundin: ______________________
Verkäufer: ______________________

20. Welche dieser Wörter passen jeweils in die Lücken?

yì zhāng	yǒu	pián|yi	shǒu|jī	xiān	zài	ma
kě|yǐ	zhè	xìn|yòng|kǎ	xiàn|jīn	chōng|zhí|kǎ		

a) Nǐ|men __________ bié de shōu|kuǎn|tái __________?
b) Tā __________ yào yì zhāng __________ chōng|zhí|kǎ.
c) Nǐ|men __________ nàr bù __________ fù __________.
d) __________ ge __________ de shǒu|jī hǎo.
e) Gù|kè (Kunde) yòng __________ mǎi __________ shǒu|jī __________.

21. Welches dieser Zähleinheitswörter passt zu den folgenden Gegenständen?

ge	jiàn	tiáo	zhāng

a) Pullover b) Hose c) Zeitung d) Baguette e) Briefmarke
f) Rock g) Tisch h) Papier i) eine einzelne Socke j) Kreditkarte

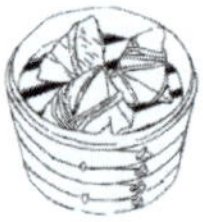

Im Restaurant

Die Auswahl an Restaurants mit verschiedenen Lokalküchen ist in den Städten schier unbegrenzt. Für jeden Geschmack ist etwas geboten. Ein Essen im Restaurant beginnt meistens mit einer Auswahl an kalten Gerichten, *lěng|pán*. Erst danach geht man zu heißen Speisen, *rè|cài*, über, von denen man so viele bestellt, wie Personen am Essen teilnehmen, plus ein weiteres Gericht „für den Tisch". In der Regel bestellt eine Person für alle, die Speisen stehen in der Mitte des Tisches und jeder nimmt sich davon nach Belieben. Reis, *mǐ|fàn*, wird nicht selbstverständlich mitserviert, sondern muss eigens bestellt werden. Weil viele Chinesen Reis erst gegen Abschluss des Essens zu sich nehmen, um vollständig satt zu werden, empfiehlt es sich, die Bedienung aufzufordern, ihn sofort zu bringen, was in China nicht unhöflich ist. Das letzte heiße Gericht ist die Suppe, *tāng*. Zum Nachtisch gibt es häufig Obst, *shuǐ|guǒ*, seltener Süßspeisen. Käse als Nachtisch ist unbekannt.

Selbstverständlich wird mit Stäbchen, *kuài|zi*, gegessen, wer damit aber nicht zurechtkommt, kann – zumindest in größeren Restaurants – nach Besteck, *dāo|chā*, fragen.

Geschäftsessen

Vor allem bei von Firmen ausgerichteten Banketten gibt es oft eine vorher festgelegte Sitzordnung, an die man sich unbedingt halten sollte. Der Gastgeber wird Ihnen einen Platz zuweisen. Die Ehrenplätze befinden sich der Tür gegenüber, rechts und links neben dem Gastgeber. Die Einladenden sind es auch, die die ersten Bissen zu sich nehmen, erst dann bedienen sich die Gäste. Kein Gast sollte sich verabschieden, bevor der Gastgeber das Essen nicht offiziell beendet hat. Danach bleibt man nicht noch eine Weile sitzen, etwa bei einem Kaffee, sondern steht zügig auf und verlässt das Lokal.

„Ein kaltes Bier, bitte!“ – Getränkebestellung

In chinesischen Restaurants wird Bier nur in Flaschen bestellt, nicht in Gläsern. Vor allem bei offiziellen Essen kommt häufig Schnaps auf den Tisch und die Gäste werden zum Mittrinken aufgefordert. Wer weniger trinken möchte, stößt statt mit *gān|bēi* (Ex!) mit *bàn|bēi* (Halbes Glas) an. Keinen Alkohol mitzutrinken wird akzeptiert, nur sollte man dann konsequent dabei bleiben. Tee hat oft so gute Qualität, dass er mehrmals aufgegossen werden kann. Gießt die Bedienung heißes Wasser nach, kann man ihr wortlos dafür danken, indem man mit Zeige- und Mittelfinger neben der Teetasse oder der Kanne leicht auf den Tisch klopft.

Stufe A

A 1

043 *Die Bedienung nimmt die Getränkebestellung auf. Sie wollen etwas Nichtalkoholisches trinken.*

Bedienung: Nín hē shén|me?

Sie: Wǒ hē kě|lè.

Baukasten
chá: Tee
kuàng|quán|shuǐ: Mineralwasser

hē	trinken	喝	h = Bach; ~e = (Lag)e
shén|me	*hier:* was	什么	
kě|lè	Cola	可乐	

Fragewörter (S. 225)

044

Getränke		
schwarzer Tee (wörtl.: roter Tee)	hóng|chá	红茶
grüner Tee	lǜ|chá	绿茶
Orangenlimo	jú|zi|shuǐ	橘子水
Orangensaft	chéng|zhī	橙汁
Apfelsaft	píng|guǒ|zhī	苹果汁
Sprite	xuě|bì	雪碧
Eigene Lieblingsgetränke		

A 2

045

Sie sind in einem Café und wissen bereits, was Sie trinken möchten. Sie rufen die Bedienung.

Sie: Fú|wù|yuán, lái yì bēi kā|fēi.

Bedienung: Nín yào shén|me kā|fēi?

Sie: Yì bēi nǎ|tiē kā|fēi.

Baukasten
bīng kā|fēi: Eiskaffee
kǎ|bù|qí|nùo: Cappuccino
tè|nóng kā|fēi: Espresso

fú|wù|yuán	Bedienung	服务员	yuan = üenn
lái	*hier:* Bringen Sie ..., bringen	来 …	
bēi	Glas, Becher, Tasse	杯	~ei = ~ej
kā|fēi	Kaffee	咖啡	
yào	*hier:* wollen	要	
nǎ|tiē kā|fēi	Café Latte	拿铁咖啡	~ie = ~ieah

Modalverben (S. 227)

A 3

046

Sie wollen für sich und Ihren Gast ein Getränk nachbestellen.

Sie: Gān|bēi!

Ihr Gast: Gān|bēi!

Sie: Fú|wù|yuán, qǐng zài lái liǎng bēi pú|táo|jiǔ.

gān|bēi	Auf Ex! Prost!	干杯	j = dsch ~iu = ~iou
qǐng	bitte, bitten	请	
zài lái ...	Bringen Sie noch ...	再来…	z = ds
pú|táo|jiǔ	Wein	葡萄酒	

047

Alkoholische Getränke		
Rotwein	hóng pú|táo|jiǔ	红葡萄酒
Weißwein	bái pú|táo|jiǔ	白葡萄酒
Maotai	Máo|tái|jiǔ	茅台酒
Eigene Lieblingsgetränke		

„Haben Sie etwas Vegetarisches?“ – Speisen auswählen

Fàn und *cài*: Alle zubereiteten Speisen lassen sich im Chinesischen zunächst ganz grob unter die Begriffe *fàn* und *cài* aufteilen. *Fàn* bedeutet wörtlich gekochter Reis, meint aber tatsächlich die satt machenden Beilagen einer Mahlzeit, also Reis, Nudeln, Nudelteigprodukte oder Brot. Das Wort *cài* dagegen kann man im Kontext eines Restaurants mit Gericht wiedergeben, wobei es sich hier dann sowohl um vegetarische Gerichte, *sù|cài*, als auch um nicht-vegetarische Gerichte, *hūn|cài*, handeln kann.

Stufe A

A 4

048

Auf einer chinesischen Speisekarte mit Bildern sehen Sie ein Gericht, über das Sie sich bei der Bedienung erkundigen.

Sie: Zhè shì shén|me?

Bedienung: Zhè shì wǔ|xiāng huā|shēng|mǐ.

Sie: Zhè shì sù|cài ma?

Bedienung: Shì.

Baukasten
suān|là guā|tiáo: sauer-scharfe Gurkenstreifen
sōng|rén yù|mǐ: Mais mit Pinienkernen

wǔ|xiāng huā|shēng|mǐ	Erdnüsse mit fünf Düften	五香花生米	x = (i)**ch**
sù|cài	vegetarisches Gericht	素菜	c = ts

Eigene Lieblingsgerichte		

Eigene ungeliebte Gerichte		

A 5

049

Sie wollen ausschließen, dass Sie etwas bestellen, was Sie grundsätzlich nicht essen.

Sie: Nà shì nèi|zàng ma? Wǒ bù chī nèi|zàng.

Bedienung: Bú shì, nà shì niú|ròu.

Baukasten
gǒu|ròu: Hundefleisch
hǎi|shēn: Seegurken

nà	das dort	那	
nèi|zàng	Innereien	内脏	z = ds
chī	essen	吃	chi = tsch + (engl.) is
niú|ròu	Rindfleisch	牛肉	
ròu	Fleisch	肉	

050

Weitere Fleischsorten		
Meeresfrüchte	hǎi|xiān	海鲜
Fisch	yú	鱼
Hühnerfleisch	jī|ròu	鸡肉
Entenfleisch	yā|ròu	鸭肉
Lamm-/ Hammelfleisch	yáng|ròu	羊肉
Schweinefleisch	zhū|ròu	猪肉

A 6

051

Bei der Bestellung sagen Sie der Bedienung, dass Sie kein Glutamat wollen.

Sie: Fú|wù|yuán,
lái yí ge má|pó dòu|fu hé yí ge
gōng|bǎo jī|dīng.
Bú yào fàng wèi|jīng.

Bedienung: Hǎo.

Baukasten
xiā|rén dòu|fu: Tofu mit Garnelen
jiā|cháng chǎo|miàn: Gebratene Nudeln nach Hausmacherart

má|pó dòu|fu	Tofu mit Chili und Hackfleisch	麻婆豆腐	~o = ~oa
hé	und	和	
gōng|bǎo jī|dīng	Hühnerfleisch mit Erdnüssen	宫保鸡丁	
yào	*hier:* sollen	要	
fàng	(hinein)geben	放	
wèi|jīng	Glutamat	味精	

Stufe B

B 1

Sie bestellen ein Bier im Restaurant.

052 Sie: Fú|wù|yuán, lái yì píng pí|jiǔ.

Bedienung: (Pí|jiǔ) yào bīng de ma?

Sie: Yào bīng de.

Bedienung: Yào bú yào dǎ|kāi?

Sie: Hǎo!

píng	Flasche	瓶	
pí|jiǔ	Bier	啤酒	
yào	hier: sollen	要	
bīng de	eisgekühlt	冰的	
dǎ|kāi	aufmachen, öffnen	打开	

Partikel *de*: Wegfall des Bezugsworts (S. 229)

B 2

Sie erkundigen sich bei der Bedienung nach einem bestimmten Gericht.

053 Sie: Zhè shì shén|me cài?

Bedienung: Zhè shì xī|hóng|shì chǎo jī|dàn.

Sie: Shì sù|cài ba? Wǒ|men yào chī sù de.

Bedienung: Duì, zhè shì sù|cài.

cài	Gericht, Speise	菜	c = ts
xī|hóng|shì chǎo jī|dàn	Rührei mit Tomaten	西红柿炒鸡蛋	shi = sch + (engl.) is
ba	*Vermutungspartikel*	吧	
sù de	etwas Vegetarisches	素的	
duì	genau, richtig	对	

Partikel *ba*: Vermutung (S. 228)

B 3

054

Sie bestellen im Restaurant, aber Sie wollen nicht zu scharf essen.

Sie: Hǎo, lái yì pán má|pó dòu|fu hé yì wǎn mǐ|fàn. Mǐ|fàn, qǐng mǎ|shàng lái.

Bedienung: Má|pó dòu|fu, yào là de ma?

Sie: Bú yào tài là. Qǐng nín bié fàng wèi|jīng.

Baukasten
jiǎo|zi: chinesische Maultaschen
niú|ròu|miàn: Rindfleischnudeln

yì pán ...	ein Teller ...	一盘 …	yi = i
yì wǎn ...	eine Schale ...	一碗 …	
mǐ|fàn	(gekochter) Reis	米饭	
mǎ|shàng	sofort	马上	
là	scharf	辣	
tài	sehr, zu sehr	太	
bié	nicht (tun sollen)	别	~ie = ~ieah

Verneinung mit *bié* (Aufforderung) (S. 236)
Partikel *de* (Wegfall des Bezugsworts) (S. 229)

055

Weitere Speisen		
Frühlingsrollen	chūn|juàn	春卷
Suppe	tāng	汤
Wantan-Suppe	hún|tun	馄饨
Nudeln	miàn|tiáo	面条

„Wir möchten zahlen!" – Die Rechnung begleichen

In aller Regel wird in China nicht getrennt bezahlt, sondern eine Person übernimmt die gesamte Rechnung. Wenn Sie dennoch getrennt bezahlen möchten, einigen Sie sich am besten untereinander auf entsprechende Anteilssummen und legen dann zusammen. In Restaurants gehobener Preisklasse kann man meistens mit Kreditkarte bezahlen, in einfacheren Restaurants nur selten. Üblich ist auch die Bezahlung mit Handy, zum Beispiel mit Alipay (*Zhī|fù|bǎo*) oder WeChat (*Wēi|xìn*). Trinkgelder, *xiǎo|fèi*, sind unüblich und werden gelegentlich sogar zurückgewiesen.

Stufe A

A 7

Sie möchten mit einer Handy-App bezahlen.

056

Sie: Fú|wù|yuán, mǎi|dān. Yí|gòng duō|shao?
Bedienung: Yí|gòng wǔ|shí|liù Kuài.
Sie: Wǒ yòng Zhī|fù|bǎo.

Baukasten
Wēi|xìn: (hier) WeChat Pay

mǎi|dān	Die Rechnung bitte!	买单	dan = dann
yí|gòng	zusammen	一共	~ong = ~ung
duō|shao	wieviel, wie viele	多少	
Kuài	*Umgangssprachlich für* Yuán	块	
yòng	*hier:* mit	用	
Zhī|fù|bǎo	Alipay	支付宝	zhi = dsch + (engl.) is

Zahlen (S. 237)
Geldeinheiten (S. 226)

Stufe B

B 4

057

Sie wollen mit Kreditkarte zahlen.

Sie: Kě|yǐ yòng xìn|yòng|kǎ fù ma?

Bedienung: Hěn bào|qiàn, bù xíng.

Sie: Hǎo, zhè shì bā|shí Kuài.

Bedienung: Zhǎo nín qī Kuài qián. Màn zǒu!

kě|yǐ	können, dürfen; es geht	可以	yi = i
xìn|yòng|kǎ	Kreditkarte	信用卡	
fù	bezahlen	付	
Bào|qiàn.	Es tut mir leid.	抱歉。	~ian = ienn
bù xíng	Das geht nicht. Das ist nicht möglich.	不行	x = (i)**ch**
zhǎo	(Geld) herausgeben	找	
qián	Geld	钱	
Màn zǒu!	Gehen Sie langsam!	慢走	z = ds

Für *yòng* siehe Verben mit präpositionalem Charakter (S. 235)

Im Restaurant – ÜBUNGEN

Übungen zu den Dialogen A 1 bis A 3

1. Wählen Sie aus jeder Spalte einen Begriff und bilden Sie Fragesätze.

tā	lái	shén|me
nǐ	yào	shén|me jiǔ
fú|wù|yuán	hē	shén|me chá
nín	yào lái	shén|me kā|fēi
nǐ|men	yào hē	shén|me guǒ|zhī (Saft)

2. Geben Sie nun mithilfe dieser Wortlisten passende Antworten zu den oben formulierten Fragen.

Mengenangaben	*Getränke*
liǎng bēi	pí|jiǔ
yì píng (Flasche)	hóng|chá (schwarzer Tee)
sì bēi	chéng|zhī (Orangensaft)
wǔ píng (Flasche)	nǎ|tiě kā|fēi
sān bēi	pú|táo|jiǔ (Wein)

3. Welches Wort in den Spalten passt jeweils nicht zu den anderen?

a)	b)	c)
yì bēi	chéng|zhī (Orangensaft)	yào
wǔ bēi	chá	nín
gān|bēi	xuě|bì (Sprite)	hē
liǎng bēi	bái|jiǔ	lái
sān bēi	kě|lè	yào lái

4. Ordnen Sie die einzelnen Wörter zu grammatikalisch korrekten Sätzen.

a) hē / píng|guǒ|zhī (Apfelsaft) / tā|men
b) shén|me / nǐ|men / hē / yào
c) bēi / zài / liǎng / qǐng / lái
d) wǒ / xuě|bì (Sprite) / yì / hē / bēi
e) bēi / zài / kā|fēi / lái / sān

5. Sie sind im Restaurant. Formulieren Sie.

a) Erkundigen Sie sich bei ihrem chinesischen Freund, ob er auch grünen Tee (lǜ|chá) trinkt.
b) Bestellen Sie bei der Bedienung zwei Gläser Cola.
c) Fragen Sie Ihre Begleitung, was für ein Bier sie trinken will.
d) Sagen Sie der Bedienung, dass der Kaffee gut ist und sie noch eine Tasse bringen soll.
e) Schlagen Sie Ihrem Freund vor, einen Schnaps zu trinken. Prosten Sie ihm anschließend zu!

6. Jetzt geht es um Ihre Vorlieben. Antworten Sie auf die folgenden Fragen der Bedienung.

a) Nín yào hē shén|me?
b) Nín yào shén|me kā|fēi?
c) Nín yào shén|me jiǔ (alkoholisches Getränk)?
d) Nín yào shén|me chá?

Übungen zum Dialog B 1

7. Welche Antworten passen zu welchen Fragen?

a) Nǐ hē shén|me chá?	1) Yì bēi nǎ|tiē kā|fei.
b) Tā yào hē shén|me?	2) Qǐng lái yì bēi lǜ|chá (grüner Tee).
c) Nǐ hē bái|jiǔ ba?	3) Bú yào.
d) Yào bīng de ma?	4) Qǐng nín dǎ|kāi.
e) Yào bú yào dǎ|kāi?	5) Bù, wǒ hē pú|tao|jiǔ.

8. Welche dieser Verben passen jeweils in die Lücken?

yào hē jiào dǎ|kāi lái ài qǐng

a) Tā|men bú _____ hē pú|táo|jiǔ.
b) Qǐng nǐ zài _____ yì píng.
c) Zhè ge hóng|chá (schwarzer Tee) _____ shén|me?
d) Nǐ|men _____ chéng|zhī (Orangensaft) hái|shi jú|zi|shuǐ (Orangenlimonade)?
e) Wǒ _____ fú|wù|yuán _____ sān bēi bīng de kě|lè.

9. Pyramidensätze: Fügen Sie die angegebenen Wörter oder Wortgruppen nacheinander so zusammen, dass bei jedem Schritt ein sinnvoller und grammatikalisch korrekter Satz entsteht.

Beispiel: Wǒ zài hē / pí|jiǔ / yì bēi / yě

Wǒ zài hē.
Wǒ zài hē **yì bēi**.
Wǒ zài hē yì bēi **pí|jiǔ**.
Wǒ **yě** zài hē yì bēi **pí|jiǔ**.

a) Tā yào hē / chá / shén|me / de hái|zi
b) Wǒ yě yào hē / bú yào hē bái|jiǔ / kǎ|bù|qí|nùo
c) Tā qǐng fú|wù|yuán / kuàng|quán|shuǐ / yì píng / dǎ|kāi
d) Tā|men bú yào / bīng de / yě / kě|lè / hē
e) Tā lái / hái|shi sān bēi / bīng / liǎng bēi / kā|fēi /

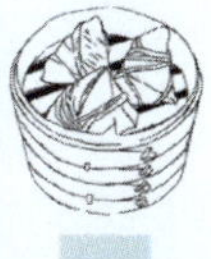

Übungen zu den Dialogen A 4 bis A 6

10. Füllen Sie die Lücken mit passenden Wörtern, so dass sich sinnvolle Fragen zu den Antworten ergeben.

a) _____ shì _____? – Zhè shì má|pó dòu|fu.
b) _____ sù|cài ma? – Wǒ chī wǔ|xiāng huā|shēng|mǐ.
c) Zhè _____ ma? – Bú shì, nà shì nèi|zàng.
d) Zhè ge gōng|bǎo jī|dīng _____ wèi|jīng _____? – Méi yǒu.
e) Fú|wù|yuán _____ bái|jiǔ? – Tā lái sān bēi bái|jiǔ.
f) Nǐ _____? – Bú è. Wǒ zhǐ (nur) yào chī zhè ge.

11. Ordnen Sie die einzelnen Wörter zu grammatikalisch korrekten Sätzen.

a) wèi|jīng / ma / shì / zhè
b) bú / yào / gōng|bǎo jī|dīng / yào / nǐ
c) yě / nèi|zàng / chī / tā / bù
d) shì / yú / nà / ma
e) ma / sù|cài / shì / wǔ|xiāng huā|shēng|mǐ / hé / suān|là guā|tiáo

12. Hören Sie sich die Dialoge der Lektionstexte A 4 bis A 6 an und stellen Sie danach folgende Aussagen richtig.

a) Wǔ|xiāng huā|shēng|mǐ bú shì sù|cài.
b) Kè|rén (Gast) ài chī nèi|zàng.
c) Kè|rén qǐng fú|wù|yuán lái liǎng ge gōng|bǎo jī|dīng hé yì bēi bái|jiǔ.
d) Fú|wù|yuán bù shuō (sprechen) Hàn|yǔ.
e) Kè|rén (Gast) bú yào niú|ròu.

13. Welches Wort in den Spalten passt jeweils nicht zu den anderen?

a)	b)	c)
yú	ba (als Fragepartikel)	má|pó dòu|fu
niú|ròu	shén|me	wǔ|xiāng huā|shēng|mǐ
jī|ròu	bié	gōng|bǎo jī|dīng
nèi|zàng	ma	wèi|jīng
sù|cài	yào bú yào	xiā|rén dòu|fu

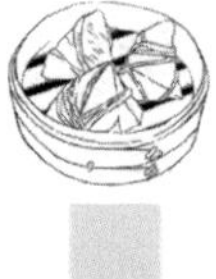

Übungen zu den Dialogen B 2 und B 3

14. Welche Antworten passen zu welchen Fragen?

a) Nǐ chī sù de ma?	1) Duì, tài là.
b) Zhè shì ròu ba?	2) Nín bié fàng ba.
c) Miàn|tiáo (Nudeln) là ma?	3) Qǐng nín lái yì pán bāo|zi (Gedämpfte Teigtaschen mit Füllung).
d) Nǐ yě yào wèi|jīng ma?	4) Duì, zhè shì zhū|ròu (Schweinefleisch).
e) Nǐ|men yào shén|me?	5) Duì.

15. Wählen Sie aus jeder Spalte einen Begriff, um eine Bestellung im Restaurant aufzugeben.

Mengenangaben	*Bestellungen*
yì pán liǎng ge sān ge sì wǎn wǔ píng yì bēi	bīng kā|fēi tāng (Suppe) kě|lè sù|cài xī|hóng|shì chǎo jī|dàn mǐ|fàn

16. Pyramidensätze: Fügen Sie die angegebenen Wörter oder Wortgruppen nacheinander so zusammen, dass bei jedem Schritt ein sinnvoller und grammatikalisch korrekter Satz entsteht.

(Beispiel: vgl. Übung 9)

a) nín bú fàng / xiè|xie / wèi|jīng

b) hái|zi, nǐ bié chī / là de / cài / tài

c) wǒ bú yào / yě / gǒu|ròu / chī

d) qǐng nín mǎ|shàng lái / yì wǎn / niú|ròu|miàn

e) zhè shì sù|cài / sù|cài / bú / nà yě bú shì

17. Sagen Sie der Bedienung, ...

a) ... dass Sie einen Teller Rührei mit Tomaten wollen.

b) ... dass die Suppe zu scharf ist und Sie sie nicht essen (im Chinesischen: „trinken").

c) ... dass sie kein Glutamat (ins Essen) hineingeben soll.

d) ... dass dieses Gericht kein vegetarisches Gericht ist.

e) ... dass sie sofort vier Schalen Reis bringen soll.

18. Jetzt geht es um Ihre Vorlieben. Antworten Sie der Bedienung.

a) Nín yào chī shén|me sù|cài?

b) Nín yào chī shén|me ròu?

c) Nín yào chī dòu|fu ma?

d) Pí|jiǔ, nín yào bīng de ma?

e) Má|pó dòu|fu, yào là de ma?

19. Sammeln Sie Wortschatz.

a) Notieren Sie die Namen der chinesischen Gerichte, die Ihnen schmecken. Lassen Sie sich von Ihrer Lehrkraft den Namen der Gerichte sagen, wenn Sie diese noch nicht kennen.

b) Welche der in der Lektion genannten Speisen könnten Ihnen schmecken? Bilden Sie Sätze mit „Wǒ yào chī..." („Ich will/möchte ... essen.)

Übungen zum Dialog A 7

20. Welche Begriffe sind in diesen Wortreihen enthalten und was bedeuten sie?

a) yàolǜchámǎidānmǐfànyígòng

b) kělèkuàifùpútáojiǔshuākǎkāfēi

c) shíbāgānbēizhètàilàyědòufu

d) chéngzhīzàiláifúwùyuánwèijīng

e) liǎngqǐngshénmejīròuwǔshípíjiǔ

21. Lesen Sie die Rechnungen auf Chinesisch vor.

Beispiel: 1 + 1 = 2
yī **jiā** (plus) yī **shì** (ist) èr

a)	2 + 7 = 9	b)	3 + 5 = 8	c)	3 + 1 = 4	d)	6 + 4 = 10
e)	10 + 1 = 11	f)	22 + 3 = 25	g)	47 + 42 = 89	h)	22 + 12 = 34

058 **22. Hören Sie sich die Rechenaufgaben an, notieren Sie die Zahlen und nennen Sie das Ergebnis auf Chinesisch.**

23. Formulieren Sie.

a) Die Rechnung bitte! – Zusammen 72 Yuan.

b) Sie bezahlt mit Alipay, ich nicht.

c) 14 ist nicht 40, 40 ist nicht 14.

d) Wie viel macht das zusammen? – 44 Kuài.

e) Das Bier (kostet) 5 Yuan, der Reis 10 Yuan (und) das Hühnerfleisch mit Erdnüssen 20 Yuan.

Übungen zum Dialog B 4

24. Wählen Sie aus jeder Spalte einen Begriff, und bilden Sie damit sinnvolle Sätze.

wǒ|men nǐ tā nǐ|men fú|wù|yuán wǒ	yě bù yòng xìn|yòng|kǎ màn mǎ|shàng zài lái zhǎo	chī mǐ|fàn yì wǎn hē jiǔ (Alkohol trinken) zǒu sān|shí|sān Kuài qián fù

25. Schlüpfen Sie in die Rolle der Bedienung. Zählen Sie drei bis vier Bestellungen auf, nennen Sie jeweils den Preis sowie am Ende den Gesamtpreis.

2 Schalen Reis	mǐ|fàn	2,00 ¥
1 Teller Jiaozi (chinesische Maultaschen)	jiǎo|zi	3,50 ¥
1 x Mais mit Pinienkernen	sōng|rén yù|mǐ	4,60 ¥
2 Gläser Cola	kě|lè	7,00 ¥
1 Glas Sprite	xuě|bì	3,20 ¥
1 x Tofu mit Chili und Hackfleisch	má|pó dòu|fu	5,90 ¥
1 Glas Tee	chá	9,10 ¥
2 Schalen Rindfleisch-nudeln	niú|ròu|miàn	8,80 ¥

059

26. Hören Sie sich den Dialog an und beantworten Sie die folgenden Fragen. Lassen Sie sich nicht irritieren, wenn Sie nicht alles verstehen.

a) Welches Problem hat der Gast beim Bezahlen?

b) Wie versucht er das Problem zu umgehen?

c) Wie einigen sich der Gast und der Inhaber des Restaurants schließlich?

27. Geben Sie sinngemäß passende Antworten auf die folgenden Fragen. Versuchen Sie, dabei möglichst abwechslungsreich zu formulieren.

Bedienung:

a) Hěn bào|qiàn, méi yǒu hóng|chá (schwarzer Tee). Lǜ|chá (grüner Tee) kě|yǐ ma?

b) Hěn bào|qiàn, méi yǒu píng|guǒ|zhī (Apfelsaft). Chéng|zhī (Orangensaft) kě|yǐ ma?

c) Hěn bào|qiàn, méi yǒu kě|lè. Xuě|bì (Sprite) kě|yǐ ma?

d) Hěn bào|qiàn, méi yǒu kā|fēi. Hóng|chá kě|yǐ ma?

Gast:

e) Kě|yǐ yòng xìn|yòng|kǎ fù ma?

f) Kě|yǐ yòng Zhī|fù|bǎo ma?

28. Führen Sie kurze Dialoge. Orientieren Sie sich dabei an den angegebenen Inhalten.

a) Sie besuchen zu viert ein Restaurant. Führen Sie das Gespräch mit der Bedienung. Bestellen Sie sechs Gerichte von dieser Karte und berücksichtigen Sie dabei, dass zwei der Gäste kein Fleisch essen. Fragen Sie nach, wenn Sie sich nicht sicher sind, ob ein Gericht Fleisch enthält.

b) Auf Reisen sind Sie zu zweit in eine kleinere Ortschaft gekommen. In dem Restaurant, in dem Sie essen möchten, gibt es nur eine rein chinesische Speisekarte. Sie müssen also nach Speisen fragen und aus dem Repertoire von Gerichten bestellen, die Sie kennen.

c) Sie rufen die Bedienung zum Bezahlen. Sie berechnet die Speisen und dazu kommen noch 40 Yuan für Getränke. Sie bezahlen.

Orientierung mit und ohne Handy

Gedruckte Stadtpläne und Straßenkarten, *dì|tú*, sind meistens an Kiosken oder in Buchläden erhältlich. Beschriftet sind sie entweder mit chinesischen Zeichen, Pinyin-Umschrift oder beidem gleichzeitig. Bisweilen werden auch englischsprachige Karten, *Yīng|wén dì|tú*, angeboten. Eine Karte auf dem Mobiltelefon kann die Orientierung natürlich ebenfalls erleichtern. Dennoch werden Sie mitunter nach dem Weg fragen müssen, etwa wenn der gesuchte Ort nicht (genau) auf der Karte verzeichnet ist.

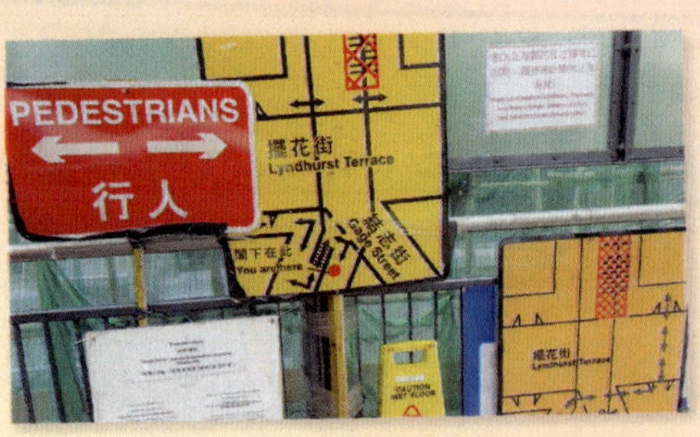

„Nach hundert Metern sind Sie da!“ – Nach dem Weg fragen

Wenn Sie nach dem Weg fragen und Ihnen jemand das Angebot macht, Sie zu Ihrem Ziel zu begleiten, dann können Sie dies durchaus annehmen, da es in den meisten Fällen wirklich freundlich gemeint ist. Deutet jemand als Auskunft allerdings nur vage in eine Richtung, dann sollten Sie am besten zumindest noch eine weitere Person fragen, um wirklich sicher zu gehen, denn in China gibt man nur ungern zu, dass man etwas nicht weiß.

In manchen Gegenden, vor allem in Nordchina, werden Richtungen oft nicht mit „rechts“, „links“ oder „geradeaus“ angegeben, sondern mithilfe der Himmelsrichtungen. Hier müssen Sie im Zweifelsfall nachfragen. Besonders lange Straßen in chinesischen Städten sind oft in einzelne Abschnitte unterteilt, die einen Namenszusatz gemäß der Himmelsrichtung erhalten. Zum Beispiel: *Běi|jīng Dōng Lù* (*Beijing Road East*), *Zhōng|shān Zhōng Lù* (*Zhongshan Road Middle*). Die Himmelsrichtungen werden oft zusätzlich rechts und links außen auf dem Straßenschild angegeben: N(orth): *běi*, S(outh): *nán*, E(ast): *dōng*, und W(est): *xī*.

Stufe A

A 1

Sie suchen eine Bank zum Geldwechseln.

060 Sie: Qǐng|wèn, wǒ zhǎo <u>Zhōng|guó Yín|háng</u>.

Die angesprochene Passantin weist in eine Richtung.

Passantin: Duì|mian jiù shì.

Sie: Xiè|xie.

Passantin: Bú kè|qi!

Baukasten
22 lù chē|zhàn: Haltestelle der Linie 22
cè|suǒ: Toilette

zhǎo	suchen	找	zh = dsch
Zhōng|guó Yín|háng	Bank of China	中国银行	~ong = ~ung
yín|háng	Bank	银行	
duì|mian	gegenüber	对面	~ui = ~uej
jiù	genau, eben (Betonung)	就	j = dsch; ~iu = ~iou
Bú kè|qi!	Keine Ursache!	不客气！	e = (Lag)**e**; q = tsch

A 2

Sie fragen einen Passanten, wie Sie zur U-Bahn-Haltestelle kommen.

061

Sie: Qù dì|tiě|zhàn zěn|me zǒu?
Passant: Yì|zhí zǒu.
Sie: Yuǎn ma?
Passant: Yì bǎi mǐ jiù dào le.

Baukasten
(wǎng) zuǒ guǎi: nach links abbiegen
(wǎng) nán zǒu: nach Süden gehen

Qù ... zěn|me zǒu?	Wie komme ich zu/ nach ... ?	去 … 怎么走?	qu = tschü z = ds
dì|tiě|zhàn	U-Bahn-Haltestelle	地铁站	~ie = ~ieah
yì|zhí	geradeaus	一直	yi = i
zǒu	gehen; *hier:* fahren	走	
yuǎn	weit	远	yuan = üenn
bǎi	hundert	百	
mǐ	Meter	米	
dào le	angekommen sein	到了	

Partikel *le*: Vollendung einer Handlung (S. 231)

062

Richtungsanweisungen		
nach links abbiegen	(wǎng) zuǒ guǎi	(往) 左拐
nach rechts abbiegen	(wǎng) yòu guǎi	(往) 右拐
nach Osten gehen	(wǎng) dōng zǒu	(往) 东走
nach Westen gehen	(wǎng) xī zǒu	(往) 西走
nach Süden gehen	(wǎng) nán zǒu	(往) 南走
nach Norden gehen	(wǎng) běi zǒu	(往) 北走

063

<table>
<tr><th colspan="3">Wichtige Orte und Geschäfte</th></tr>
<tr><td>Geschäft, Laden</td><td>shāng|diàn</td><td>商店</td></tr>
<tr><td>Kaufhaus, Warenhaus</td><td>bǎi|huò shāng|diàn
bǎi|huò dà|lóu
bǎi|huò gōng|sī</td><td>百货商店
百货大楼
百货公司</td></tr>
<tr><td>Einkaufszentrum</td><td>gòu|wù zhōng|xīn</td><td>购物中心</td></tr>
<tr><td>Markt</td><td>shāng|chǎng</td><td>商场</td></tr>
<tr><td>Supermarkt</td><td>chāo|shì</td><td>超市</td></tr>
<tr><td>Apotheke</td><td>yào|fáng, yào|diàn</td><td>药房 oder 药店</td></tr>
<tr><td>Post</td><td>yóu|jú</td><td>邮局</td></tr>
<tr><td>Bank</td><td>yín|háng</td><td>银行</td></tr>
<tr><td>Hotel</td><td>lǚ|guǎn, bīn|guǎn</td><td>旅馆 oder 宾馆</td></tr>
<tr><td>Restaurant</td><td>fàn|diàn, fàn|guǎn</td><td>饭店 oder 饭馆</td></tr>
<tr><td>Bahnhof</td><td>huǒ|chē|zhàn</td><td>火车站</td></tr>
<tr><td>U-Bahnstation</td><td>dì|tiě|zhàn</td><td>地铁站</td></tr>
<tr><td>Toilette</td><td>cè|suǒ, xǐ|shǒu|jiān</td><td>厕所 oder 洗手间</td></tr>
</table>

„Wo ist die Kasse?“ – Orientierung beim Einkauf

Sich in den großen Geschäften, Shopping Malls und Kaufhäusern zu orientieren ist nicht immer einfach, vor allem, weil die Anzeigetafeln in der Regel nur auf Chinesisch beschriftet sind, falls es überhaupt welche gibt. Nach Abteilungen, bestimmten Geschäften oder dem Standort eines Artikels zu fragen, ist daher unerlässlich, will man langes Suchen vermeiden. Hilfreich ist es, dabei im Kopf zu behalten, dass mit „erster Stock“, *yī lóu,* in China das Erdgeschoss gemeint ist. Der zweite Stock, *èr lóu*, ist demnach unser erster Stock und so fort.

Stufe A

A 3

In einem großen Warenhaus suchen Sie etwas Bestimmtes.

064 Sie: Nǐ|men yǒu ér|tóng yī|fu ma?
Verkäuferin: Dāng|rán yǒu.
Sie: Zài jǐ lóu?
Verkäuferin: Zài èr lóu.

Baukasten
shí|pǐn: Lebensmittel
nǚ|zhuāng: Damenbekleidung
nán|zhuāng: Herrenbekleidung

ér|tóng yī|fu	Kinderkleidung	儿童衣服	~ong = ~ung
dāng|rán	selbstverständlich	当然	r = (engl.) car
zài	*hier:* im	在	
jǐ lóu?	wievielten Stockwerk?	几楼?	j = dsch
lóu	Stockwerk	楼	

Für *zài* siehe: Verben mit präpositionalem Charakter (S. 235)

A 4

065

Sie suchen die Kasse.

Sie: Qǐng|wèn, shōu|kuǎn|tái zài nǎ|li?
Verkäufer: Shōu|kuǎn|tái zài qián|bian.
Sie: Nàr yě yǒu cè|suǒ ma?
Verkäufer: Yǒu.

Baukasten
diàn|zǐ chǎn|pǐn: Elektroartikel
wén|jù: Schreibwaren
hòu|bian: (da) hinten
lóu|shàng: im Obergeschoss / eine Treppe höher
lóu|xià: im Untergeschoss / eine Treppe tiefer

shōu|kuǎn|tái	Kasse	收款台	
nǎ|li	wo, wohin	哪里	
qián|bian	(da) vorne	前边	~ian = ienn
nàr	dort (drüben)	那儿	
yǒu	*hier:* es gibt	有	

Neben cèsuǒ ist xǐ|shǒu|jiān (洗手间) *ein anderes, gehobeneres Wort für Toilette.*

„Haben Sie W-Lan?" – Handys und öffentlicher Internetzugang

In Handyläden und manchmal auch an Kiosken kann man in China eine Prepaid-SIM-Karte, *yù|fù|fèi SIM-kǎ*, erwerben. In der Regel benötigt der Händler Ihren Pass, *hù|zhào*, um Sie zu registrieren und zu prüfen, dass keine weiteren Nummern auf Ihren Namen angemeldet sind. Dies dauert meist nur 1-2 Stunden. Beim Erwerb der Karte ist im Preis normalerweise bereits ein Guthaben enthalten. Die Geschäfte, in denen Handyzubehör und SIM-Karten verkauft werden, helfen Ihnen gerne beim Aufladen des Guthabens, *chōng|qián*. Wenn Sie als Gruppe mehrere Karten beim selben Anbieter erwerben, sind Gespräche untereinander oft kostenlos. Da sich die Regelungen häufig ändern, fragen Sie am besten nach dem aktuellen Verfahren.

Über Ihre Karte haben Sie auch Zugang zum mobilen Internet, *yí|dòng hù|lián wǎng*. Öffentliches W-Lan (WiFi), bieten die meisten Cafés und Gaststätten an. In der Regel werden Sie ein entsprechendes Hinweisschild sehen, auf dem der Name und das Passwort für das Netzwerk angegeben sind. Auch andere öffentliche Orte wie Bahnhöfe und Flughäfen bieten in der Regel ein freies Netzwerk für Gäste an.

Stufe A

A 5

Sie sind in einem Café und brauchen eine Internetverbindung.

066

Sie: Nǐ|men zhèr yǒu WiFi ma?

Kellner: Yǒu!

Sie: Yào bú yào mì|mǎ?

Kellner: Yào. Wǒ gěi nǐ.

nǐ|men zhèr	bei euch	你们这儿	zh = dsch
zhèr	hier	这儿	
yào	*hier:* brauchen	要	
mì|mǎ	Passwort, Geheimnummer	密码	
gěi	geben	给	~ei = ~ej

Modalverben (S. 227)
Dativ mit *gěi* (S. 223)

A 6

067

Sie sind mit einem chinesischen Freund unterwegs und stellen fest, dass das Guthaben auf Ihrer SIM-Karte aufgebraucht ist.

Sie: Wǒ de SIM-kǎ méi yǒu qián, zěn|me|bàn?
Ihr Freund: Ò, fù|jìn yǒu yí ge chōng|qián de dì|fang.

Sie: Hái yǒu yí ge wèn|tí: Shǒu|jī méi yǒu diàn.
Ihr Freund: Nàr yě kě|yǐ chōng|diàn.

SIM-kǎ	SIM-Karte	SIM卡	
qián	Geld	钱	~ian = ienn
zěn|me|bàn	Was tun?	怎么办	z = ds
fù|jìn	in der Nähe	附近	
chōng|qián	mit Geld aufladen	充钱	ch = tsch; ~ong = ~ung
wèn|tí	Frage, Problem	问题	
shǒu|jī	Handy	手机	
diàn	Strom	电	
kě|yǐ	können, dürfen; es geht	可以	
chōng|diàn	mit Strom aufladen	充电	

Fragewörter (S. 225)

Stufe B

B 1

068 *Eine Bekannte hilft Ihnen bei der Beschaffung einer chinesischen SIM-Karte. Sie betreten zusammen ein Handygeschäft.*

Bekannte: Gěi wài|guó|rén bàn SIM-kǎ.

Verkäufer: Hǎo. Qǐng gěi wǒ hù|zhào.

Der Verkäufer macht ein Foto von Ihrem Pass und Ihrem Visum.

Verkäufer: Nǐ guò yí ge xiǎo|shí huí|lái.

Sie: Zhè|me kuài!
Xiàn|zài fù ma?

Verkäufer: Nǐ huí|lái cái fù.

gěi (1. Zeile) gěi (2. Zeile)	*hier:* für geben	给	~ei = ~ej
wài|guó|rén	Ausländer/in	外国人	r = (engl.) car
bàn	*hier:* beantragen	办	
hù|zhào	Pass	护照	zh = dsch
guò	*hier:* nach	过	
xiǎo|shí	Stunde	小时	x = (i)**ch**
huí|lái	zurückkommen	回来	~ui = ~uej
zhè|me	so, derart	这么	
kuài	schnell, bald	快	
xiàn|zài	jetzt	现在	~ian = ienn
fù	bezahlen	付	
cái	erst	才	c = ts

Für *gěi* siehe: Verben mit präpositionalem Charakter (S. 235) und Dativ mit *gěi* (S. 223)

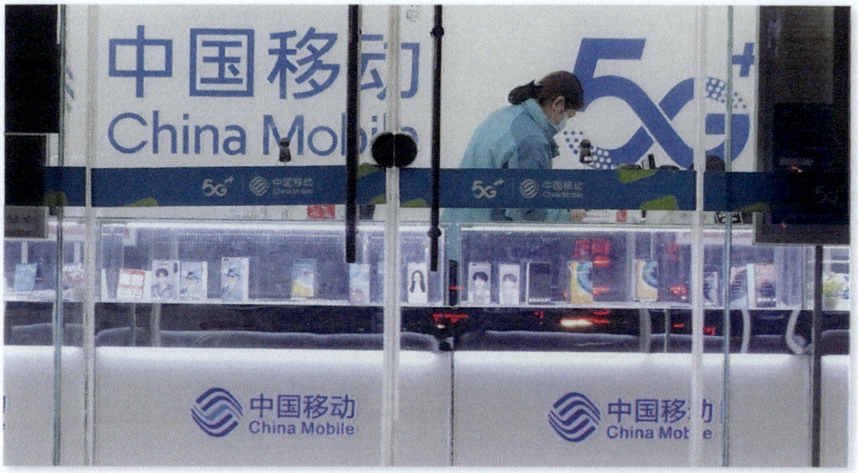
中国移动
China Mobile
5G
中国移动
China Mobile
中国移动
China Mobile

Orientierung mit und ohne Handy – ÜBUNGEN

Übungen zu den Dialogen A 1 bis A 4

1. Ordnen Sie die einzelnen Wörter zu grammatikalisch korrekten Sätzen.

a) zěn|me / Zhōng|guó Yín|háng / qù / zǒu

b) lóu / sān / ma / nǐ / zhǎo

c) zài / yě / nàr / shōu|kuǎn|tái

d) jǐ / shí|pǐn / qǐng|wèn / zài / lóu

e) yě / wén|jù / dāng|rán / yǒu / wǒ|men

2. Hören Sie sich die Dialoge der Lektionstexte A1 bis A4 an und stellen Sie folgende Aussagen dazu richtig. Verwenden Sie vollständige Sätze.

A1
a) Nín zhǎo chē|zhàn (Haltestelle).
b) Yín|háng hěn yuǎn.

A2
c) Qù dì|tiě|zhàn yào (müssen) wǎng zuǒ guǎi.
d) Dì|tiě|zhàn bā bǎi mǐ jiù dào le.

A3 und A4
e) Bǎi|huò shāng|diàn (Warenhaus) méi yǒu ér|tóng yī|fu.
f) Ér|tóng yī|fu zài qī lóu.
g) Nín zhī|dào (wissen) qù shōu|kuǎn|tái zěn|me zǒu.
h) Shōu|kuǎn|tái zài hòu|bian.

3. Vervollständigen Sie die Fragen passend zu den gegebenen Antworten. Eine Linie steht jeweils für ein Wort.

a) A: Chē|zhàn (Haltestelle) ______ ______?
B: Bù yuǎn. Sān bǎi mǐ jiù dào le.

b) A: Qǐng|wèn, ______ ______ ______ ______?
B: Qù dì|tiě|zhàn nǐ|men yì|zhí zǒu.

c) A: ______ ______ ______ lóu?
B: Cè|suǒ zài sì lóu.
A: ______ ne?
B: Nǚ|zhuāng yě zài shàng|bian (oben).

d) A: ______ ______ ______ma?
B: Zhōng|guó Yín|háng bù yuǎn.

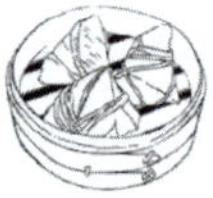

4. Geben Sie eine beliebige Antwort auf die folgenden Fragen.

a) Qǐng|wèn, nǚ|zhuāng zài jǐ lóu?

b) Cè|suǒ liǎng bǎi mǐ dào le ma?

c) Qù yín|háng zěn|me zǒu?

d) Nàr yǒu dì|tiě|zhàn ma?

e) Qù shōu|kuǎn|tái wǎng yòu zǒu ma?

Nun stellen Sie folgende Fragen.

f) wo sich die U-Bahn-Haltestelle befindet

g) ob es hier eine Kasse gibt

h) ob es zur Toilette geradeaus geht

Diese Tür ist abgesperrt, bitte benutzen Sie die Tür daneben.

069

5. Hören Sie sich den Dialog im Kaufhaus an und beantworten Sie die folgenden Fragen, auch wenn Sie vielleicht nicht jedes Wort verstehen.

Frage 1: Was sucht der Kunde und wo ist es nach Auskunft der Verkäuferin zu finden?

a) Die Kasse, die sich im chinesischen 10. Stockwerk befindet.

b) Die Toilette, die sich im chinesischen 4. Stockwerk befindet.

c) Die Kasse, die sich im chinesischen 4. Stockwerk befindet.

d) Die Toilette, die sich im chinesischen 10. Stockwerk befindet.

Frage 2: Wonach fragt der Kunde noch?

a) Nach der Toilette.

b) Nach den Lebensmitteln.

c) Nach der Kasse.

d) Nach der Damenbekleidung.

Frage 3: Was antwortet die Verkäuferin?

a) Das, was er sucht, gibt es im chinesischen 4. Stockwerk.

b) Das, was er sucht, gibt es im chinesischen 9. Stockwerk.

c) Das, was er sucht, gibt es nicht im chinesischen 4. Stockwerk.

d) Das, was er sucht, gibt es nicht im chinesischen 9. Stockwerk.

Übungen zu den Dialogen A 5 und A 6

6. Welches Wort in den Spalten passt jeweils nicht zu den anderen?

a)	b)	c)
qián|bian	qián	shǒu|jī
fù|jìn	mì|mǎ	ér|tóng yī|fu
duì|mian	SIM-kǎ	shōu|kuǎn|tái
nǐ|men zhèr	chōng|diàn	cè|suǒ
nǎ|li	shǒu|jī	chōng|qián

7. Füllen Sie die Lücken mit passenden Wörtern.

a) ______ bú shì ______ ge chōng|qián de ______.
b) Zhè ______ shì Zhōng|guó de SIM-______, shì Dé|guó ______.
c) ______ yǒu wèn|tí ! Zhèr ______ nǐ ______ chōng|qián, yě ______ chōng|diàn.
d) Nǐ yào ______ mì|mǎ wǒ ______ nǐ.
e) Ò, nǐ|men ______ bú ______ mì|mǎ ma? Tài hǎo le (Super!)!

8. Ein chinesischer Kollege ist zu Besuch in Deutschland und benötigt Ihre Hilfe. Antworten Sie ihm unter Verwendung der Angaben in Klammern.

a) A: Wǒ méi yǒu qián.
B: ______________________ (zhǎo / yín|háng)
b) A: Wǒ méi yǒu shǒu|jī, zěn|me|bàn?
B: ______________________ (gěi / wǒ de)
c) A: Zhèr méi yǒu cè|suǒ, zěn|me|bàn?
B: ______________________ (fù|jìn / hái yǒu)
d) A: Wǒ rèn|shi yí ge yóu|jú (Post). Zhè ge yóu|jú tài yuǎn, zěn|me|bàn?
B: ______________________ (qián|bian / yě)
e) A: Wǒ yào mǎi (kaufen) ér|tóng yī|fu.
B: ______________________ (nàr / jiù)

Übungen zum Dialog B 1

9. Pyramidensätze: Fügen Sie die angegebenen Wörter oder Wortgruppen nacheinander so zusammen, dass bei jedem Schritt ein sinnvoller und grammatikalisch korrekter Satz entsteht.

Beispiel: dì|tiě|zhàn dào le / nín / jiù / bā bǎi mǐ

Dì|tiě|zhàn dào le.
Dì|tiě|zhàn **jiù** dào le.
Dì|tiě|zhàn **bā bǎi mǐ** jiù dào le.
Dì|tiě|zhàn **nín** bā bǎi mǐ jiù dào le.

a) nǐ gěi wǒ / wài|guó|rén de / kě|yǐ / hù|zhào / xiàn|zài
b) tā fù / ér|tóng / zài shōu|kuǎn|tái / yī lóu de / yī|fu
c) wǒ|men rèn|shi / tā / cái / huí Zhōng|guó
d) tā bàn SIM-kǎ / gěi nán|péng|you / zhè|me kuài / Dé|guó
e) tā|men chōng|diàn / yào yí ge xiǎo|shí / gěi shǒu|jī / dāng|rán

10. Wählen Sie einen Eintrag aus jeder Spalte und bilden Sie Sätze mit *cái* (erst).

Beispiel: Nǐ huí|lái + cái + fù → Nǐ huí|lái cái fù.

wǒ huí Zhōng|guó		rèn|shi tā|men de péng|you.
tā dào Měi|guó		zǒu
gěi shǒu|jī chōng|qián	cái	kě|yǐ dǎ diàn|huà (telefonieren)
tā jié|hūn		huí|lái
tā|men zhǎo yào|fáng (Apotheke)		mǎi (kaufen) ér|tóng yī|fu
tā xiàn|zài		yào (wollen) hái|zi

«Kein Zugang für Personen und Fahrzeuge. Zuwiderhandlung auf eigenes Risiko.»

070

11. Hören Sie sich den kurzen Dialog an und beantworten Sie die folgenden Fragen, auch wenn Sie vielleicht nicht jedes Wort verstehen.

a) Wie heißt das Reiseziel der beiden Sprecher und wie lange brauchen sie noch dorthin?

b) Was kann Person B Person A geben und zu welchem Zeitpunkt?

c) Was möchte Person B momentan noch nicht und wie lange will sie damit noch warten?

d) Über was für einen Vorgang sprechen A und B, und wann wird er erfolgreich abgeschlossen sein?

Taxifahren

Fahren Sie nur mit offiziellen Taxis! Diese haben in der Regel ein Schild mit dem Namen des Taxiunternehmens auf dem Dach. Hinter der Windschutzscheibe zeigt ein rotes Licht an, dass der Wagen zur Verfügung steht. Jedes offizielle Taxi verfügt über einen Taxameter, der bei Fahrtbeginn angestellt werden sollte. Man beginnt mit dem Grundpreis und zahlt ab einer Strecke von drei Kilometern den Kilometerpreis. Grundpreis und Kilometerpreis variieren nicht nur lokal, sondern auch nach Art des Taxis und der Tages- bzw. Nachtzeit. Der Preis ist meist auf einem Schild an der hinteren Seitenscheibe zu lesen.

Es steht Ihnen grundsätzlich frei, im Taxi vorne oder hinten einzusteigen. Die Fahrer sind oft von einem regelrechten Käfig umgeben, der sie vor Überfällen und aggressiven Fahrgästen schützen soll.

„Der Wagen kommt sofort.“ Ein Taxi finden und das Ziel nennen

An Flughäfen und Bahnhöfen gibt es offizielle Taxistände, an denen Sie die lange Schlange nicht abschrecken sollte. Es geht schneller, als man denkt. Winken Sie besser ab, wenn jemand mit den Worten *Taxi, taxi!* oder *Where do you go?* persönlich auf Sie zukommt. Diese Fahrer inoffizieller Taxis ohne Taxameter nennen meist keinen Preis und verlangen dann am Ende der Fahrt völlig überhöhte Tarife.

In der Stadt gibt es kaum Taxistände. Die Wagen fahren herum und werden angehalten. Manchmal muss dafür erst ein geeigneter Ort gefunden werden, an dem die Chancen auf ein freies Taxi größer sind, weil es bequem halten kann. Dies sind oftmals Straßenecken oder auch Hotels und größere Geschäfte.

Um dem Fahrer mitzuteilen, wohin Sie wollen, ist es immer gut, zu wissen, wie das Ziel Ihrer Fahrt auf Chinesisch heißt. Am besten haben Sie eine Visitenkarte, *míng|piàn*, dabei, auf der die Adresse des Ziels in Schriftzeichen steht.

Es kann passieren, dass ein Fahrer die Fahrt ablehnt, wenn er das Ziel hört. Das kann verschiedene Gründe haben, zum Beispiel weil der Fahrer bald Dienstschluss hat und ihm das Ziel daher zu weit ist oder in einer für ihn ungünstigen Richtung liegt. Man erhält dann die Auskunft: *Wǒ xià|bān le.* „Ich mache Feierabend“. Oder aber das Ziel ist zu nah und die Fahrt erscheint dem Fahrer nicht lohnend. Manche Taxifahrer nehmen ungern Ausländer mit, meist aus Sorge, die Fahrgäste nicht zu verstehen und dadurch in Schwierigkeiten zu geraten. In solchen Fällen müssen Sie ein anderes Taxi suchen.

Stufe A

A 1

071

Sie versuchen ein Taxi anzuhalten, werden aber von den Fahrern ignoriert. Sie bitten einen Passanten um Hilfe.

Sie: Qǐng|wèn, zài nǎ|lǐ jiào chū|zū|chē?

Der Mann weist in eine Richtung.

Passant: Zài nà|bian.

Sie: Xiè|xie!

Baukasten
qián|bian yì|diǎn: etwas weiter vorne
páng|bian: nebenan
duì|mian: gegenüber

zài	sich befinden, (da) sein	在	z = ds
nǎ|lǐ	wo, wohin	哪里	
jiào	rufen, heißen, genannt werden	叫	j = dsch
chū|zū|chē	Taxi	出租车	
nà|bian	dort (drüben)	那边	~ian = ienn

Fragewörter (S. 225)
Ortsangaben (S. 228)

A 2

072

Sie kommen aus Ihrem Hotel, aber es steht kein Taxi bereit. Daher wenden Sie sich an den Hotelpagen.

Sie: Qǐng nǐ jiào chū|zū|chē!

Hotelpage: Nín děng yí|xià. Mǎ|shàng lái.

qǐng	bitte, bitten	请	
děng	warten	等	e = (Lag)e
yí|xià	mal eben, mal kurz, einen Moment	一下	x = (i)ch
mǎ|shàng	sofort	马上	

Für Erläuterungen zu *yí|xià* siehe: Verbverdoppelung (S. 235)

A 3

073

Sie wollen zu einer bestimmten Adresse, kennen aber den Weg dorthin nicht. Zum Glück haben Sie eine Visitenkarte dabei.

Fahrerin: Nǐ qù nǎr?

Sie zeigen die Vistenkarte.

Sie: Qǐng qù nà|lǐ.

Fahrerin: Wǒ kàn|kan..., ò, wǒ zhī|dào.

qù	hingehen, hinfahren, zu/ zum/zur ... (Ziel)	去	qu = tschü
nǎr	wo, wohin	哪儿	r = (engl.) car
nà|lǐ	dort (drüben)	那里	
kàn|kan	mal schauen	看看	
zhī|dáo	wissen, kennen	知道	zhi = dsch + (engl.) is

Verbverdopplung (S. 235)

A 4

Sie wollen wissen, wieviel die Fahrt zu Ihrem Ziel in etwa kosten wird.

074

Sie: Dào jī|chǎng duō|shao qián?

Fahrer: Dà|gài liù|shí Kuài. Nín yǒu xíng|li ma?

Sie: Méi yǒu.

Baukasten
huǒ|chē|zhàn: Bahnhof

dào ...	zum ..., zur ..., bis zu ...	到…	
jī|chǎng	Flughafen*	机场	ch = tsch
duō|shao	wieviel, wie viele	多少	uo = uoa
qián	Geld	钱	
dà|gài	ungefähr	大概	
Kuài	*Umgangssprachlich für Yuán*	块	
xíng|li	Gepäck	行李	

Übersicht zu den Geldeinheiten (S. 226)

* Manchmal kann der Taxifahrer Sie nach Ihrer Fluglinie, Ihrem Ziel oder Ihrer Bordkarte fragen. Das ist dann meist keine übertriebene Neugier, sondern der Fahrer möchte herausfinden, zu welchem Terminal er sie bringen muss.

075

Weitere mögliche Ziele		
Dieses Hotel (auf der Visitenkarte)	zhè ge fàn|diàn	这个饭店
Diese Firma (auf der Visitenkarte)	zhè ge gōng|sī	这个公司
Diese Fabrik (auf der Visitenkarte)	zhè ge gōng|chǎng	这个工厂
Carrefour	Jiā|lè|fú	家乐福
Kempinski	Kǎi|bīn|sī|jī	凯宾斯基
Sheraton	Xǐ|lái|dēng	喜来登
Shangri-La	Xiāng|gé|lǐ|lā	香格里拉
Hilton	Xī|ěr|dùn	希尔顿
Ikea	Yí|jiā	宜家
Bank of China	Zhōng|guó Yín|háng	中国银行
Platz des Volkes	Rén|mín Guǎng|chǎng	人民广场

A 5

076

Der Fahrer fährt los ohne den Taxameter anzuschalten.

Sie: Qǐng dá|biǎo.

Fahrer: Hǎo de!

dá|biǎo	den Taxameter anschalten	打表	
hǎo de	gut, in Ordnung	好的	

Stufe B

B 1

Sie haben ein Taxi zum Flughafen bestellt und Sie haben eine Menge Gepäck.

077
Fahrerin: Dào jī|chǎng ba?
Sie: Duì!
Fahrerin: Nín yǒu xíng|li ma?
Sie: Yǒu, qǐng bāng|máng, hěn zhòng.
Fahrerin: Méi wèn|tí. Ò, zhēn|de hěn zhòng!
Sie: Bù|hǎo|yì|si. Xiè|xie!
Fahrerin: Bú|xiè.

ba	*Vermutungspartikel*	吧	
duì	genau, richtig	对	~ui = ~uej
bāng|máng	helfen	帮忙	
zhòng	schwer	重	
Méi wèn|tí.	Kein Problem.	没问题。	~ei = ~ej
zhēn|de	wirklich, tatsächlich, echt	真的	
bù|hǎo|yì|si	Das ist mir unangenehm.	不好意思	si = s + (engl.) is
bú|xiè	Nichts zu danken.	不谢	~ie = ~ieah

Partikel *ba*: Vermutung (S. 228)
Sätze mit Adjektivprädikat (S. 232)

„Biegen Sie hier rechts ab."
Wegweisen und Wünsche während der Fahrt

Zwar sind Navigationsgeräte eine große Erleichterung, aber es kann durchaus vorkommen, dass Sie einem Taxifahrer den Weg weisen müssen. Das ist vor allem dann notwendig, wenn Sie auf ein größeres Firmengelände oder in eine Wohnanlage fahren. Manchmal mag es Ihnen unverständlich erscheinen, wenn ein Fahrer auf einer Ihnen bekannten Strecke plötzlich einen anderen als den gewohnten Weg wählt. Möglicherweise weiß der Fahrer dann von einer aktuellen Verkehrsbehinderung auf der Stecke, oder aber er kann aufgrund besonderer Vorschriften eine bestimmte Straße nicht benutzen. Sollten Sie wirklich den Eindruck haben, dass Sie betrogen werden, können Sie einen chinesischen Bekannten bitten, mithilfe des Belegs, *fā|piào*, beim Kundenservice anzurufen und sich zu beschweren.

Stufe A

A 6

078

Die Zufahrt zu der Anlage, in der Sie wohnen, ist nicht leicht zu erkennen. Der Fahrer ist unsicher, wo er abbiegen muss.

Fahrer: Xiàn|zài wǎng yòu ma?

Sie: Bú shì, yì|zhí zǒu.

Nach 500 Metern.

Sie: Màn yì|diǎn, zhè|lǐ wǎng yòu.

Baukasten
zuǒ: links

xiàn|zài	jetzt	现在	z = ds
wǎng	*hier:* abbiegen	往	
yòu	rechts	右	
yì|zhí zǒu	geradeaus fahren	一直走	zhi = dsch + (engl.) is
màn	langsam	慢	
yì|diǎn	ein wenig	一点	~ian = ienn
zhè|lǐ	hier	这里	

A 7

Sie haben es eilig.

079 Sie: Qǐng nǐ kuài yì|diǎn. Wǒ yǒu jí shì.

Fahrerin: Bù xíng, dǔ|chē le!

kuài	schnell, bald	快	
jí	eilig	急	j = dsch
shì	Angelegenheit, Sache	事	shi = sch + (engl.) is
xíng	es geht, es klappt	行	
dǔ|chē	Stau	堵车	ch = tsch
le	*Partikel zur Anzeige einer veränderten Situation*	了	

Steigerung von Adjektiven mit *yì|diǎn* (S. 233),
Partikel *le*: Veränderung einer Situation (S. 231)

Stufe B

B 2

080 *Sie bitten den Fahrer, an einer bestimmten Kreuzung abzubiegen.*

Sie: Qǐng zuǒ guǎi.
Fahrer: Duì|bù|qǐ, zhè|lǐ bù néng zuǒ guǎi.
Sie: Zěn|me|bàn?
Fahrer: Qián|mian diào|tóu, wǎng yòu.
Sie: Hǎo, qǐng kuài yì|diǎn.

guǎi	abbiegen	拐	
néng	können, dürfen	能	
zěn|me|bàn?	Was tun?	怎么办?	
qián|mian	(da) vorne	前面	~ian = ienn
diào|tóu	wenden	掉头	

Modalverben (S. 227)

B 3

081 *Sie nennen der Fahrerin ein Ziel, zu dem Sie den Weg bereits selbst kennen.*

Fahrerin: Ò, duì|bù|qǐ, wǒ bú tài qīng|chu, nǐ rèn|lù ma?
Sie: Wǒ rèn|shi. Wǒ zhǐ|lù.
Fahrerin: Nǐ de Hàn|yǔ bú|cuò!
Sie: Nǎ|li nǎ|li.
Fahrerin: (*Lacht*) Tài hǎo le!
Sie: Xiān yì|zhí zǒu...

Wǒ bú tài qīng|chu.	Ich bin mir nicht sicher.	不太清楚。	
rèn|lù	den Weg kennen	认路	
zhǐ|lù	den Weg zeigen	指路	zhi = dsch + (engl.) is
bú|cuò	nicht schlecht	不错	c = ts
Tài hǎo le!	Sehr gut! Super!	太好了!	
xiān	zuerst	先	x = (i)ch

B 4

082

Sie wollen mit einem Kollegen zum Flughafen fahren und stellen beim Einsteigen in das Taxi fest, dass Sie Ihren Ausweis im Büro vergessen haben.

Sie: Qǐng shāo|děng. Wǒ mǎ|shàng huí|lái.

Fahrerin: Méi wèn|tí.

Sie kommen mit dem Ausweis zurück.

Sie: Huí|lái le. Qǐng dào jī|chǎng.

shāo|děng	warten	稍等	
huí|lái	zurückkommen	回来	~ui = ~uej

Partikel *le*: Vollendung einer Handlung (S. 231)

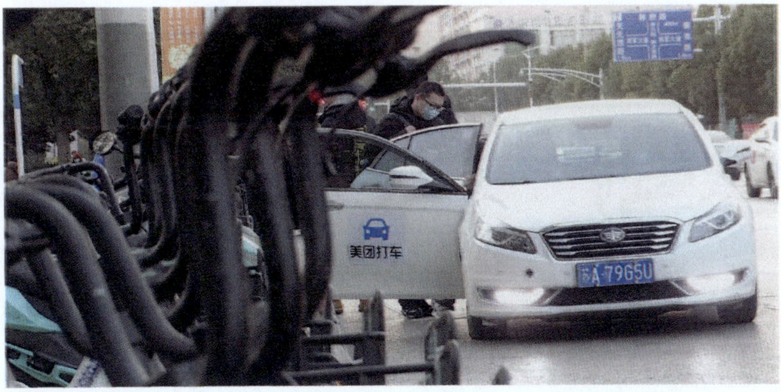

„Geben Sie mir eine Quittung." – Ankommen und Bezahlen

Wenn der Taxameter bei der Ankunft ausgeschaltet wird, wird automatisch eine Quittung, *fā|piào*, gedruckt. Es empfiehlt sich in jedem Fall, diese Quittung mitzunehmen, denn sie enthält alle wichtigen Angaben zur Fahrt und zum Taxi. Sollten Sie etwas im Taxi vergessen, können Sie beim Unternehmen anrufen lassen und die Fahrerin oder den Fahrer erreichen.

Stufe A

A 8

083

Sie haben Ihr Ziel erreicht und sagen der Fahrerin, dass sie anhalten soll.

Sie: Nín tíng nà|lǐ. Duō|shao qián?

Fahrerin: Èr|shí|liù Kuài.

Sie bezahlen.

Sie: Qǐng kāi fā|piào.

Fahrerin: Zài|jiàn.

Sie: Zài|jiàn.

tíng	(an)halten	停	
kāi	*hier:* ausstellen	开	
fā|piào	Quittung, Kassenzettel	发票	

Stufe B

B 5

084

Der Fahrer hat Sie zum falschen Hotel gebracht.

Fahrer: Kǎi|bīn|sī|jī dào le.

Sie: Zhè bú shì Kǎi|bīn|sī|jī, zhè shì Xī|ěr|dùn.

Fahrer: Ò, duì|bù|qǐ, wǒ guān|biǎo.

Kǎi|bīn|sī|jī	Kempinski (Hotelname)	凯宾斯基	si = s + (engl.) is
dào	ankommen	到	
le	*Vollendung einer Handlung*	了	
Xī|ěr|dùn	Hilton (Hotelname)	希尔顿	x = (i)**ch**
guān|biǎo	den Taxameter ausmachen	关表	

Partikel *le*: Vollendung einer Handlung (S. 231)

Taxifahren – ÜBUNGEN

Übungen zu den Dialogen A 1 bis A 5

1. Welches der drei Verben *zài, shì* oder *yǒu* passt jeweils in die Lücken?

a) Nà|lǐ _____ chū|zū|chē ma?
b) Wǒ de péng|you _____ qián|bian (vorne).
c) Qǐng nǐ _____ zhè|lǐ (hier) děng wǒ.
d) Zhè _____ wǒ de xíng|li.
e) Huǒ|chē|zhàn duì|mian _____ Kǎi|bīn|sī|jī (Kempinski).
f) Qǐng kàn|kan, wǒ _____ fàn|diàn (Restaurant) de míng|piàn.

2. Übertragen Sie diese Sätze ins Chinesische bzw. ins Deutsche.

a) Wo ist deine Freundin?
b) Hǎo de. Wǒ mǎ|shàng qù nà|bian.
c) Ich rufe ein Taxi. Dort gibt es welche.
d) Qǐng nǐ|men děng yí|xià.
e) Herr Ma ist dort.
f) Nǐ qù Kǎi|bīn|sī|jī. – Kǎi|bīn|sī|jī, wǒ rèn|shi!
g) Meine Kinder sind nicht hier (zhè|lǐ).

3. Formulieren Sie passende Sätze.

a) Sie wollen sich erkundigen, wie viel die Fahrt zum Bahnhof ungefähr kostet.
b) Sie wollen einem Taxifahrer erklären, dass sie kein Gepäck haben, aber Ihre Freundin schon.
c) Sie wollen einen Freund zuhause besuchen und dem Taxifahrer die Visitenkarte mit der Adresse zeigen.
d) Sie steigen in ein Taxi und müssen sofort zum Flughafen.
e) Der Taxifahrer ist schon losgefahren, hat den Taxameter aber noch nicht angestellt.

Übungen zum Dialog B 1

4. Bilden Sie mithilfe der Stichwörter kurze Dialoge mit einem Taxifahrer. Üben Sie allein oder zu zweit.

a) Bahnhof – 30 Kuài – In Ordnung!

b) dieses Hotel (fàn|diàn) – Visitenkarte – kein Problem – Hotel ist bekannt – Hier ist mein Gepäck

c) Flughafen – sehr schweres Gepäck, Hilfe mit dem Gepäck – Dank – ungefähr 90 Kuài

5. Übertragen Sie diese Sätze ins Chinesische und verwenden Sie dabei die Partikel *ba*.

a) Das ist nicht richtig, oder?

b) Ich helfe Ihnen.

c) Ihr Gepäck ist (wohl) sehr schwer.

d) Dort gibt es (bestimmt) Taxis.

Übungen zu den Dialogen A 6 und A 7

6. Welche Äußerungen sind in diesen Wortreihen enthalten und was bedeuten sie?

a) qíngnǐmànyìdiǎnduìbùqǐbùxíng
b) qǐngbāngmángwǒdexínglizhòngyìdiǎn
c) kuàiyīdiǎnwǒyǒujíshìxiànzàidǔchē

7. Geben Sie dem Taxifahrer freundliche Anweisungen mithilfe von *qǐng* oder *ba*.

a) sofort rechts abbiegen
b) links abbiegen
c) helfen
d) etwas langsamer fahren
e) den Taxameter anschalten
f) geradeaus fahren
g) schnell zum Flughafen fahren

8. Ordnen Sie die einzelnen Wörter zu grammatikalisch korrekten Sätzen.

a) wǒ de / xíng|li / zhòng / bù|hǎo|yì|si / hěn
b) jī|chǎng / Kuài / dà|gài / ba / qù / jiǔ|shí
c) wǒ / méi / wèn|tí / nǐ / bāng
d) mǎ|shàng / duì / wǒ|men / dào le
e) zhè / hěn / zhòng / zhēn|de / xíng|li / ge

9. Wie könnten die Fragen oder Aufforderungen zu den gegebenen Antworten lauten?

a)	Dà|gài bā|shí Kuài.
b)	Qǐng qù huǒ|chē|zhàn.
c)	Kǎi|bīn|sī|jī (Kempinski) mǎ|shàng dào le.
d)	Nǐ zài duì|mian jiào chū|zū|chē.
e)	Yǒu liǎng ge, qǐng bāng|máng, hěn zhòng.
f)	Duì|bù|qǐ, bù xíng, dǔ|chē.

085

10. Hören Sie sich die beiden kurzen Dialoge an und geben Sie an, zu welchem Ergebnis die Fahrerin/der Fahrer und der Fahrgast kommen.

Dialog 1

a) Die Fahrerin biegt gleich rechts ab.
b) Die Fahrerin biegt rechts in die Peking-Straße.
c) Die Fahrerin biegt erst links ab und dann rechts.

Dialog 2

a) Der Fahrer kann den Wunsch des Fahrgastes erfüllen.
b) Der Fahrer biegt links ab.
c) Der Fahrer kann nicht rechts abbiegen, weil dort Stau ist.
d) Der Fahrer biegt weder rechts noch links ab.

Übungen zu den Dialogen B 2 bis B 4

11. Weisen Sie dem Taxifahrer anhand der folgenden Richtungsangaben den Weg. Benutzen Sie dabei *xiān* (zuerst) und *rán|hòu* (danach).

Beispiel: rechts – links: Nǐ xiān wǎng yòu rán|hòu wǎng zuǒ.

a) links – geradeaus b) geradeaus – links c) links – rechts

12. Formulieren Sie passende Erwiderungen.

a) Zhè|lǐ bù néng yòu guǎi.
b) Nín bāng wǒ zhǐ|lù.
c) Nǐde Hàn|yǔ hěn hǎo.
d) Zěn|me|bàn? Wǒ bù rèn|lù.

086

13. Hören Sie sich den Dialog an und beantworten Sie die folgenden Fragen, auch wenn Sie vielleicht nicht jedes Wort verstehen.

Frage 1: Was ist das Ziel des Fahrgastes?
a) Flughafen b) ein Hotel (fàn|diàn) c) Bahnhof d) eine Firma (gōng|sī)

Frage 2: Was möchte der Fahrgast?
a) dass der Fahrer schneller fährt
b) dass der Taxameter angestellt wird
c) dass der Fahrer anhält

Frage 3: Wohin muss die Taxifahrerin fahren?
a) rechts b) links c) geradeaus d) wenden

Frage 4: Über welche Themen sprechen Fahrgast und Fahrerin?
a) über die geschätzte Dauer der Fahrt
b) über den geschätzten Preis der Fahrt
c) über die beste Route

Übung zum Dialog A 8

14. Nennen Sie den Preis auf den abgebildeten Taxiquittungen auf Chinesisch. Welche Informationen können Sie den Belegen noch entnehmen? Antworten Sie auf Deutsch.

a)

b)

c)

Übung zum Dialog B 5

15. Fügen Sie zu folgenden Sätzen die Partikel *le* hinzu, übertragen Sie sie ins Deutsche und geben Sie an, welche Funktion *le* hier jeweils hat (Situationsveränderung und/oder vollendete Handlung).

a) Wǒ jiào yí ge chū|zū|chē.

b) Tā qù huǒ|chē|zhàn.

c) Dǔ|chē.

d) Tā huí|lái.

e) Tā diào|tóu.

f) Wǒ de péng|you dào Shàng|hǎi.

Öffentliche Verkehrsmittel

„Ich will nach Chengdu." – Tickets kaufen

Trotz der großen Menge an Menschen, die Chinas öffentliche Verkehrsmittel, *gōng|jiāo|chē*, tagtäglich befördern, kommt man mit ihnen in der Regel pünktlich an sein Ziel. Fahrgastinformationen und Beschilderungen in englischer Sprache sind dagegen noch nicht durchgehend vorhanden. Daher ist es nach wie vor enorm hilfreich, wenn man – auf Chinesisch – Fragen nach Fahrtdetails stellen kann.

Neben den großen Metropolen verfügt mittlerweile auch fast jede Provinzhauptstadt des Landes über ein U-Bahn-Netz oder baut ein solches auf. Angesichts der zahlreichen innerstädtischen Staus ist die U-Bahn, *dì|tiě*, nicht nur ein schnelles Verkehrsmittel, sondern mit Preisen unter einem Euro pro Fahrt auch noch ein sehr günstiges.

Stadtbusse, *gōng|jiāo|chē*, sind in den meisten Fällen zuverlässig und verkehren auf den Hauptstrecken im kurzen Takt, sodass man nicht lange auf sie warten muss. Wegen der geringen Fahrpreise sind sie allerdings während des Berufsverkehrs oft überfüllt.

Bei den Zügen, *huǒ|chē*, sind vor allem die schnelleren in Servicequalität und Pünktlichkeit vorbildlich. Während der Fahrt werden feuchte Tücher oder heißes Wasser gereicht, und gut sortierte Catering-Wagen rollen durch die rauchfreien Abteile. Meistens gibt es auch einen Speisewagen, *cān|chē*.

U-Bahn-Tickets kann man in der Regel entweder an einem Schalter oder an einem Automaten erwerben. Da viele Automaten keine abgenutzten oder zu zerknitterten Yuan-Scheine annehmen, empfiehlt es sich, immer genügend Münzen mit sich zu führen.

In Stadtbussen kauft man sein Ticket direkt beim Einstieg oder bei einer Schaffnerin. Das Geld dafür hält man in der Hauptverkehrszeit am besten schon beim Einstieg in der Hand, da sich Taschen oder Geldbeutel nur schwer öffnen lassen, wenn man erst mal eingekeilt in einer dichten Menschenmenge steht.

Stufe A

A 1

087

Sie fragen am Schalter in der U-Bahn nach dem Preis eines Tickets.

Sie: Qù huǒ|chē|zhàn duō|shao qián?
Verkäuferin: Wǔ Kuài.

Baukasten
liù Yuán: sechs Yuan/Kuai
sān Kuài qián: drei Yuan/Kuai

qù	hingehen, hinfahren, zu/zum/zur ... (Ziel)	去	qu = tschü
huǒ|chē|zhàn	Bahnhof	火车站	h = (Ba)**ch**; che = tsch + (Lag)**e**; zh = dsch
... duō|shao qián?	Was kostet ...?	…多少钱？	~uo = ~uoa; q = tsch; ~ian = ienn
Kuài	*Umgangssprachlich für* Yuán	块	

Fragewörter (S. 225)
Geldeinheiten (S. 226)

A 2

088

Beim Einsteigen fragen Sie vor Ticketkauf den Fahrer, ob es eine Haltestelle in einer bestimmten Straße gibt.

Sie: Qǐng|wèn, Qīng|dǎo Lù, chē tíng bù tíng?

Busfahrer: Bù tíng. Nín zài Tiān|jīn Lù xià chē.

Sie: Xiè|xie.

Busfahrer: Bú kè|qi.

Qīng|dǎo	*Ortsname*	青岛	
lù	Straße, Weg	路	
chē	Fahrzeug; Auto	车	
tíng	(an)halten	停	
zài	*hier:* in, am, an	在	z = ds
xià chē	aussteigen	下车	x = (i)ch
Bú kè|qi.	Nichts zu danken.	不客气。	

Fragesätze mit Verneinung (S. 224)

Zugtickets sind in Reisebüros oder an den Bahnhofsschaltern zu kaufen. Wegen der oft starken Nachfrage sollte man sich sein Ticket aber sicherheitshalber einige Tage vor Reisebeginn besorgen. In Zügen mit Schlaf- bzw. Liegewägen kann man entweder in sogenannten *Hardsleepern, yìng|wò*, übernachten, deren offene Abteile je drei Betten auf jeder Seite haben. Oder man entscheidet sich für einen teureren *Softsleeper, ruǎn|wò*, mit verschließbaren Abteilen und insgesamt nur vier Betten.

Fern- bzw. Überlandbusse, *cháng|tú qì|chē*, fahren wie in Deutschland an speziellen Busbahnhöfen ab. Die Tickets gibt es direkt dort oder man kann sie in Reisebüros, *lǚ|xíng|shè*, oder über die Rezeptionen größerer Hotels beziehen. Eine weitere Buchungsmöglichkeit bieten spezielle Seiten im Internet.

A 3

Sie wollen am Schalter ein Schlafwagenticket kaufen.

089

Sie: Wǒ yào qù Chéng|dū.

Verkäuferin: Yào nǎ zhǒng piào?

Sie: Yào yì zhāng wò|pù|piào.

Baukasten
yī děng piào: Ticket 1. Klasse

yào	*hier:* (haben) wollen, müssen	要	
Chéng|dū	*Ortsname*	成都	
nǎ zhǒng	Was für ein…? Welche Art…?	哪种	~ong = ~ung
piào	Fahrkarte, Ticket	票	
zhāng	*Zähleinheitswort für flache Dinge*	张	
wò|pù|piào	Schlafwagenticket	卧铺票	

Modalverben (S. 227)
Zähleinheitswörter (S. 238)

090

Kategorien von Tickets		
Softsleeper-Ticket	*ruǎn|wò|piào*	软卧票
Hardsleeper-Ticket	*yìng|wò|piào*	硬卧票
Ticket 1. Klasse	*yī děng piào*	一等票
Ticket 2. Klasse	*èr děng piào*	二等票
Hinfahrticket	*dān|chéng|piào*	单程票
Hin- und Rückfahrticket	*wǎng|fǎn|piào*	往返票

Stufe B

B 1

091 *Sie wollen ein Ticket zu einer bestimmten Haltestelle kaufen.*

Sie: Wǒ yào mǎi qù Gǔ|lóu de piào.

Verkäuferin: Yào jǐ zhāng?

Sie: Yào yì zhāng.

mǎi	kaufen	买	
Gǔ|lóu	*Ortsname:* „Trommelturm“	鼓楼	

Partikel *de*: Zusammengesetzte Attribute (S. 230)

B 2

092 *Sie erkundigen sich nach einer Busverbindung.*

Sie: Qù Chéng|dé, yǒu jǐ diǎn de chē?

Verkäufer: Yǒu shàng|wǔ jiǔ diǎn de hé xià|wǔ sān diǎn de chē.

Sie: Jiǔ diǎn de chē shén|me shí|hòu dào?

Verkäufer: Shí|yī diǎn bàn dào.

Sie: Yào huàn chē ma?

Verkäufer: Bú yào.

Baukasten
Yào huàn yí cì. Sie müssen einmal umsteigen.
Nín zài Běi|jīng huàn chē. Steigen Sie in Peking um.

Chéng|dé	*Ortsname*	承德	
jǐ diǎn	wieviel Uhr	几点	j = dsch
diǎn	Uhr *(bei Zeitangaben)*	点	
shàng|wǔ	Vormittag	上午	
hé	und	和	h = (Ba)**ch**
xià|wǔ	Nachmittag	下午	
shén|me shí|hòu	wann	什么时候	shi = sch + (engl.) is
dào	ankommen	到	
bàn	halb, Hälfte	半	
huàn chē	umsteigen	换车	che = tsch + (Lag)e

Zeitangaben (S. 240) und Uhrzeiten (S. 234)

„Welche Linie fährt zum Westbahnhof?" – An der Haltestelle

An den Eingängen der U-Bahn-Stationen, *dì|tiě|zhàn*, sind die Namen der Stationen sowohl in Schriftzeichen als auch in Pinyin angegeben, zudem erkennt man sie an Wörtern wie *Metro* oder *Subway*. In den meisten Bahnhöfen schiebt man an der Sperre sein Ticket in einen Schlitz, erhält es nach dem Durchgang zurück und muss es dann aufbewahren, um an der Zielstation durch die Ausgangssperre zu kommen. In einigen Städten muss man zudem seine Taschen durchleuchten lassen, bevor man den Bahnsteig betreten darf.

In Bahnhöfen des Zugfernverkehrs, *huǒ|chē|zhàn*, kann man nicht direkt zum Bahnsteig, *zhàn|tái*, gehen. Nach dem Durchschreiten des Metallscanners und der Gepäckdurchleuchtung begibt man sich zuerst in eine bestimmte Wartehalle, *hòu|chē|tīng*, die dem eigenen Zug zugeordnet ist. Erst wenn der Zug abfahrbereit ist, wird man durch ein Kontrollgate, *jiǎn|piào|kǒu*, zum Bahnsteig gelassen. Achtung: In vielen Städten gibt es gleich mehrere Bahnhöfe (Peking z.B. besitzt drei). Daher sollte man genau darauf achten, an welchem Bahnhof die Fahrt losgeht.

Bitte keine gefährlichen Dinge mit in den Bahnhof nehmen.

Stufe A

A 4

093

Sie fragen, auf welchem Bahnsteig Sie in die U-Bahn einsteigen müssen, um zu Ihrem Fahrtziel zu gelangen.

Sie: Qǐng|wèn, qù Tiān'ān|mén guǎng|chǎng, nǎ|lǐ shàng dì|tiě?

Fahrgast: Nín zhè|lǐ shàng chē ba.

Baukasten
nà|lǐ: dort (drüben)
duì|mian: gegenüber

Jetzt sind Sie am Fernbusbahnhof und suchen den richtigen Bus:
Cháng|chéng: Große Mauer
gōng|jiāo|chē: öffentlicher Bus

Tiān'ān|mén guǎng|chǎng	*Ortsname:* Platz des Himmlischen Friedens	天安门广场	~ian = ienn
guǎng|chǎng	Platz	广场	
nǎ|lǐ	wo, wohin	哪里	
shàng (chē)	einsteigen	上(车)	
dì|tiě	U-Bahn	地铁	~ie = ~ieah
zhè|lǐ	hier	这里	zh = dsch
ba	*Vorschlags- oder Aufforderungspartikel*	吧	

Ortsangaben (S. 228)
Partikel *ba*: Vorschlag oder Aufforderung (S. 228)

A 5

094

Auf dem Bahnhof suchen Sie Ihren Zug bzw. den richtigen Bahnsteig.

Sie: Wǒ yào qù Shēn|zhèn. Nǎ|lǐ shàng huǒ|chē?

Reisender: Zài nà|bian.

Baukasten
Zài liù hào zhàn|tái: am Bahnsteig 6
Wǒ bú tài qīng|chu. Ich weiß es nicht (genau).
Nín gēn wǒ zǒu. Kommen Sie mit mir mit.

Shēn|zhèn	*Ortsname*	深圳	
huǒ|chē	Zug	火车	
zài nà|bian	da drüben, auf der Seite drüben	在那边	~ian = ienn

Stufe B

B 3

095

Sie wissen nicht, welche U-Bahn-Linie Sie nehmen müssen, um an Ihr Ziel zu gelangen.

Sie:	Qǐng|wèn, qù huǒ|chē|zhàn yào shàng jǐ hào xiàn?
Fahrgast:	Dōng|zhàn hái|shi Xī|zhàn?
Sie:	Xī|zhàn.
Fahrgast:	Nín zuì|hǎo shàng èr hào xiàn. Shí hào xiàn yě kě|yǐ.

Baukasten
nán: Süd
běi: Nord

hào	Nummer	号	
xiàn	Linie	线	
... hào xiàn	Linie Nummer ...	… 号线	
dōng	Ost	东	~ong = ~ung
zhàn	Bahnhof; Station, Haltestelle	站	
xī	West	西	
zuì|hǎo	am besten	最好	z = ds; ~ui = ~uej
kě|yǐ	können, dürfen; es geht	可以	~e = (Lag)**e**; yi = i

Steigerung mit *zuì* (S. 233)

B 4

096

Sie suchen den Weg zu Ihrem Zug und zeigen einer Frau vom Bahnpersonal Ihr Ticket.

Sie: Wǒ zhǎo qù Shàng|hǎi de huǒ|chē. Zhè shì wǒ de piào.

Angestellte: Ò, wǔ hào zhàn|tái. Nín xiān qù yí hào hòu|chē|tīng.

Sie: Hòu|chē|tīng, zěn|me zǒu?

Angestellte: Nín yì|zhí zǒu, rán|hòu shàng lóu|tī.

zhǎo	suchen	找	zh = dsch
Ò	Oh! Ah!	哦	
zhàn|tái	Bahnsteig	站台	
xiān	zuerst	先	
hòu|chē|tīng	Wartesaal	候车厅	ch = tsch
... zěn|me zǒu?	Wie komme ich zu/nach ...?	… 怎么走?	
yì|zhí zǒu	geradeaus gehen	一直走	
rán|hòu	danach, dann	然后	r = (engl.) car
shàng	*hier:* hinaufgehen	上	
lóu|tī	Treppe	楼梯	

Das Hinunterspringen auf die Gleise ist strengstens verboten.

„Sitz Nummer 5 ist dort hinten." – Sitz- und Liegeplätze finden

Zugtickets, *huǒ|chē|piào*, mit denen man zu einer beliebigen Zeit seine Reise antreten kann, sind unbekannt. Jede Fahrt ist vielmehr nur zu einer festgelegten Zeit mit einem bestimmten Zug möglich. Hat man diesen verpasst, ist das Ticket verfallen und kann nicht mehr umgetauscht werden. Auch gibt es keine frei wählbaren sondern ausschließlich feste Sitzplätze.

Stufe A

A 6

Sie suchen im Zug Ihren Sitzplatz.

097 Sie: Má|fan nín le: Wǔ hào zuò|wèi zài nǎ|lǐ?

Fahrgast: Zài hòu|mian.

Baukasten
qián|mian: (da) vorne
duì|mian: gegenüber

Má|fan nín le!*	Verzeihen Sie die Störung!	麻烦您了！	
hào	Nummer	号	h = (Ba)**ch**
zuò|wèi	Sitzplatz	座位	~ei = ~ej
zài	sich befinden, (da) sein	在	
hòu|mian	(da) hinten	后面	~ian = ienn

* Diese Redewendung kann auch beim Bedanken für eine Hilfeleistung verwendet werden. Dann in dem Sinn: *Ich habe Ihnen Unannehmlichkeiten bereitet.*

A 7

098

Sie glauben, die richtige Platznummer gefunden zu haben, aber auf Ihrem Platz sitzt bereits jemand.

Sie: Xiān|sheng, zhè shì wǒ de zuò|wèi, sān|shí|liù hào.

Der Fahrgast wirft einen Blick auf Ihr Ticket.

Fahrgast: Bú shì. Zhè shì shí|yī chē|xiāng. Nín shì shí|sān chē|xiāng.

Sie: Ó, nòng|cuò le, duì|bù|qǐ!

Fahrgast: Méi wèn|tí.

chē|xiāng	Abteil	车厢	x = (i)**ch**
nòng|cuò le	verwechselt, falsch gemacht	弄错了	~ong = ~ung
Méi wèn|tí.	Kein Problem.	没问题。	

Partikel *le*: Vollendung einer Handlung (S. 231)

Stufe B

B 5

099

Sie fragen im Liegewagen die Mitreisenden Ihres Abteils, welcher der noch freien Liegeplätze der Ihre ist.

Sie: Nǐ|men hǎo! Qǐng bāng wǒ yí|xià: Wǒ de wò|pù zài nǎ|lǐ?

Mitreisender: Nín de piào gěi wǒ kàn yí|xià ba ... Ò, nín shì zhōng|pù, zài zhè|lǐ.

Sie: Xiè|xie.

Baukasten
shàng|pù: oberes Bett
xià|pù: unteres Bett

bāng	helfen	帮	
yí|xià	mal eben, mal kurz, einen Moment	一下	yi = i
wò|pù	Bett im Schlafwagen	卧铺	wo = oa
gěi	*hier:* lassen	给	
zhōng|pù	mittleres Bett	中铺	zh = dsch

Zu *yí|xià* siehe: Verbverdoppelung (S. 235)

„Ist es noch weit?" – Ankommen

Wer die Fahrpläne an den Bushaltestellen verstehen möchte, muss Schriftzeichen beherrschen und Ortskenntnisse besitzen. Hilfreich sind hier die Routenangaben auf Online-Stadtplänen. Da die Namen der Stationen bisher nur in wenigen Bussen durchgesagt werden und es oft auch keine entsprechenden Leuchtanzeigen gibt, ist es nicht immer einfach herauszufinden, wann man aussteigen muss. Daher sollte man sich am besten schon vor der Fahrt nach der Zahl der Stationen bis zum Ziel und/oder der benötigten Fahrtzeit erkundigen, falls man nicht jemanden direkt im Bus danach fragen möchte.

Bei Zugfahrten ist es wichtig, sich seine Fahrkarte bis zum Ende der Reise gut aufzuheben, da sie am Ausgang der Bahnhöfe oft nochmals kontrolliert wird. Wer dann kein Ticket mehr vorweisen kann, muss Strafe zahlen.

Stufe A

A 8

100

Sie sitzen im Bus und möchten wissen, ob Sie bald Ihr Ziel erreicht haben.

Sie: Rén|mín Guǎng|chǎng dào le ma?

Fahrgast: Kuài dào le.

Baukasten
Dào le wǒ gào|su nín. Ich gebe Ihnen Bescheid, sobald wir da sind.
Hái yǒu liǎng zhàn. Noch zwei Haltestellen.

Rén|mín Guǎng|chǎng	Platz des Volkes	人民广场	ch = tsch
dào le	angekommen sein	到了	~e = (Lag)e
kuài	schnell, bald	快	

Stufe B

B 6

101

Sie fragen einen Fahrgast, wie weit es noch zu Ihrem Ziel ist.

Sie: Qǐng|wèn, dào Xī'ān Lù hái yǒu jǐ zhàn?

Fahrgast: Bù qīng|chu.

Sie: Hái yuǎn bù yuǎn?

Fahrgast: Dà|gài hái yǒu shí fēn|zhōng.

Baukasten
bàn ge xiǎo|shí: eine halbe Stunde
bàn ge duō xiǎo|shí: über eine halbe Stunde

dào ...	*hier:* zum ..., zur ..., bis zu ...	到...	
Xī'ān	*Ortsname*	西安	
qīng|chu	sicher (sein)	清楚	q = tsch
yuǎn	weit	远	yuan = üenn
dà|gài	ungefähr	大概	
fēn|zhōng	Minute	分钟	~ong = ~ung

Öffentliche Verkehrsmittel – ÜBUNGEN

Übungen zu den Dialogen A 1 bis A 3

1. Ordnen Sie die einzelnen Wörter zu grammatikalisch korrekten Sätzen.

a) yǒu / hái / méi / piào / wǒ
b) péng|you / Shàng|hǎi / qù / wǒ de / yě
c) chē / qǐng|wèn / nín / ma / yào / xià
d) qián / zhè / wò|pù|piào / duō|shao / zhāng
e) Zhōng|guó / zài / zài / Wáng / bú / xiān|sheng
f) zhǒng / tā / nǎ / piào / yào

2. Welche Antworten passen zu welchen Fragen?

a) Nǐ|men yào nǎ zhǒng piào?	1) Bú qù, qù Chéng|dū.
b) Nín zài Chóng|qìng xià chē bú xià chē?	2) Wǒ yào zài Běi|jīng Lù xià chē.
c) Zhè ge chē qù bú qù Chóng|qìng?	3) Yào yì zhāng yìng|wò|piào.
d) Zhè ge chē zài Qīng|dǎo Lù tíng ma?	4) Wǒ zài Chéng|dū xià chē.
e) Qǐng|wèn, nǐ yào zài Běi|jing Lù xià chē ma?	5) Liǎng zhāng piào bā|shí Kuài.
f) Nín yào duō|shao piào?	6) Yào shí|wǔ zhāng piào.
g) Qù Chéng|dū duō|shao qián?	7) Zhè ge chē zài Běi|jīng Lù tíng.

3. Sie kaufen Zugtickets am Schalter. Geben Sie dem Ticketverkäufer Ihr Ziel an und erkundigen Sie sich, ob es den angegebenen Ticket-Typ gibt.

a) Ziel: Chóng|qìng; Tickettyp: ruăn|wò|piào

b) Ziel: Xià|mén; Tickettyp: èr děng piào (Ticket 2. Klasse)

c) Ziel: Kūn|míng; Tickettyp: wò|pù|piào

d) Ziel: Shěn|yáng; Tickettyp: yìng|wò|piào (Hardsleeper-Ticket)

e) Ziel: Nán|jīng; Tickettyp: yī děng piào

4. Sie stehen an einer Bushaltestelle in Peking, an der viele Linien halten. Fragen Sie einen Passanten, ob der gerade ankommende Bus zum genannten Ziel fährt.

a) Dōng|zhí|mén (Dongzhi-Tor)

b) Měi|shù|guăn (Nationales Kunstmuseum)

c) Xī|zhí|mén (Xizhi-Tor)

d) Dòng|wù|yuán (Zoo)

e) Tiān|tán Gōng|yuán (Tiantan Park)

Übungen zu den Dialogen B 1 und B 2

5. Pyramidensätze: Fügen Sie die angegebenen Wörter oder Wortgruppen nacheinander so zusammen, dass bei jedem Schritt ein sinnvoller und grammatikalisch korrekter Satz entsteht.

Beispiel: tā|men xià chē / ma / yào / yě

Tā|men xià chē.
Tā|men **yě** xià chē.
Tā|men yě **yào** xià chē.
Tā|men yě yào xià chē **ma**?

a) Tā yǒu piào / méi / liǎng zhāng / qù Guǎng|zhōu de
b) Chē dào huǒ|chē|zhàn / sān diǎn de / shén|me shí|hòu / xià|wǔ
c) Wǒ|men yào chē / bú / huàn / zài Nán|jīng Lù
d) Nín mǎi piào / nǎ zhǒng / yào / de tài|tai
e) Shàng|wǔ yǒu chē / bā diǎn / qù Shàng|hǎi de / hé shí diǎn

6. Verlangen Sie am Schalter Zugtickets. Sie möchten...

a) ... um 10 Uhr vormittags nach Chóng|qìng. Sie brauchen 3 Tickets.
b) ... um 15:30 Uhr nachmittags nach Nán|jīng. Sie brauchen nur 1 Ticket.
c) ... um 17 Uhr nachmittags nach Xī'ān. Sie brauchen 2 Tickets.
d) ... um 11:30 Uhr vormittags nach Kūn|míng. Sie brauchen 4 Tickets.

7. Wie könnten die Fragen zu den gegebenen Antworten lauten?

Fragen	*Antworten*
a)	Zhǐ yào sān zhāng piào.
b)	Huǒ|chē shàng|wǔ jiǔ diǎn dào.
c)	Nín bú yào huàn chē. Nín de péng|yǒu yào huàn yí cì.
d)	Qù Xī'ān xià|wǔ liǎng diǎn yǒu chē.

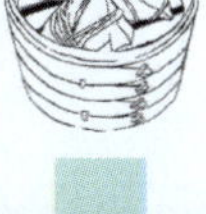

Übungen zu den Dialogen A 4 und A 5

8. Welche Begriffe sind in diesen Wortreihen enthalten und was bedeuten sie?

a) xīngqīhuǒchēzhànyuèbúkèqi
b) shàngshénmewènguǎngchǎng
c) piàotíngduōshaoxiàqǐngwèn
d) dìtiětàitaiyàozhèlǐbaxiàchē

9. Welche dieser Verben passen jeweils in die Lücken?

tíng zài shàng yǒu qù xià lái

a) Wǒ zài Tiān|jīn Lù _____ chē.
b) Gāo nǚ|shì _____ Qīng|dǎo Lù _____ chē.
c) Nǐ|men _____ Tiān|jīn Lù hái|shi _____ Běi|jīng Lù xià chē?
d) Zhāng xiān|sheng hái bú yào _____ .

10. Wie könnten die Fragen zu den gegebenen Antworten lauten? Eine Linie steht jeweils für ein fehlendes Wort.

a) A: Qǐng|wèn, 3 lù chē (Bus der Linie 3) _____ _____ _____?
B: Nín yào zài nà|bian shàng.

b) A: Qǐng|wèn, nǐ|men zhè|lǐ _____ _____ _____?
B: Duì|bu|qǐ, wǒ|men zhè|lǐ méi yǒu huǒ|chē|piào.

c) A: Qǐng|wèn, wǒ zài _____ _____ _____?
B: Nín zài Tiān'ān|mén xià chē ba.

d) A: Qǐng|wèn, _____ _____ _____ ma?
B: Dì|tiě bú zài zhè|lǐ, zài nà|lǐ.

e) A: Qǐng|wèn, _____ _____ _____ _____ _____?
B: Zhè bú shì Qīng|dǎo guǎng|chǎng.

Übungen zu den Dialogen B 3 und B 4

11. Bringen Sie mit Hilfe von *xiān* und *ránhòu* jeweils zwei der unten genannten Tätigkeiten in eine logische zeitliche Reihenfolge.

zhǎo|dào (finden) lù — mǎi piào — qù hòu|chē|tīng — qù zhàn|tái — tíng chē — qù huǒ|chē|zhàn — xué Hàn|yǔ — xià chē — zhǎo lù — shàng huǒ|chē — shuō (sprechen) Hàn|yǔ — shàng gōng|jiāo|chē (Bus)

12. Sie befinden sich in der Chāng|píng Road in Shanghai und wollen mit der U-Bahn zum Westbahnhof fahren. Sie haben es ziemlich eilig. Da Sie in der Station auf die Schnelle keinen Streckenplan entdecken, fragen Sie einen anderen Fahrgast, welche Linien Sie nehmen können und wo Sie jeweils umsteigen müssen.

Schlüpfen Sie in die Rolle des antwortenden Fahrgastes und beschreiben Sie die beiden auf der Karte eingezeichneten möglichen Routen.

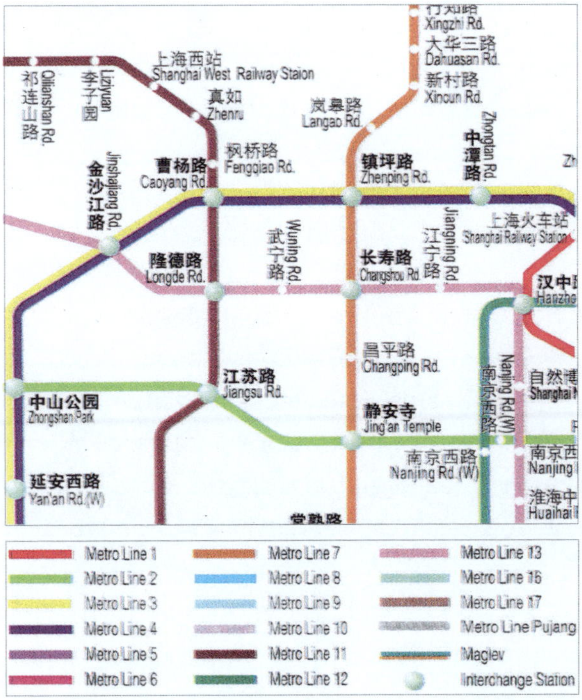

a) „Qù Shàng|hǎi Xī|zhàn nín zuì|hǎo xiān ______.
Zài ______.
Rán|hòu ______ qù ______.
Zài ______.
______ ge zhàn yǐ|hòu (Nach ... Stationen) nín dào ______."

b) „Qù Xī|zhàn nín yě kě|yǐ ______
Zài ______
Rán|hòu ______ qù ______
Zài ______
______ ge zhàn yǐ|hòu (Nach ... Stationen) nín dào ______."

13. Wie könnten die Fragen zu den gegebenen Antworten lauten?

Fragen	*Antworten*
a)	Huǒ|chē|zhàn? Nín xiān shàng lóu|tī, rán|hòu yì|zhí zǒu.
b) Qù měi|shù|guǎn (Kunstmuseum) ______?	Nín zuì|hǎo zài nà|bian shàng ba.
c) Qù Tiān'ān|mén guǎng|chǎng ______?	Wǔ hào xiàn. Bā hào xiàn yě kě|yǐ.
d)	Zhè ge chē wǔ diǎn qù Shàng|hǎi.
e)	Wǒ zhǎo qù Gǔ|lóu de dì|tiě.

14. Bilden Sie unter Verwendung der vorgegebenen Wörter vollständige Sätze.

Beispiel:
huàn chē / nǎ|lǐ / qù → Qù Běi|jīng wǒ nǎ|lǐ huàn chē?

a) lóu|tī / ba / xià (hinuntergehen) / mǎi
b) xiān / sān / xiàn / nǐ / zuì|hǎo
c) hòu|chē|tīng / rán|hòu / zhàn|tái / qù
d) shàng / yě / Dōng|zhàn / dì|tiě / kě|yǐ
e) qù / chē / jǐ ge / Tiān|jīn Lù

Übungen zu den Dialogen A 6 und A 7

15. Welches Wort in den Spalten passt jeweils nicht zu den anderen?

a)	b)	c)
hòu|mian	huǒ|chē|zhàn	yuè
zhè|lǐ	zuò|wèi	qù
nǎ|lǐ	guǎng|chǎng	xià
qián|mian (vorne)	piào	tíng
nà|lǐ	chē|xiāng	shàng

16. Ordnen Sie die einzelnen Wörter zu grammatikalisch korrekten Sätzen.

a) guǎng|chǎng / zài / qián|mian / Tiān'ān|mén
b) guǎng|chǎng / shì / qián|mian / Tiān'ān|mén
c) wǒ de / bù / zuò|wèi / 41 hào / shì
d) zhè|lǐ / bú zài / wǒ de piào / yě / bú zài / nà|lǐ
e) yǒu / zuò|wèi / zhè ge / chē|xiāng / méi / hǎo de
f) duì|bu|qǐ / nòng|cuò le / xiān|sheng / wǒ

102

17. Hören Sie sich den Dialog an und markieren Sie, welche der folgenden Aussagen richtig sind. Lassen Sie sich nicht irritieren, wenn Sie nicht alles verstehen.

a) Die Fahrgäste finden ihre Plätze nicht und müssen danach fragen.
b) Die Plätze der Fahrgäste sind Nummer 15 und 16, gegenüber sitzen zwei Frauen.
c) Die Fahrgäste glauben, dass jemand anderes auf ihren Plätzen sitzt.
d) Die Fahrgäste befinden sich im falschen Zug.
e) Sie werden auf das Schlafwagenabteil verwiesen.
f) Nur im Schlafwagenabteil des Zuges gibt es die Nummern 15 und 16.

Übungen zum Dialog B 5

18. Sie sind mit einem chinesischen Freund unterwegs. Sagen Sie ihm, dass Sie ...

a) ... mal eben zum Fahrkartenautomaten (shòu|piào|jī) gehen.
b) ... mal kurz zwei Schlafwagentickets kaufen.
c) ... mal eben die Treppe raufgehen.
d) ... mal kurz aus dem Fahrzeug aussteigen.
e) ... mal kurz den Schaffner (liè|chē|yuán) suchen.

19. Fordern Sie nun Ihren Mitreisenden dazu auf ...

Má|fan nín le:
a) ... mal kurz (her) zu kommen.
b) ... mal eben Ihrer Freundin zu helfen.
c) ... mal kurz seinen Wagen anzuhalten.
d) ... Ihnen mal kurz sein Handy zu geben.
e) ... mal kurz diesen Menschen dort zu fragen (wèn).
f) ... Ihnen mal kurz sein Ticket zu zeigen.

20. Welches der drei Verben *zài, shì* oder *yǒu* passt jeweils in die Lücken?

a) Zhè _____ wǒ de xíng|lǐ
b) Chē|xiāng zhǐ _____ wǔ ge rén.
c) Zhèr _____ lóu|tī, nàr yě _____ .
d) Wǒ de míng|piàn _____ qián|bāo (Geldbörse).
e) Tā bú _____ Tiān|jīn|rén , tā _____ Jǐ|nán|rén.
f) Nǐ _____ wǒ de piào ma?
g) Xíng|lǐ _____ bú _____ chē|xiāng?
h) Běi|jīng _____ jǐ ge dì|tiě|xiàn (U-Bahnlinie)?

Übungen zum Dialog A 8

21. Welche Antworten passen zu welchen Fragen bzw. Aufforderungen?

a) Qù Guǎng|zhōu yào (*hier:* brauchen) duō jiǔ?	1) Hái yǒu liǎng zhàn.
b) Wǒ|men dào le shén|me dì|fang?	2) Zài nà|bian.
c) Chē kuài lái le, nǐ mǎi (kaufen) piào ba.	3) Yào yì tiān.
d) Wáng xiǎo|jie, nín kuài shàng chē ba!	4) Guǎng|zhōu Lù.
e) Qù huǒ|chē|zhàn hái yǒu jǐ zhàn?	5) Hǎo, wǒ mǎi.
f) Wǒ|men qù de dì|fang jiào shén|me míng|zi?	6) Hǎo, duì|bu|qǐ xiān|sheng.
g) Wǒ zài nǎ|lǐ xià chē?	7) Wǒ|men xiàn|zài (jetzt) zài Rén|mín Guǎng|chǎng.

Nicht rein- oder rausdrängeln, sondern ordentlich einer nach dem anderen!

Übungen zum Dialog B 6

22. Geben Sie Antworten auf die folgenden Fragen. Verwenden Sie dabei die Angaben in den Klammern.

a) Qù Rén|mín Guǎng|chǎng yuǎn ma? – (ungefähr 50 Meter – „Meter“: mǐ)

b) Wǒ|men shén|me shí|hòu dào Shàng|hǎi? – (noch 30 Minuten)

c) Nǐ nán|péng|you jǐ diǎn shàng chē – (15:30 Uhr nachmittags)

d) Nin zhǎo de dì|tiě|zhàn jiào shén|me míng|zi? – (Chángchūn-Straße)

e) Qù Gǔ|lóu yào nǎ|lǐ huàn chē? – (Tian’anmen Platz)

f) Qù huǒ|chē|zhàn dà|gài yǒu jǐ zhàn? – (Sie wissen es nicht genau.)

g) Dào Qīng|dǎo hái yǒu nǎ zhǒng piào? – (Es gibt nur Schlafwagentickets.)

103 **23. Hören Sie sich den Dialog an und beantworten Sie die folgenden Fragen, auch wenn Sie vielleicht nicht jedes Wort verstehen.**

a) Auf welche Weise will die Frau zu ihrem Ziel kommen?

b) Wie lautet ihr genaues Ziel?

c) Welche Möglichkeit der Fortbewegung schlägt der Passant ihr noch vor? Und aus welchem Grund?

d) Was fragt die Frau den Passanten außerdem?

Friseur und Massage

Vor allem in den Großstädten finden Sie Friseurgeschäfte, *lǐ|fà|diàn*, Schönheitssalons, *měi|róng|diàn*, und Massagesalons, *àn|mó|diàn*, unterschiedlicher Art: Vom Straßenfriseur bis zum Nobelsalon, vom riesigen Fußmassagesaal, in dem Sie während der Behandlung einen Kinofilm auf großer Leinwand genießen können – oder ertragen müssen –, bis hin zum Blindenmasseur, der auf Druckmassagen spezialisiert ist. Mit dem Friseurbesuch ist oft eine Kopf- und Schultermassage verbunden. Nagelstudios, *měi|jiǎ|diàn*, bieten neben der Nagelpflege ein Sortiment von bunten falschen Fingernägeln. In einigen Friseurgeschäften und Massagesalons besteht eine Nähe zum Rotlicht. Sollten Sie als Mann in ein solches Etablissement geraten sein, werden Sie möglicherweise angesprochen, ob Sie einen „zusätzlichen Service" wünschen. Wir raten zur Ablehnung.

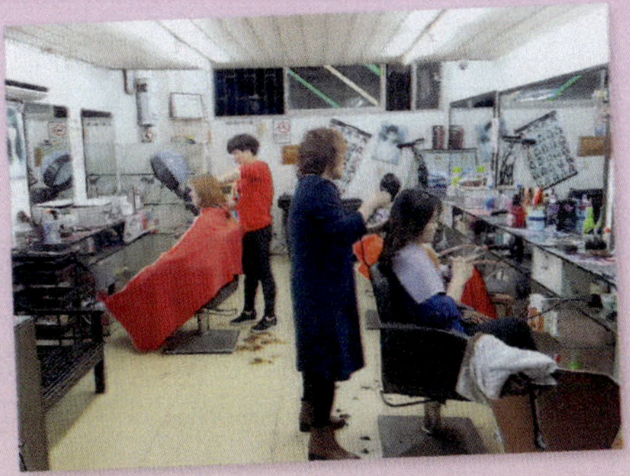

„Sie müssen 20 Minuten warten!" – Terminvereinbarung

Stufe A

A 1

Sie betreten spontan ein Friseurgeschäft, in dem sich bereits einige Kunden befinden.

104 Sie: Wǒ lái jiǎn tóu|fa.
Friseurin: Duì|bu|qǐ, xiàn|zài hěn máng.
Sie: Kě|yǐ yù|yuē ma?
Friseurin: Kě|yǐ. Liǎng diǎn hǎo bù hǎo?
Sie: Hǎo. Wǒ liǎng diǎn zài lái.

Baukasten
Üben Sie den Dialog mit beliebigen anderen Uhrzeiten

jiǎn	schneiden	剪	j = dsch, ~ian = ienn
tóu|fa	(Kopf-)haar	头发	
xiàn|zài	jetzt	现在	x = (i)**ch**, z = ds
kě|yǐ	können, dürfen; es geht	可以	~e = (Lag)**e**, yi = i
yù|yuē	reservieren	预约	yu = ü
diǎn	Uhr *(bei Zeitangaben)*	点	
zài lái	wiederkommen	再来	

Zeitangaben (S. 240)
Uhrzeiten (S. 234)
Modalverben (S. 227)

A 2

Sie gehen zu Ihrem Stammfriseur, bei dem Sie noch nie lange warten mussten.

Sie: Jiǎn tóu|fa yào děng duō jiǔ?
105 Friseur: Mǎ|shàng jiù kě|yǐ.

yào	*hier:* müssen	要	
děng	warten	等	
duō jiǔ	wie lange?	多久？	~iu = ~iou
mǎ|shàng	sofort	马上	sh = sch
jiù	*hier:* schon, dann	就	

Stufe B

B 1

Sie betreten einen Friseursalon, in dem gerade nur Frauen frisiert werden.

106 Sie: Nán nǚ fà|xíng dōu zuò ma?

Friseurin: Dōu zuò.

fà|xíng	Frisur	发型	
dōu	beide, alle	都	
zuò	machen	做	~uo = uoa

B 2

Sie fragen in einem Massagesalon an der Rezeption, wie lange Sie warten müssen.

107 Sie: Quán|shēn àn|mó yào děng ma?

Rezeptionist: Yào děng èr|shí fēn|zhōng.
Jiǎo|bù àn|mó mǎ|shàng jiù kě|yǐ.

Sie: Bú yào jiǎo|bù àn|mó.
Wǒ èr|shí fēn|zhōng
yǐ|hòu huí|lái.

Baukasten
rì|shì zhǐ|yā: Shiatsu
tài|shì àn|mó: Thai Massage

quán|shēn	der ganze Körper	全身	q = tsch, yuan = üenn
àn|mó	Massage	按摩	~o = ~oa
fēn|zhōng	Minute	分钟	zh = dsch, ~ong = ~ung
jiǎo|bù	Fuß	脚部	
bú yào	*hier:* nicht wollen	不要	
yǐ|hòu	danach, später	以后	
huí|lái	zurückkommen	回来	~ui = ~uej

„Bitte vorne nicht zu viel wegschneiden.“
Haare schneiden und färben

Stufe A

A 3

Sie sprechen mit dem Friseur über Ihre Wünsche.

108

Friseur: Yào xǐ tóu má?

Sie: Bú yào. Zhǐ yào jiǎn tóu|fa.

Friseur: Nín yào shén|me fà|xíng?

Sie: Qián|mian nín bié jiǎn tài duō, hòu|mian nín jiǎn céng|cì.

<table>
<tr><td>yào</td><td>hier: sollen, wollen</td><td>要</td><td></td></tr>
<tr><td>xǐ</td><td>waschen</td><td>洗</td><td></td></tr>
<tr><td>tóu</td><td>Kopf; hier: Kopfhaare</td><td>头</td><td></td></tr>
<tr><td>zhǐ</td><td>nur</td><td>只</td><td>zhi = dsch + (engl.) is</td></tr>
<tr><td>qián|mian</td><td>(da) vorne</td><td>前面</td><td></td></tr>
<tr><td>bié</td><td>nicht (tun sollen)</td><td>别</td><td>~ie = ~ieah</td></tr>
<tr><td>tài duō</td><td>zu viel</td><td>太多</td><td></td></tr>
<tr><td>hòu|mian</td><td>(da) hinten</td><td>后面</td><td>~ian = ienn</td></tr>
<tr><td>céng|cì</td><td>Fasson</td><td>层次</td><td>ci = ts + (engl.) is</td></tr>
</table>

Ortsangaben (S. 228)

109

<table>
<tr><th colspan="3">Mögliche weitere Schnittweisen (für Ihren Friseurbesuch)</th></tr>
<tr><td>Sie brauchen mir die Haare nur etwas zu kürzen.</td><td>Nín zhǐ yào xiū|jiǎn yì|diǎn.</td><td>您只要修剪一点。</td></tr>
<tr><td>Schneiden Sie die Ohren frei.</td><td>Nín jiǎn dào ěr|duǒ shàng.</td><td>您剪到耳朵上。</td></tr>
<tr><td>Dünnen Sie mir die Haare aus.</td><td>Nín jiǎn báo yí|xià.</td><td>您剪薄一下。</td></tr>
<tr><td>Schneiden Sie mir eine Kurzhaarfrisur/einen Bubikopf.</td><td>Nín jiǎn duǎn|fà.</td><td>您剪短发。</td></tr>
<tr><td>Schneiden Sie mir das Haar auf Schulterhöhe.</td><td>Nín jiǎn qí|jiān|fà.</td><td>您剪齐肩发。</td></tr>
</table>

Stufe B

B 3

110

Sie wollen sich die Haare färben lassen.

Sie: Wǒ yào rǎn tóu|fa.
Friseur: Nǐ xiǎng|yào shén|me yán|sè? Nǐ kàn ba.

Der Friseur zeigt Ihnen eine Farbauswahl.

Sie: Zhè ge zuì hǎo|kàn.
Friseur: Hǎo, méi wèn|tí.

rǎn	färben	染	r = (engl.) car
xiǎng|yào	wollen, mögen	想要	
yán|sè	Farbe	颜色	yan = ienn
ba	*Vorschlags- oder Aufforderungspartikel*	吧	
zuì	*Steigungswort für den Superlativ*	最	
hǎo|kàn	gut aussehen	好看	
Méi wèn|tí.	Kein Problem.	没问题。	~ei = ~ej

Partikel *ba*: Vorschlag oder Aufforderung (S. 228)
Steigerung mit *zuì* (S. 233)

„Passt es so?" – Nach dem Schneiden

Stufe A

A 4

111 *Nach dem Schneiden will die Friseurin wissen, ob Sie zufrieden sind.*

Friseurin: Zhào|zhao jìng|zi. Zhè|yàng xíng ma?
Sie: Hěn hǎo|kàn, xiè|xie!
Friseurin: Bú|yòng xiè.

zhào	sich in etw. betrachten	照	
jìng|zi	Spiegel	镜子	zi = ds + (engl.) is
Zhè|yàng xíng ma?	Ist es so in Ordnung?	这样行吗？	
hǎo|kàn	gut aussehen	好看	
Bú|yòng xiè.	Nichts zu danken.	不用谢。	

A 5

112 ***Der Friseur nimmt einen Fön in die Hand.***

Friseur: Wǒ bāng nǐ chuī.
Sie: Bú|yòng. Wǒ zì|jǐ chuī gān.

bāng	helfen	帮	
chuī	föhnen	吹	~ui = ~uej; ch = tsch
bú|yòng	nicht brauchen, nicht nötig sein	不用	~ong = ~ung
zì|jǐ	selbst	自己	j = dsch
chuī gān	trocken föhnen	吹干	

Stufe B

B 4

Der Friseur greift zu einem Haarspray.

113 Friseur: Wǒ yòng yí|xià?
Sie: Bú yào yòng.
Friseur: Yì|diǎn|diǎn bā.
Sie: Zhēn|de bú|yòng.

yòng	gebrauchen, benutzen	用	
yí|xià	mal eben, mal kurz, einen Moment	一下	yi = i; x = (i)**ch**
yì|diǎn|diǎn	ein kleines bisschen	一点点	~ian = ienn
zhēn|de	wirklich, tatsächlich, echt	真的	

Zu *yí|xià* siehe: Verbverdoppelung (S. 235)

„Meine Schultern sind verspannt." – Im Massagesalon

Massagesalons, *àn|mó|diàn*, haben oft bis spät in die Nacht oder sogar rund um die Uhr geöffnet. Sie finden sich in allen Preisklassen. Manchmal empfiehlt sich eine Reservierung, vor allem dann, wenn Sie mit mehreren Personen unterwegs sind. Oft aber können Sie direkt hingehen und werden sofort bedient. Je nach Art des Salons sind Massagen auch relativ günstig. Geschätzt sind vor allem diejenigen, in denen sogenannte Blindenmasseure arbeiten, *máng|rén àn|mó|shī*. In der Regel bleibt man bei der chinesischen Massage vollständig bekleidet. Die Masseure benutzen Liegen mit einer Öffnung für den Kopf, damit dieser in Bauchlage nicht gedreht werden muss. Massiert wird durch ein aufgelegtes Tuch hindurch. Es werden verschiedene Massageprogramme mit unterschiedlicher Dauer angeboten. Die Blindenmasseure verwenden oft eine Art sprechende Uhr, mit der sie die Massagezeit überprüfen können. Ebenso können Sie sich für eine Fußmassage, *jiǎo|bù àn|mó*, mit vorhergehendem Fußbad entscheiden. Größere Salons bieten manchmal auch Tee, Früchte oder sogar parallele Filmvorführungen an.

Stufe A

A 6

114

Sie werden zu einer Massageliege geführt.

Masseur: Nín tǎng|xià. Qǐng tóu cháo xià.

Sie: Hǎo de.

Masseur: Nǐ nǎ|li bù shū|fu?

Sie: Wǒ jiān|bǎng hěn lèi.

Baukasten
bèi|bù: Rücken
bó|zi: Nacken, Hals
tuǐ: Beine

tǎng|xià	sich hinlegen	躺下	
cháo xià	nach unten	朝下	ch = tsch
Nín nǎ|li bù shū|fu?	An welcher Stelle haben Sie Schmerzen?	您哪里不舒服?	
jiān|bǎng	Schulter	肩膀	
lèi	*hier:* verspannt sein	累	~ei = ~ej

A 7

115

Der Masseur beginnt mit der Behandlung.

Sie: À, hěn téng! Qīng yì|diǎn ba.

Masseur: Hǎo, méi wèn|tí.

Nun macht er an einer anderen Stelle Ihres Rückens weiter.

Masseur: Xià|mian yě téng ma?

Sie: Xià|mian bù téng. Zhè|lǐ kě|yǐ zhòng yì|diǎn.

Nach einer Weile klopft er leicht an Ihren Arm.

Masseur: Nǐ fān|shēn ba.

Baukasten
shàng|mian: oben

à	*Ausruf*	啊	
téng	weh tun, schmerzen	疼	
qīng	sanft, leicht	轻	q = tsch
yì|diǎn	ein wenig	一点	
ba	*Vorschlags- oder Aufforderungspartikel*	吧	
Méi wèn|tí.	Kein Problem.	没问题	~ei = ~ej
xià|mian	unten	下面	
zhè|lǐ	hier	这里	zh = dsch
zhòng	fest, stark	重	
fān|shēn	sich umdrehen	翻身	

Zu *yì|diǎn* siehe: Steigerung von Adjektiven mit *yì|diǎn* (S. 233),
Partikel *ba*: Vorschlag oder Aufforderung (S. 228)

Ladenschild: máng|rén àn|mó *(Blindenmassage)*

Stufe B

B 5

116 *Sie bekommen vor der Fußmassage ein Fußbad und finden das Wasser zu heiß.*

Sie: Shuǐ tài rè.

Masseur: Wǒ gěi nǐ jiā lěng|shuǐ.

shuǐ	Wasser	水	~ui = ~uej
tài	sehr, zu sehr	太	
rè	heiß	热	r = (engl.) car
gěi	*hier:* für	给	
jiā	hinzufügen	加	
lěng|shuǐ	kaltes Wasser	冷水	

Für *gěi* siehe: Verben mit präpositionalem Charakter (S. 235) und Dativ mit *gěi* (S. 223)

B 6

117 *Eine Kollegin des Masseurs erscheint mit einem kleinen Stapel DVDs.*

Kollegin: Nǐ yào kàn diàn|yǐng ma?

Sie: Yǒu Yīng|wén diàn|yǐng ma?

Kollegin: Duì|bù|qǐ, wǒ|men zhǐ yǒu Zhōng|wén diàn|yǐng.

Sie: Nà wǒ bú yào kàn.

kàn	(an)schauen, sehen	看	
diàn|yǐng	Film	电影	~ian = ienn; ying = ing
Yīng|wén	Englisch	英文	
Zhōng|wén	Chinesisch	中文	~ong = ~ung
nà	*hier:* na dann ...	那	

Friseur und Massage – ÜBUNGEN

Übungen zu den Dialogen A 1 und A 2

1. Nennen Sie die Uhrzeiten auf den Abbildungen.

Xiàn|zài jǐ diǎn? – Xiàn|zài _____ .

a) 

b) 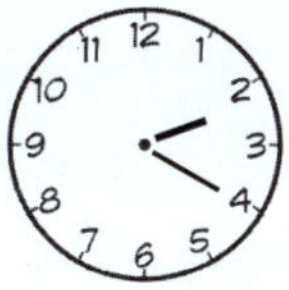

c) 

d) 

e) 

f) 

2. Welche dieser Wörter passen jeweils in die Lücken?

děng	zài	máng	jiǎn	yù|yuē	xiàn|zài	zài lái

A : Nín lái _____ tóu|fa ma?

B : Shì. Wǒ _____ le sān diǎn bàn.

A : Ò, _____ sān diǎn. Duì|bù|qǐ, wǒ|men hái hěn _____ . Qǐng nín sān diǎn bàn _____ .

B : Wǒ _____ zhè|lǐ (hier) _____ , hǎo ma?

A : Kě|yǐ.

3. Fügen Sie die angegebenen Wörter oder Wortgruppen in jeder Zeile so zusammen, dass jeweils ein sinnvoller und grammatikalisch korrekter Satz entsteht.

a) lái / wǒ

b) xiàn|zài / lái / wǒ

c) lái / kě|yǐ / xiàn|zài / wǒ

d) wǒ / lái / kě|yǐ / xiàn|zài / jiǎn tóu|fa

e) jiǎn tóu|fa / wǒ / lái / xiàn|zài / nín de / kě|yǐ

4. Füllen Sie die Lücken mit passenden Zeitangaben. Greifen Sie dabei evtl. auch auf Zeitangaben zurück, die Sie schon in anderen Lektionen gelernt haben.

A : Nín hǎo, wǒ lái jiǎn tóu|fa. ________ kě|yǐ ma?

B : Duì|bu|qǐ, bù kě|yǐ. Wǒ hěn máng. Nín zhè|lǐ (hier) děng ________, hǎo bù hǎo?

A : Bù hǎo, ________ tài (zu) jiǔ. Wǒ ________ zài lái.

B : Hǎo, nín kě|yǐ ________ zài lái.

5. Hören Sie den Dialog des Lektionstextes A 1 mehrmals an und füllen Sie dann aus dem Gedächtnis die Lücken aus.

Sie: Wǒ lái ________ tóu|fa.

Friseurin: ________ xiàn|zài hěn ________.

Sie: Kě|yǐ ________ ma?

Friseurin: Kě|yǐ. Liǎng ________ hǎo bù hǎo?

Sie: Hǎo. Wǒ liǎng ________ zài ________.

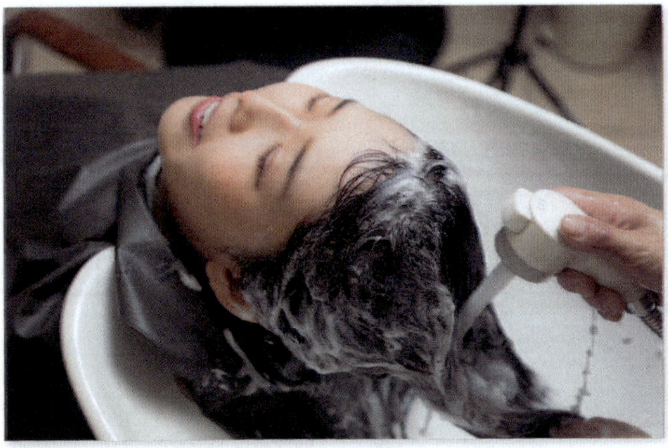

Übungen zu den Dialogen B 1 und B 2

6. Welches Wort in den Spalten passt jeweils nicht zu den anderen?

a)	b)	c)
xiàn|zài	zuò	tóu
mǎ|shàng	děng	quán|shēn
sì diǎn sān|shí fēn	liǎng	fà|xíng
yì nián	yù|yuē	jiǎo|bù
wǔ fēn|zhōng yǐ|hòu	jiào	tóu|fa

7. Ordnen Sie die einzelnen Wörter zu grammatikalisch korrekten Sätzen.

a) àn|mó ma zuò nǐ|men jiǎo|bù
b) yǐ|hòu wǔ zài lái tā diǎn
c) děng nǐ fēn|zhōng yào shí
d) quán|shēn bù àn|mó wǒ|men zuò
e) zhè ài fà|xíng ge bù wǒ

8. Formulieren Sie jeweils eine bejahende oder verneinende Antwort.

a) Nín de hái|zi lái jiǎn tóu|fa ma?
b) Nán nǚ fà|xíng dōu zuò ma?
c) Nǐ sì diǎn yǒu kòng (freie Zeit) ma?
d) Jiǎo|bù àn|mó yào děng ma?
e) Tā|men shí fēn|zhōng yǐ|hòu huí|lái ma?
f) Quán|shēn àn|mó yào yù|yuē ma?

Übungen zum Dialog A 3

9. Stellen Sie Fragen und äußern Sie Wünsche.

a) Sie wollen wissen, ob der Friseur auch Herren schneidet.
b) Sie bitten ihn, hinten nur die Spitzen (nicht zu viel) zu schneiden.
c) Sie fragen, ob Sie für eine Ganzkörpermassage um acht Uhr reservieren können.
d) Sie wollen nur die Haare waschen.
e) Ihr Freund will hinten einen Fassonschnitt.

10. Verbessern Sie die Fehler in den folgenden Sätzen.

a) Qián|mian nín bié yào jiǎn tóu|fa.
b) Wǒ|men xiàn|zài kě|yǐ xǐ tóu?
c) Tā jiǎn hòu|mian céng|cì.
d) Nín zài liǎng diǎn zài lái.
e) Wǒ yào yù|yuē xiàn|zài.

Übung zum Dialog B 3

11. Bilden Sie unter Verwendung je eines Wortes aus jeder Spalte vollständige Sätze.

zhǐ dōu jiù mǎ|shàng hái xiàn|zài	yào (müssen) kě|yǐ xiǎng|yào bié yào (sollen) ài	xǐ huí|lái děng zuò yù|yuē àn|mó

oben: *Blindenmassage-Salon Mingxi*
unten: *Massage – Tuina für Kinder – Pediküre*
Gua Sha-Massage – Schröpfen

Übung zu den Dialogen A 4 und A 5

12. Welche Antworten passen zu welchen Äußerungen?

a) Yào chuī gān ma?	1) Wǒ zì|jǐ rǎn de.
b) Zhè|yàng hǎo|kàn ma?	2) Bù xíng. Qǐng nín jiǎn céng|cì ba.
c) Nín tóu|fa de yán|sè hěn hǎo|kàn.	3) Méi wèn|tí.
d) Nín děng èr|shí fēn|zhōng ba.	4) Wǒ zhào zhào jìng|zi.
e) Zhè ge fà|xíng kě|yǐ ma?	5) Bú|yòng, xiè|xie!
f) Wǒ hái yào jiǎo|bù àn|mó.	6) Bù xíng. Mǎ|shàng jiù kě|yǐ ma?

Übung zum Dialog B 4

13. Wählen Sie jeweils die grammatikalisch richtige Formulierung aus.

a)

A: Nǐ kě|yǐ děng ma?

B: Wǒ bú yào děng tài duō. / Wǒ bù xiǎng|yào děng tài jiǔ. / Wǒ bú yào děng hěn duō. / Wǒ bú yào děng tài jiǔ.

b)

A: Nǐ yào shén|me fà|xíng?

B: Nǐ zuì|hǎo zhǐ jiǎn yì|diǎn|diǎn. / Nǐ zuì|hǎo yì diǎn zhǐ jiǎn. / Nǐ zuì|hǎo zhǐ yì|diǎn|diǎn jiǎn. / Nǐ zuì|hǎo zhǐ jiǎn jiǎn yì|diǎn|diǎn.

c)

A: Wǒ xǐ tóu, kě|yǐ ma?

B: Bú|yòng xiè. / Méi yòng, xiè|xie. / Bú|yòng, xiè|xie. / Méi yòng xiè.

d)

A: Nǐ yí|xià zhào jìng|zi. / Nǐ zhào zhào yí|xià jìng|zi. / Jìng|zi nǐ yí|xià zhào. /
Nǐ zhào yí|xià jìng|zi.

B: Hěn hǎo|kàn! Zhēn|de hěn hǎo|kàn.

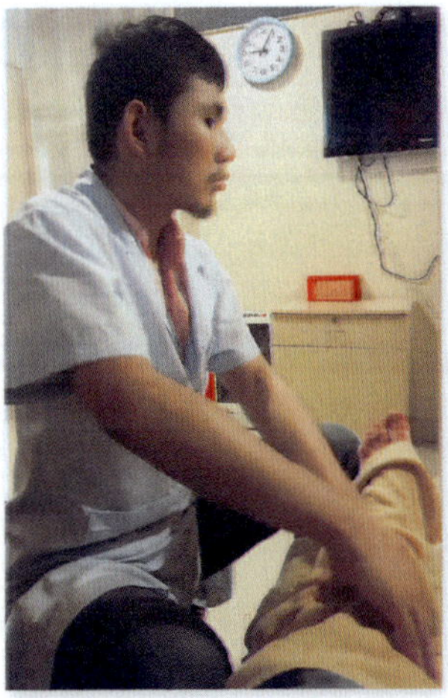

Ladenschild:
Zúliáo *(Fußmassage)*

Übungen zu den Dialogen A 6 und A 7

14. Hören Sie sich die Dialoge der Lektionstexte A6 bis A7 an und berichtigen Sie die folgenden Aussagen.

a) Nín de tóu yào cháo shàng.
b) Nín jiān|bǎng hěn shū|fu.
c) Àn|mó jiān|bǎng, nín yào zhòng yì|diǎn.
d) Nín xià|mian hé shàng|mian dōu (alle) téng ma?

15. Äußern Sie mit Hilfe von *yì|diǎn* Wünsche an Ihr Gegenüber.

Beispiel: Tài guì (teuer)! – pián|yì (billig)
→ Pián|yì yì|diǎn ba. / Qǐng pián|yì yì|diǎn.

a) Nín bié jiǎn tài duō! – shǎo (wenig)
b) Shuǐ (Wasser) tài rè (heiß). – lěng (kalt)
c) Xià|mian bù téng. – shàng|mian
d) Téng! Tài zhòng. – qīng
e) Yīn|yuè (Musik) tài dà|shēng (laut)! – xiǎo|shēng (leise)

16. Sie sind im Massagesalon. Wählen Sie aus jeder Spalte einen Begriff, um zu beschreiben, wo Sie die Massage besonders brauchen und wo nicht.

Beispiel: Tuǐ hěn téng. Qǐng àn|mó yí|xià.

quán|shēn tuǐ jiān|bǎng bèi|bù bó|zi	hěn tài bù yǒu diǎn (ein wenig)	téng bù shū|fu lèi

Übungen zu den Dialogen B 5 und B 6

17. Übertragen Sie diese Sätze ins Chinesische. Verwenden Sie dabei *gěi*.

a) Ich zeige Ihnen einen Film.
b) Er massiert Sie.
c) Wir fügen für Sie heißes Wasser hinzu.
d) Ich gebe ihr ein Glas Tee (yì bēi chá).
e) Sie färbt mir die Haare.

18. Bilden Sie Dialoge nach folgendem Muster und verwenden Sie dabei jeweils einen Begriff aus jeder Spalte.

Beispiel:
Verkäufer/Dienstleister: Wǒ|men zhǐ **yǒu zhè xiē (diese) yán|sè**.
Kunde/Kundin: Nà wǒ bù **rǎn** (tóu|fa).

Verkäufer/Dienstleister		*Kunde/Kundin*
	Yīng|wén bào|zhǐ (Zeitungen)	zuò
zuò	jiǎo|bù àn|mó	hē (trinken)
yǒu	Dé|wén shū (deutschsprachige Bücher)	rǎn
mài (verkaufen)	rè|shuǐ	kàn
fàng (vorführen)	nǚ/nán fà|xíng	mǎi (kaufen)
	Zhōng|wén diàn|yǐng	huí|lái
	zhè xiē (diese) yán|sè	yào

Arzt und Apotheke

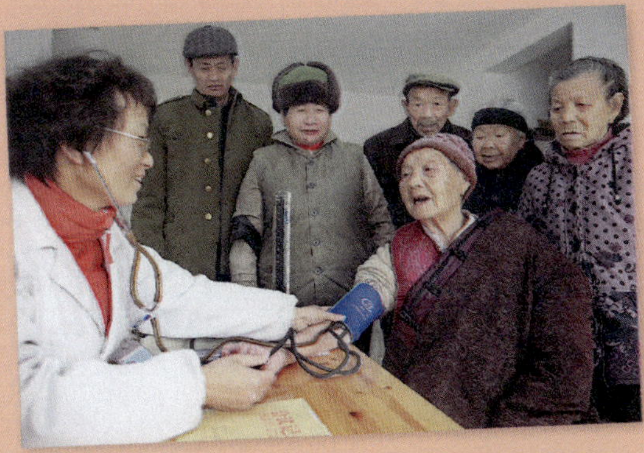

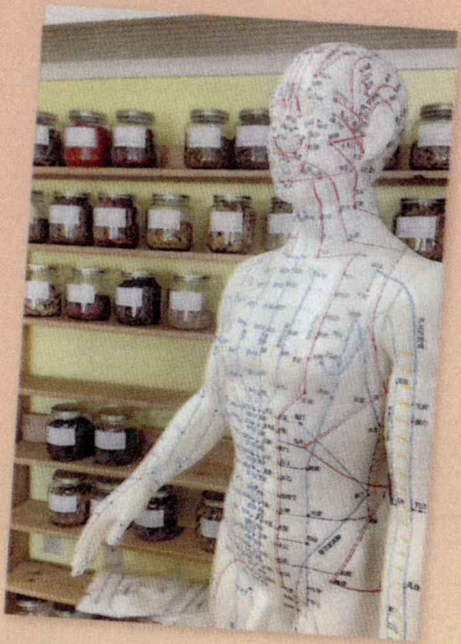

„Wir haben westliche und chinesische Medizin."
In der Apotheke

In chinesischen Städten gibt es zahlreiche Apotheken, *yào|fáng* oder *yào|diàn*, die meist an einem grünen Schild zu erkennen sind, das bisweilen auch die englische Bezeichnung *Pharmacy* oder *Drugstore* trägt. Häufig finden sich Apotheken auch innerhalb von Kaufhäusern.
In der Regel werden Medikamente sowohl aus der westlichen als auch aus der traditionellen chinesischen Medizin angeboten. Bei manchen Apotheken gibt es dafür jeweils getrennte Abteilungen.
In jedem Fall ist es vorteilhaft, eine eigene Reiseapotheke dabei zu haben, vor allem, wenn Sie bestimmte spezielle Medikamente regelmäßig benötigen. Gerade bei teuren westlichen Medikamenten können Sie so vermeiden, an abweichende Rezepturen oder gar an Fälschungen zu geraten.

Stufe A

A 1

Sie wollen ein Medikament kaufen, kennen aber keine Apotheke vor Ort.

118 Sie: Wǒ yào mǎi yào, wǒ zhǎo...
Passantin: Ò, nǐ zhǎo yào|fáng.
Sie: Duì, wǒ zhǎo yào|diàn.
Passantin: Nàr jiù shì.

yào	*hier:* wollen	要	
mǎi	kaufen	买	
yào	Medizin, Medikament	药	
zhǎo	suchen	找	zh = dsch
Ò	Oh! Ah!	哦	o = oa
yào|fáng, yào|diàn	Apotheke	药房，药店	~ian = ienn
duì	genau, richtig	对	~ui = ~uej
nàr	dort (drüben)	那儿	r = (engl.) car
jiù	genau, eben (Betonung)	就	j = dsch; ~iu = ~iou

Modalverben (S. 227)
Ortsangaben (S. 228)

A 2

119

Sie brauchen ein Medikament gegen Schmerzen.

Sie:	Nǐ hǎo.
Apotheker:	Nǐ hǎo, nǐ xū|yào shén|me?
Sie:	Wǒ yào mǎi zhǐ|tòng|yào.
Apotheker:	30 piàn 17 Yuán 8 Jiǎo.
Sie:	Hǎo, xiè|xie.

Baukasten
Ā|sī|pǐ|lín: Aspirin
Bù|luò|fēn: Ibuprofen
zhǐ|xiè|yào: Durchfallmittel
zhǐ|ké|yào: Hustenmittel

xū|yào	brauchen, benötigen	需要	xu = (i)**ch** + ü
shén|me	*hier:* was?	什么	~e = (Lag)**e**
zhǐ|tòng|yào	Schmerzmittel	止痛药	zhi = dsch + (engl.) is ~ong = ~ung
piàn	Tablette	片	
Yuán	Yuan (*auch:* Kuài)	元	yuan = üenn
Jiǎo	Jiao (*auch:* Máo, 10 Cent)	角	

Fragewörter (S. 225)
Zähleinheitswörter (S. 238)
Geldeinheiten (S. 226)

A 3

120

Sie haben sich eine kleine Schürfwunde zugezogen und möchten ein Pflaster kaufen.

Sie:	Nǐ hǎo, wǒ yào mǎi chuāng|kě|tiē.
Apothekerin:	Yǒu hěn duō zhǒng. Nǐ kàn ba, nǐ yào nǎ zhǒng?
Sie:	Zhè zhǒng ba.
Apothekerin:	Dà hé hái|shi xiǎo hé?
Sie:	Mǎi xiǎo hé.

chuāng|kě|tiē	Pflaster	创可贴	ch = tsch
duō	viele	多	
zhǒng	Sorte	种	zh = dsch
kàn	(an)schauen, sehen	看	
ba	*Vorschlags- oder Aufforderungspartikel*	吧	
nǎ	welche/r/s?	哪	
hé(zi)	Packung, Schachtel	盒（子）	h = (Ba)**ch** zi = ds + (engl.) **is**
xiǎo	klein	小	x = (i)**ch**

Partikel *ba*: Vorschlag oder Aufforderung (S. 228)

A 4

121 *Sie fühlen sich nicht wohl und benötigen ein Medikament. In der Apotheke beschreiben Sie Ihre Symptome.*

Sie: Wǒ gǎn|mào le, yǒu shén|me yào?

Apotheker: Nǐ yào xī|yào hái|shi zhōng|yào?

Sie: Nǎ zhǒng hǎo?

Der Apotheker nimmt eine Schachtel aus dem Regal.

Apotheker: Zhè ge zhōng|yào hěn yǒu|xiào.

Sie: Hǎo, wǒ shì yí shì. Xiè|xie.

Baukasten
ké|sou: Husten; husten
dù|zi téng: Bauchweh (haben)
tóu téng: Kopfweh (haben)

gǎn|mào le	erkältet sein	感冒了	
xī|yào	westliche Medizin	西药	yao = iao
zhōng|yào	traditionelle chinesische Medizin	中药	
yǒu|xiào	wirksam, effektiv	有效	
shì yí shì	(einmal) versuchen	试一试	shi = sch + (engl.) is; yi = i

Partikel *le*: Veränderung einer Situation (S. 231)
Verbverdopplung (S. 235)

122

Einige weitere nützliche Dinge, die Sie in chinesischen Apotheken bekommen:		
Tigerbalsam: Ätherisches Balsam, das Erkältungen oder Kopfschmerzen lindern kann	Qīng|liáng|yóu	清凉油
Ein Öl, das Verspannungen, Migräne, oder Schwindelgefühl lindern kann	Fēng|yóu|jīng	风油精
Färberwurzel: Kann Halsschmerzen lindern und bei Fieber und Entzündungen helfen	Bǎn|lán|gēn	板蓝根
Pflanzlicher Sirup, der bei Husten und kratzigem Hals helfen kann	Pí|pa|gāo	枇杷膏
Mundschutz	kǒu|zhào	口罩

Stufe B

B 1

123 *Sie zeigen der Apothekerin einen Zettel mit dem chinesischen Namen eines Medikaments.*

Sie: Nǐ hǎo, wǒ xiǎng mǎi zhè ge yào.

Apothekerin: Dà|rén yòng de hái|shi ér|tóng yòng de?

Sie: Dà|rén yòng de.

Apothekerin: Zhè shì líng diǎn sān (0,3) kè yí piàn,
zhè shì líng diǎn sì (0,4) kè yí piàn.

Sie: Ò, nà wǒ yào líng diǎn sān kè yí piàn.

xiǎng	„möchten“	想	
dà|rén	Erwachsene/r	大人	r = (engl.) car
yòng	gebrauchen, benutzen	用	~ong = ~ung
ér|tóng	Kind	儿童	
diǎn	*hier:* Komma, Punkt	点	~ian = ienn
kè	Gramm	克	~e = (Lag)e
nà	*hier:* na dann ...	那	

Partikel *de*: Wegfall des Bezugsworts (S. 229)

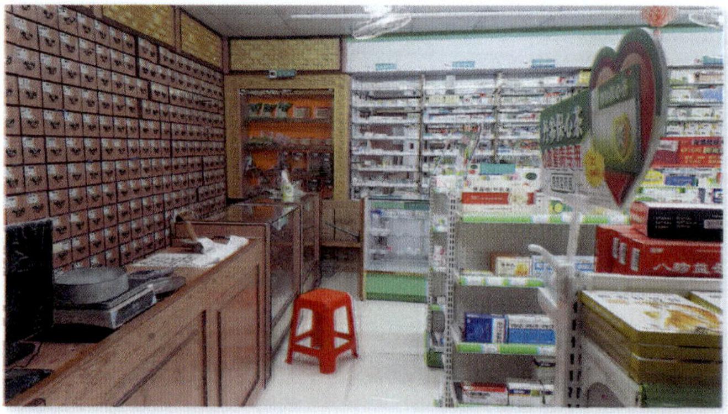

B 2

124

Der Apotheker empfiehlt Ihnen ein Erkältungsmedikament. Sie wollen sichergehen, dass es keine Antibiotika enthält.

Sie: Qǐng|wèn, zhè ge yào bāo|hán kàng|shēng|sù ma?

Apotheker: Bù bāo|hán kàng|shēng|sù.

Sie: Yí|dìng méi yǒu ma?
Wǒ bù néng chī kàng|shēng|sù.

Apotheker: Bié dān|xīn, méi yǒu.

Sie: Xiè|xie.

Baukasten
kě|dì|sōng: Kortison

bāo|hán	enthalten	包含	~an = ~ann
kàng|shēng|sù	Antibiotikum	抗生素	
yí|dìng	bestimmt, unbedingt	一定	yi = i
néng	können, dürfen	能	
chī	essen; *hier:* einnehmen	吃	chi = tsch + (engl.) is
bié	nicht (tun sollen)	别	~ie = ~ieah
dān|xīn	besorgt sein	担心	

Verneinung mit *bié* – Aufforderung (S. 236)

„Ich gebe Ihnen eine Spritze." – Beim Arzt

Ärzte in China praktizieren in Krankenhäusern, *yī|yuàn*, oder Klinikambulanzen, *mén|zhěn|bù / mén|zhěn|suǒ*, aber nur selten in privat geführten Praxen, *zhěn|suǒ*. Wer eine Behandlung braucht, geht ohne telefonische Voranmeldung direkt zum Anmeldeschalter der Klinik, *guà|hào|chù*, wo er eine Grundgebühr oder sogar die geschätzten Kosten der Behandlung anzahlen muss, bevor er zu einem Arzt, *dài|fu / yī|sheng*, vorgelassen wird. Aufgrund des sehr starken Patientenandrangs in chinesischen Kliniken, muss man meistens mit langen Schlangen und Wartezeiten rechnen.

In den großen Städten ist ein Arztbesuch für nicht-chinesische Patienten noch am unproblematischsten. Manche Kliniken verfügen über eigene Abteilungen für Ausländer oder zumindest über englischsprachiges Personal. Oder es gibt internationale Einrichtungen mit Deutsch sprechenden Ärzten. In der Regel kann man dort auch mit Kreditkarte bezahlen.

Anders sieht die Situation in kleineren Städten und auf dem Land aus. Dort sind die Kliniken oft nur sehr spärlich ausgestattet und das Personal nicht immer ausreichend geschult. Ernste oder chronische Erkrankungen sollte man daher unbedingt in einem großstädtischen Krankenhaus behandeln lassen. Wer auf einer Reise medizinische Hilfe benötigt, etwa wegen eines Unfalls, der sollte möglichst eine Begleitung in die Klinik mitnehmen, die das Bezahlen und Anstehen übernehmen kann. Auch wenn die Preise für Behandlung und Medikamente in chinesischen Krankenhäusern im Durchschnitt viel niedriger sind als in Deutschland, empfiehlt es sich, neben dem Pass auch ausreichend Bargeld dabeizuhaben.

Stufe A

A 5

125

Auf einer Reise bekommen Sie Schmerzen und gehen zur Ambulanz eines kleinen Krankenhauses.

Sie: Yī|sheng, nín hǎo.
Ärztin: Nín hǎo. Nín nǎr bù shū|fu?
Sie: Wǒ dù|zi téng.
Ärztin: Shén|me shí|hou kāi|shǐ téng?
Sie: Jīn|tiān kāi|shǐ.

Baukasten
tóu: Kopf
bèi|bù: Rücken
zhè|li: hier
zuó|tiān wǎn|shang: gestern Abend
sān tiān qián: vor drei Tagen

yī|sheng	Arzt/Ärztin	医生	yi = i
Nín nǎr bù shū|fu?	Was fehlt Ihnen?	您哪儿不舒服？	
shū|fu	angenehm, bequem; sich wohlfühlen	舒服	
dù|zi	Bauch	肚子	zi = ds + (engl.) is
téng	weh tun, schmerzen	疼	
shén|me shí|hou	wann	什么时候	shi = sch + (engl.) is
kāi|shǐ	anfangen, beginnen	开始	
jīn|tiān	heute	今天	j = dsch; ~ian = ienn

A 6

126 *Während der Untersuchung gibt Ihnen der Arzt einige Anweisungen.*

Arzt: Qǐng nín tuō <u>shàng|yī</u> ... Hǎo, xiàn|zài shēn hū|xī ba. ...

Sie atmen tief ein und aus.

Arzt: Zhè|li téng bù téng?

Sie: A! Téng, hěn téng!

Arzt: Nín tǎng|xià ba. Wǒ gěi nín dǎ|zhēn.

Baukasten
yī|fu: Kleidung
kù|zi: Hose
chèn|shān: Hemd, Bluse

qǐng	bitte, bitten	请	q = tsch
tuō	ausziehen	脱	uo = uoa
shàng|yī	Oberbekleidung	上衣	
xiàn|zài	jetzt	现在	x = (i)ch
shēn hū|xī	tief atmen	深呼吸	
Téng bù téng?	Tut es weh?	疼不疼？	
tǎng|xià	sich hinlegen	躺下	
gěi ... dǎ|zhēn	... eine Spritze geben	给…打针	~ei = ~ej; zh = dsch

Fragesätze mit Verneinung (S. 224)
Dativ mit *gěi* (S. 223)

A 7

127 *Nach der Untersuchung stellt Ihnen der Arzt ein Rezept aus.*

Arzt: Wǒ gěi nín kāi yí ge yào|fāng. Zhè ge yào, nín yì tiān chī sān cì.

Sie: Yào chī jǐ piàn?

Arzt: Nín měi cì chī sì piàn.

gěi	*hier:* für	给	~ei = ~ej
kāi	*hier:* ausstellen	开	
yào|fāng	Rezept	药方	yao = iao
... cì	... mal	次	ci = ts + (engl.) is
yào	*hier:* sollen, müssen	要	
měi	jeder, jede, jedes	每	

Sätze mit Thema-Kommentar-Struktur (S. 233)
für *gěi* siehe: Verben mit präpositionalem Charakter (S. 235)
und Dativ mit *gěi* (S. 223)

B 3

128

Sie stellen der Ärztin noch weitere Fragen.

Sie: Dài|fu, wǒ yǒu shén|me bìng?

Ärztin: Nín dé le liú|gǎn.

Nín xiàn|zài hǎo|hǎo xiū|xi ba.

Sie: Kě|yǐ hē jiǔ ma?

Ärztin: Yí ge xīng|qī zuì|hǎo bù hē jiǔ.

Sie: Hái yào zài lái ma?

Ärztin: Nín liǎng tiān (yǐ)hòu zài lái.

Baukasten
shí|wù zhòng|dú le:
eine Lebensmittelvergiftung haben
zhòng|shǔ le:
einen Hitzschlag bekommen

dài|fu	Arzt/Ärztin	大夫	
bìng	Krankheit	病	
dé le	bekommen haben	得了	
liú|gǎn	Grippe	流感	~iu = ~iou
hǎo|hǎo	gründlich	好好	
xiū|xi	sich ausruhen	休息	
kě|yǐ	können, dürfen; es geht	可以	
hē	trinken	喝	he = (Ba)**ch** + ea
jiǔ	Alkohol	酒	
zuì|hǎo	am besten	最好	~ui = ~uej
zài	noch (mal)	再	z = ds
...(yǐ)hòu	nach..., nachdem	（以）后	

Zeitangaben: Vor- und Nachzeitigkeit (S. 241)
Steigerung mit *zuì* (S. 233)
Partikel *le*: Veränderung einer Situation (S. 231)

129

Mögliche weitere gesundheitliche Probleme und Krankheiten (für Ihren Arztbesuch)		
Atemprobleme	hū|xī kùn|nán	呼吸困难
Blutung	liú|xuè	流血
Durchfall haben	lā dù|zi	拉肚子
Entzündung haben	fā|yán	发炎
Fieber haben	fā|shāo	发烧
Halsschmerzen	sǎng|zi téng	嗓子疼
Herzbeschwerden	xīn|zàng téng	心脏疼
Husten	ké|sou	咳嗽
Ohrenschmerzen	ěr|duo téng	耳朵疼
Unterleibsschmerzen	xià|fù téng	下腹疼
sich übergeben haben	tù guo le	吐过了
verletzt sein	shòu shāng le	受伤了
Zahnschmerzen	yā téng	牙疼

Arzt und Apotheke – ÜBUNGEN

Übungen zu den Dialogen A 1 bis A 4

1. Finden Sie die 14 Wörter, die im Buchstabengitter versteckt sind.

a	d	u	o	t	u	k	p	l	ü
f	u	t	u	z	h	a	o	i	y
u	i	o	n	h	a	n	i	b	a
s	t	p	y	o	u	x	i	a	o
a	h	e	u	n	t	a	u	g	n
m	a	i	t	g	a	n	m	a	o
x	i	a	o	u	f	a	i	p	l
i	s	t	r	t	e	r	k	i	f
z	h	i	t	o	n	g	y	a	o
a	i	n	t	e	k	u	a	n	i

130

2. Hören Sie sich die Dialoge an und markieren Sie das Wort oder die Wörter, die in der Antwort enthalten sind.

Frage 1: Nín xū|yào shén|me?

a) zhǐ|xiè|yào b) zhǐ|ké|yào c) zhǐ|tòng|yào

Frage 2: Nǐ|men zhǎo shén|me?

a) xū|yào b) zhōng|yào c) xī|yào d) yào|diàn

Frage 3: Nín yǒu zhǐ|tòng|yào ma?

a) zhè zhǒng b) nà zhǒng c) nǎ zhǒng? d) hěn duō zhǒng.

Frage 4: Ā|sī|pǐ|lín nín yào jǐ piàn?

a) shí|qī piàn b) qī|shí piàn c) shí piàn d) sì piàn

3. Welche dieser Wörter passen jeweils in die Lücken? Es soll sich ein schlüssiger Dialog ergeben.

dà	yào|fáng	chuāng|kě|tiē	jǐ ge	Yuán	duō	zhǐ|tòng|yào
xiǎo	Máo	wǒ de zhàng|fu	shén|me	sì ge	sān ge	Kuài

A: Nín zhǎo ______?

B: Wǒ zhǎo ______ hé ______.

A: ______ hé hái|shi ______ hé zhǐ|tòng|yào?

B: Xiǎo hé.

A: 20 piàn 12 ______ 5 Jiǎo.

4. Welche Antworten passen zu welchen Äußerungen?

a) Nǐ hǎo ma?	1) Bú shì, shì zhōng|yào.
b) Nǐ xū|yào nǎ zhǒng?	2) Hǎo, wǒ shì yí shì nà zhǒng.
c) Nà zhǒng hǎo.	3) Jiù zhè zhǒng ba.
d) Nǐ|men yǒu chuāng|kě|tiē ma?	4) Bù hǎo, wǒ gǎn|mào le.
e) Nín xū|yào shén|me yào?	5) Hěn duō zhǒng, nín kàn ba.
f) Zhè xiǎo hé yě shì xī|yào ma?	6) Yǒu|xiào de zhǐ|tòng|yào.

5. Wie könnten die Fragen zu den gegebenen Antworten lauten?

Fragen	*Antworten*
a)	Wǒ zhǎo yí ge mài (verkaufen) xī|yào de yào|diàn.
b)	Duì, zhè jiù shì zhōng|yào.
c)	Zhè zhǒng hěn hǎo.
d) ______ hái|shi ______?	B: Wǒ xū|yào xiǎo hé.

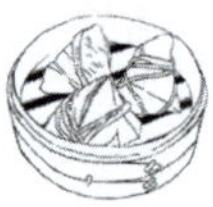

6. In der Apotheke. Erkundigen Sie sich ...

a) ... ob das dort drüben die Apotheke ist.
b) ... ob das vierzig Schmerztabletten sind.
c) ... ob diese Packung die große Packung ist.
d) ... ob chinesische Medizin wirksam ist.
e) ... ob 20 Tabletten 10 Yuan oder 15 Yuan kosten (= sind).

Übungen zu den Dialogen B 1 und B 2

7. Ordnen Sie die einzelnen Wörter zu grammatikalisch korrekten Sätzen.

a) néng / yào / mǎi / hái|zi / bù
b) kàng|shēng|sù / zhǒng / zhè / bāo|hán / yào
c) xī|yào / mǎi / hái|shi / nín / zhōng|yào / xiǎng
d) piàn / yī / kè / shì / líng diǎn qī / zhè
e) dān|xīn / zhǐ|tòng|yào / yào|diàn / yí|dìng yǒu / bié

8. In der Apotheke. Erkundigen Sie sich ...

a) ... ob diese Tabletten ganz bestimmt kein Kortison enthalten.
b) ... ob dieses Medikament ganz bestimmt Kinder einnehmen können.
c) ... ob eine Tablette 0,2 oder 0,5 Gramm (Wirkstoff) hat.
d) ... wie lange man Kortison benutzen kann.

9. Wie könnten die Fragen zu den gegebenen Antworten lauten?

Fragen	*Antworten*
a)	Bié dān|xīn, zhè zhǒng yě yǒu|xiào.
b)	Wǒ hái yào (*hier:* brauchen) yí ge kǒu|zhào (Mundschutz).
c)	Tā bù néng chī kě|dì|sōng.
d)	Dà|rén yào chī kàng|shēng|sù yí ge xīng|qī.

10. Welche Antworten passen zu welchen Äußerungen?

a) Zhè ge dì|fang yǒu yào|fáng ma?	1) Hǎo, wǒ shì yí shì.
b) Nàr néng mǎi Ā|sī|pǐ|lín ma?	2) Yí|dìng yǒu, bié dān|xīn.
c) Nín mǎi zhè zhǒng yào|piàn ba.	3) Nǎ|li nǎ|li.
d) Gǎn|mào le, zhè zhǒng yào bù néng yòng.	4) Hǎo, wǒ bú yòng.
e) Nǐ|men de yào|diàn hěn hǎo, xiè|xie.	5) Duì|bu|qǐ, wǒ|men méi yǒu.
f) Wǒ xiǎng mǎi dà de chuāng|kě|tiē.	6) Duì, néng mǎi.

131

11. Hören Sie sich den Dialog an und beantworten Sie die folgenden Fragen, auch wenn Sie vielleicht nicht jedes Wort verstehen.

Frage 1: Was für ein Produkt sucht der Kunde in der Apotheke?

a) xī|yào

b) zhōng|yào

c) zhǐ|tòng|yào

Frage 2: Für wen ist das Medikament bestimmt?

a) für ein Kind

b) für die Ehefrau des Kunden

c) für seine Freundin Cheng Ren

d) den Kunden selbst

Frage 3: In welcher Dosierung soll das Medikament eingenommen werden?

a) jeden Tag drei Tabletten

b) alle drei Tage eine Tablette

c) jeden Tag eine Tablette

Übungen zu den Dialogen A 5 bis A 7

12. Formen Sie die Fragesätze mit *ma* in Fragesätze mit Verneinung um.

a) Nín xiàn|zài shū|fu ma?
b) Yī|sheng gěi nǐ kāi gè yào|fāng ma?
c) Wǒ yào tuō shàng|yī ma?
d) Nín yào tā měi tiān chī liǎng piàn ma?
e) Tóu jīn|tiān téng ma?
f) Nǐ dù|zi hěn è ma?

13. Welches Wort in den Spalten passt jeweils nicht zu den anderen?

a)	dǎ|zhēn	b)	míng|piàn	c)	xīng|qī
	jié|hūn		yào|piàn		xiàn|zài
	shēn hū|xī		zhè|li		jīn|tiān
	tǎng|xià		shàng|yī		nián
	chī yào|piàn		dù|zi		shū|fu

14. Welche Begriffe sind in diesen Wortreihen enthalten und was bedeuten sie?

a) t ǎ n g x i à s ā n z h è l i x i à n z à i s h ì g ě i
b) m í n g z i j ī n t i ā n r è n s h i d ǎ z h ē n d ì f a n g
c) s h à n g y ī z h à n g f u k ā i s h ǐ y ě x u é k ā i
d) m a t é n g x i ā n s h e n g s h ē n h ū x ī t ā m e n
e) y à o f á n g s u ì s h é n m e s h í h o u q ī t u ō

15. Hören Sie sich die Dialoge der Lektionstexte A5 bis A7 an und stellen Sie folgende Aussagen dazu richtig. Verwenden Sie vollständige Sätze.

a) Nín hěn shū|fu.
b) Nín de dù|zi zuó|tiān (gestern) kāi|shǐ téng.
c) Yī|sheng qǐng nín tuō kù|zi.
d) Nín bú yào (*hier:* brauchen) tǎng|xià.
e) Nín gěi yī|sheng dǎ|zhēn.
f) Yào|piàn nín měi tiān yào chī sì piàn.

16. Bringen Sie die Fragen und Aufforderungen der Ärztin in eine sinnvolle Reihenfolge.

a) Qǐng nín zhè|li tǎng|xià.
b) Nín chī zhè liǎng ge yào|piàn.
c) Nín de xiōng|bù (Brust) yě téng ma?
d) Nín tuō chèn|shān ba.
e) Jīn|tiān téng bù téng?
f) Nín nǎr bù shū|fu?

17. Pyramidensätze: Fügen Sie die angegebenen Wörter oder Wortgruppen nacheinander so zusammen, dass bei jedem Schritt ein sinnvoller und grammatikalisch korrekter Satz entsteht.

Beispiel: Nǐ bù shū|fu / jīn|tiān / nǎr

Nǐ bù shū|fu.
Nǐ **jīn|tiān** bù shū|fu.
Nǐ jīn|tiān **nǎr** bù shū|fu?

a) Wǒ hū|xī / shēn / kāi|shǐ / xiàn|zài
b) Yī|sheng kāi yào|fāng / gěi nǐ / jīn|tiān / yí ge / bù kāi
c) Tā qǐng yī|sheng / gěi tā / dǎ|zhēn / de hái|zi
d) Tā chī / yào|piàn / yào / shén|me shí|hou / zhè ge
e) Wǒ tuō shàng|yī / yào tuō / hái|shi kù|zi / yào

18. Füllen Sie die Lücken mit passenden Wörtern.

a) Hái|zi ______ bú yào ______ tā de shàng|yī?
b) Wǒ ______ bèi|bù ______ téng.
c) Tā ______ cì ______ sān ______ yào|piàn.
d) ______ qǐng tā ______ hū|xī.
e) Měi cì wǒ dù|zi ______ wǒ yào chī ______ ge ______ .
f) Nǐ ______ shí|hou ______ bù shū|fu?

132

19. Hören Sie sich einige Fragen an, die Ihnen der Arzt stellt. Geben Sie auf diese Fragen Antworten Ihrer Wahl. Sie können dabei folgende Vokabeln benutzen.

bèi|bù   xiōng|bù (Brust)   tóu
zuó|tiān zǎo|shang/wǎn|shang   ______ tiān qián (vor ______ Tagen)
Kě|yǐ, dàn|shi______ (Das geht, aber)   pà (Angst haben vor ...)

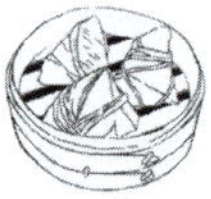

Übungen zum Dialog B 3

20. Ordnen Sie die einzelnen Wörter zu grammatikalisch richtigen Sätzen

a) shí|hou / kāi|shǐ / chī yào / shén|me / nǐ
b) xīng|qī / dé le liú|gǎn / tā / hòu / yí ge
c) hū|xī / qǐng / shēn / wǒ / yī|sheng
d) dài|fu / tā / gěi / dǎ|zhēn / kě|yǐ / zài / ma
e) zuì|hǎo / hǎo|hǎo / jīn|tiān / xiū|xi / nǐ|men

21. Wie könnten die Fragen zu den gegebenen Antworten lauten?

a) A: Wǒ _____ ?
B: Nín bú yào zài chī yào|piàn.
b) A: Dài|fu, wǒ yǒu _____ ?
B: Nín zhòng|shǔ le (Hitzschlag bekommen).
c) A: Jīn|tiān _____ hē _____ ma?
B: Bù hǎo! Nín zuì|hǎo liǎng tiān bù hē jiǔ ba.
d) A: _____ yào zài lái?
B: Nín nán|péng|you yào yí ge xīng|qī hòu zài lái.
e) A: Wǒ yào xiū|xi _____?
B: Nǐ yào hǎo|hǎo xiū|xi sān tiān ba!

22. Bilden Sie unter Verwendung der vorgegebenen Wörter vollständige Sätze.

Beispiel: yī|sheng / tǎng|xià / xiàn|zài → Yī|sheng xiàn|zài yào wǒ tǎng|xià.
a) kāi|shǐ / téng / tóu
b) zài / jiǔ / (yǐ)hòu
c) měi cì / dǎ|zhēn / dài|fu
d) xiū|xi / bù kě|yǐ / máng
e) jiào / yào|piàn / Ā|sī|pǐ|lín

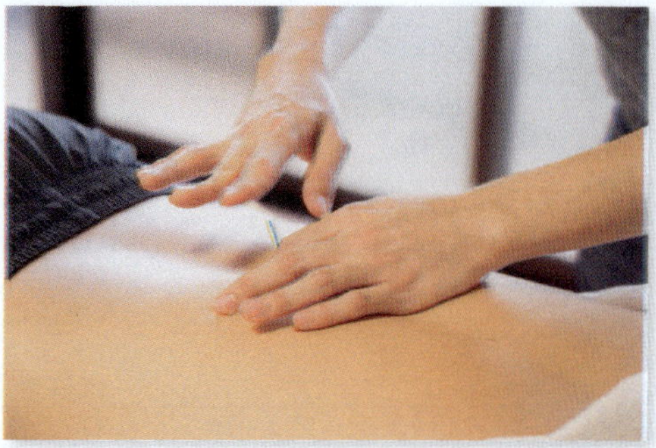

23. Sie begleiten einen kranken Angehörigen, der kein Chinesisch spricht, zum Arzt. Dort fragen Sie für ihn ...

a) ... welche Kleidungsstücke Ihr Angehöriger ausziehen muss. Die Oberbekleidung oder auch die Hose?

b) ... ob sich Ihr Angehöriger hinlegen soll?

c) ... ob er Medizin benötigt?

d) ... ob der Arzt/die Ärztin ihm ein Rezept verschreiben kann?

e) .... wie viele Tabletten Ihr Angehöriger einnehmen soll?

f) ... wie lange er die Tabletten nehmen muss?

g) ... ob er am besten Wasser (shuǐ) oder Tee (chá) trinken soll?

h) ... ob er morgen (míng|tiān) noch einmal wiederkommen muss?

Die Haushaltshilfe

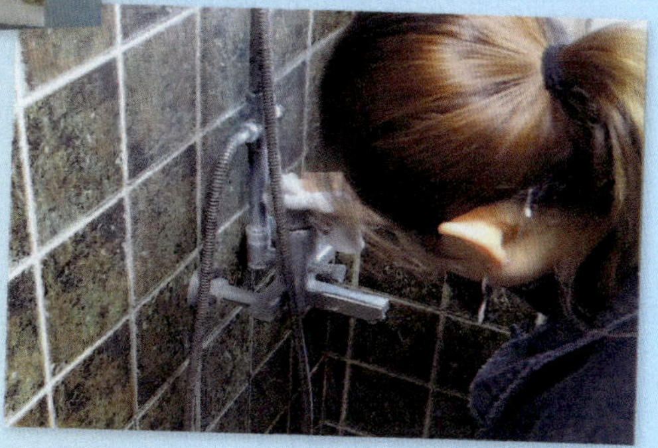

Städtische Familien in China, die es sich leisten können, beschäftigen gerne eine Haushaltshilfe, ā|*yí*. Sie ist nicht nur fürs Einkaufen, Kochen und Saubermachen zuständig, sondern passt oft auch noch auf die Kinder auf, bringt sie zur Schule oder hilft ihnen bei den Hausaufgaben. Eine *Ayi* kann eine einfache Wanderarbeiterin sein, die nur über geringe Bildung verfügt, keine Fremdsprachen und nur schlechtes Hochchinesisch spricht. Sie kann aber auch gebildeter sein und – in seltenen Fällen – (etwas) Englisch sprechen.

In vielen Städten gibt es spezielle Vermittlungsagenturen für Haushaltshilfen, die meistens auch eine Internetseite haben. Daneben inserieren *Ayis* mit Englischkenntnissen gelegentlich in Stadtmagazinen. Einer der besten und oft schnellsten Wege ist allerdings die persönliche Empfehlung durch Arbeitskollegen und Nachbarn oder deren *Ayi*, die Arbeit suchende Kolleginnen kennt. Im Idealfall kann man die *Ayi* eines in die Heimat zurückkehrenden Kollegen sogar direkt übernehmen.

Noch vor der Einstellung sollte man mit der *Ayi* möglichst viele Details ihrer Arbeit klären. Dazu gehören nicht nur Aufgaben und Arbeitszeiten, sondern auch die Regelung von Überstunden, Ferien und Krankheitsurlaub sowie die Punkte allgemeine Feiertage, Gesundheitszeugnis und Impfnachweise, Gehalt, Gehaltserhöhungen bei langfristiger Anstellung sowie der in China häufig gezahlte Neujahrsbonus.

„Die Fenster brauchen Sie noch nicht zu putzen."
Saubermachen und Aufräumen

Beim Aufräumen, Putzen und der Beurteilung von Sauberkeit spielen nicht nur persönliche Vorlieben und Gewohnheiten, sondern auch kulturelle Standards eine Rolle. Vor allem mit einer *Ayi*, die bislang noch nie für Ausländer gearbeitet hat, sollte man daher erst eine Probezeit vereinbaren. Die Einarbeitung kann man auch dazu nutzen, auf Dinge hinzuweisen, die nicht berührt, durcheinandergebracht oder weggeräumt werden dürfen.

Stufe A

A 1

133

Sie geben Ihrer Ayi die Anweisung, bestimmte Räume sauberzumachen.

Sie: Ā|yí, jīn|tiān nǐ xiān dǎ|sǎo shū|fáng.

Ayi: Hǎo a. Rán|hòu ne?

Sie: Rán|hòu nǐ dǎ|sǎo chú|fáng.

Baukasten
míng|tiān: morgen
shàng|wǔ: Vormittag
xià|wǔ: Nachmittag

ā|yí	Haushaltshilfe, Kindermädchen	阿姨	yi = i
jīn|tiān	heute	今天	j = dsch; ~ian = ienn
xiān	zuerst	先	x = (i)**ch**
dǎ|sǎo	sauber machen, kehren	打扫	
shū|fáng	Arbeitszimmer	书房	
rán|hòu	danach, dann	然后	r = (engl.) car; h = (Ba)**ch**
chú|fáng	Küche	厨房	ch = tsch

Zeitangaben (S. 240)

A 2

Die Fenster eines Raumes müssen geputzt werden.

134

Sie: Yù|shì de chuāng|hu hěn zāng. Qǐng nǐ cā gān|jìng.

Ayi: Cè|suǒ de chuāng|hu ne?

Sie: Cè|suǒ de chuāng|hu hái hěn gān|jìng, bú|yòng cā.

yù|shì	Badezimmer	浴室	yu = ü, shi = ch + (engl.) is
chuāng|hu	Fenster	窗子	
zāng	schmutzig	脏	z = ds
qǐng	bitte, bitten	请	
cā gān|jìng	(ab)putzen, aufwischen	擦干净	
cā	wischen	擦	c = ts
gān|jìng	sauber	干净	
cè|suǒ	Toilette	厕所	
bú|yòng	nicht brauchen, nicht nötig sein	不用	~ong = ~ung

Modalverben (S. 227)

Stufe B

B 1

Die Ayi soll sich beim Aufräumen um bestimmte Dinge nicht kümmern.

135

Sie: Qǐng nǐ zhěng|lǐ shū|fáng.
Kě|shì bié dòng zhè xiē dōng|xi.

Ayi: Wǒ míng|bai.

Baukasten
cán|shì: Esszimmer
wò|shì: Schlafzimmer
kè|tīng: Wohnzimmer
hái|zi de fáng|jiān: Kinderzimmer

zhěng|lǐ	in Ordnung bringen	整理	zh = dsch
kě|shì	aber	可是	
bié	nicht (tun sollen)	别	~ie = ~ieah
dòng	berühren, anfassen	动	
zhè xiē	diese hier	这些	
dōng|xi	Ding, Sache	东西	
míng|bai	verstehen	明白	

Verneinung mit *bié* (Aufforderungen) (S. 236)
Demonstrativpronomen (S. 224)
Zähleinheitswörter (S. 238)

B 2

136 *Ihre Ayi will wissen, ob sie die Blumen in einem Zimmer gießen soll.*

Ayi: Zhè ge fáng|jiān de huā yào jiāo|shuǐ ma?

Sie: Zhè xiē huā yào měi|tiān jiāo|shuǐ. Nà xiē huā wǒ zì|jǐ jiāo|shuǐ.

fáng|jiān	Raum, Zimmer	房间	
huā	Blume	花	
yào	*hier:* sollen, müssen	要	
jiāo|shuǐ	(Pflanzen) gießen	浇水	~ui = ~uej
měi|tiān	jeden Tag	每天	~ei = ~ej
nà xiē	diese dort, jene	那些	
zì|jǐ	selbst	自己	

137

Mögliche weitere Anweisungen für Ihre Ayi:		
Dieses Zimmer brauchen Sie nicht sauber zu machen.	Zhè ge fáng|jiān nǐ bú|yòng dǎ|sǎo.	这个房间你不用打扫。
Hier ist es noch nicht sauber genug. Bitte gehen Sie noch mal drüber.	Zhè|li hái bú gòu gān|jīng. Qǐng nǐ zài xǐ yì xǐ.	这里还不够干净。请你再洗一洗。
An dieser Stelle verwenden Sie dieses Putzmittel hier und nicht das dort.	Zhè|li nǐ yòng zhège xǐ|dí|jì, bú yào yòng nàge xǐ|dí|jì.	这里你用这个洗涤剂，不要用那个洗涤剂。
Diese Sachen dürfen nicht woandershin gestellt/geräumt werden.	Zhè xiē dōng|xi bié fàng zài bié de dì|fang.	这些东西别放在别的地方。
Die Toilette/der Abfluss ist verstopft. Bitte rufen Sie jemanden zum Reparieren.	Mǎ|tǒng / wū|shuǐ |guǎn dǔ|sè le. Qǐng jiào rén lái xiū.	马桶 / 污水管 堵塞了。请叫人来修。

„Wo ist das Bügeleisen?" – Wäsche

Nicht immer sind *Ayis* im Umgang mit Waschmaschinen geschult, vor allem dann nicht, wenn es sich um westliche Fabrikate handelt, die im Unterschied zu vielen chinesischen auch heiß waschen. Hier sind genaue Instruktionen hilfreich, auch dazu, welche Kleidungsstücke auf keinen Fall in die Waschmaschine dürfen. Ähnliches gilt für die Verwendung von (westlichen) Bügeleisen oder die Dosierung von Waschmitteln.

A 3

138

Auf der Waschmaschine steht eine Packung Waschmittel mit deutscher Aufschrift.

Sie: Qǐng nǐ xǐ zhè xiē yī|fu.

Ayi: Hǎo a ... Zhè shì xǐ|yī|fěn ba?

Sie: Duì.

Baukasten
chèn|shān: Hemden, Blusen
kù|zi: Hose
wà|zi: Strümpfe, Socken
yǒu|sè yī|fu: Buntwäsche

xǐ	waschen	洗	x = (i)ch
zhè xiē	diese hier	这些	
yī|fu	Kleidung, Kleidungsstück	衣服	yi = i
xǐ|yī|fěn	Waschpulver	洗衣粉	
ba	*Vermutungspartikel*	吧	
duì	genau, richtig	对	~ui = ~uej

Partikel *ba*: Vermutung (S. 228)

A 4

139

Ihre Ayi soll einige Kleidungsstücke bügeln.

Sie: Nǐ tàng zhè xiē kù|zi ba.

Ayi: Xiān|sheng, yùn|dǒu zài nǎr?

Sie: Zài nàr.

tàng	bügeln	烫	
ba	*Vorschlags- oder Aufforderungspartikel*	吧	
yùn|dǒu	Bügeleisen	熨斗	yun = ünn
zài	sich befinden, (da) sein	在	z = ds
nǎr	wo, wohin	哪儿	
nàr	dort (drüben)	那儿	

Fragewörter (S. 225)
Partikel *ba*: Vorschlag oder Aufforderung (S. 228)

Stufe B

B 3

Sie sprechen mit Ihrer Ayi über den Umgang mit verschiedenen Kleidungsstücken.

140

Ayi: Xī|zhuāng kě|yǐ yòng xǐ|yī|jī xǐ ma?
Sie: Bù xíng! Xī|zhuāng bú yào xǐ.
Ayi: Máo|yī ne?
Sie: Máo|yī yào yòng shǒu xǐ.
Ayi: Hǎo, wǒ yòng shǒu xǐ.
Sie: Xiè|xie ā|yí.

Baukasten
rè|shuǐ: heißes Wasser
liù|shí dù de shuǐ: 60 Grad heißes Wasser
lěng|shuǐ: kaltes Wasser

xī|zhuāng	Anzug	西装	zh = dsch
kě|yǐ	können, dürfen; es geht	可以	~e = (Lag)e
yòng	*hier:* mit	用	~ong = ~ung
xǐ|yī|jī	Waschmaschine	洗衣机	j = dsch
bù xíng	Das geht nicht. Das ist nicht möglich.	不行	
máo|yī	Pullover	毛衣	
shǒu	Hand	手	

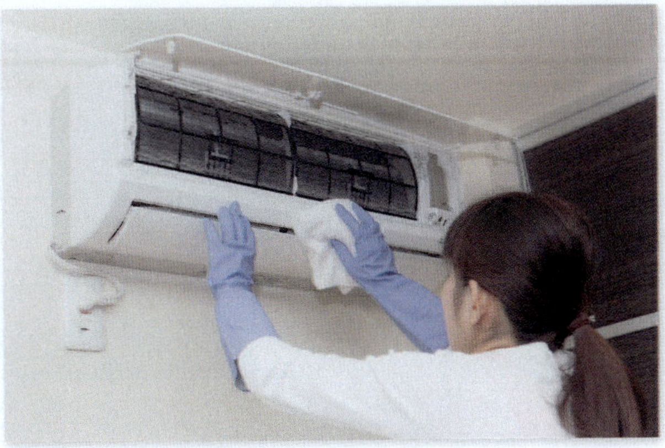

B 4

141 *Ihre Ayi macht Sie auf ein defektes Haushaltsgerät aufmerksam.*

Ayi: Xǐ|yī|jī huài le.

Sie: Ò, nǐ mǎ|shàng jiào rén lái xiū ba.

Baukasten
bīng|xiāng: Kühlschrank
xǐ|wǎn|jī: Geschirrspülmaschine
xī|chén|qì: Staubsauger

huài le	kaputt sein	坏了	
mǎ|shàng	sofort	马上	
jiào	rufen, heißen, genannt werden	叫	
rén	*hier:* jemand	人	r = (engl.) car
xiū	reparieren	修	~iu = ~iou

Partikel *le*: Veränderung einer Situation (S. 231)

142

Mögliche weitere Anweisungen für Ihre Ayi:		
Rufe jemanden, um die Mikrowelle/den Herd zu reparieren.	Jiào rén lái xiū wēi|bō|lú / diàn|zào.	叫人来修微波炉 / 电灶。
Bring diese Kleidungsstücke bitte in die Wäscherei/ Reinigung.	Zhè xiē yī|fu nǐ sòng dào xǐ|yī|diàn ba.	这些衣服你送到洗衣店吧。
Das Flüssigwaschmittel ist alle. Bitte kaufe neues.	Xǐ|yī|yè yòng wán le. Qǐng nǐ mǎi xīn de.	洗衣液用完了。请你买新的。
Bitte nähe diesen Knopf an.	Qǐng nǐ féng|shàng zhè ge kòu|zi.	请你缝上这个扣子。
Dieses aufgerissene Kleidungsstück muss genäht werden.	Zhè jiàn liè|kāi de yī|fu xū|yào féng|rèn.	这件裂开的衣服需要缝纫。
Bitte entferne diesen Fleck.	Qǐng nǐ xǐ|qù zhè ge wū|bān.	请你洗去这个污斑。

„Die Butter ist alle!" – Einkaufen

Sofern es sich nicht um spezielle Produkte handelt, die Sie lieber selbst auswählen möchten, kann die *Ayi* selbstverständlich auch für Sie einkaufen gehen.

A 5

Sie schicken Ihre Ayi zum Einkaufen.

143 Sie: Qǐng nǐ mǎi xī|hóng|shì hé xiāng|jiāo.

Ayi: Hǎo. Mǎi jǐ ge?

Sie: Nǐ kě|yǐ mǎi bā ge xī|hóng|shì hé shí ge xiāng|jiāo.

Baukasten
píng|guǒ: Apfel
jú|zi: Mandarine
jī|dàn: Ei

mǎi	kaufen	买	
xī|hóng|shì	Tomate	西红柿	x = (i)**ch**
hé	und	和	h = (Ba)**ch**
xiāng|jiāo	Banane	香蕉	
kě|yǐ	können, dürfen; es geht	可以	~iu = ~iou

A 6

Sie sagen Ihrer Ayi, welche Mengen Sie einkaufen soll.

144 Ayi: Nǐ|men hái yào shén|me?

Sie: Wǒ|men hái yào yì bāo dà|mǐ hé yì píng niú|nǎi.

Baukasten
yí dà bāo: eine große Packung
yì gōng|jīn: ein Kilo
cù: Essig
jiàng|yóu: Sojasoße
shí|yóu: Speiseöl

yào	*hier:* brauchen, benötigen	要	yao = iao
bāo	Packung, Tüte	包	
dà|mǐ	(ungekochter) Reis	大米	
píng	Flasche *(als Zähleinheitswort)*	瓶	
niú|nǎi	Milch	牛奶	

Stufe B

B 5

Ein bestimmtes Lebensmittel muss nachgekauft werden.

145 Sie: <u>Huáng|yóu</u> yòng wán le.
Qǐng nǐ mǎi xīn de.

Ayi: Yào jǐ jīn?

Sie: <u>Yì jīn</u> gòu le.

Baukasten
miàn|fěn: Mehl
pú|tao: Trauben
zhū|ròu: Schweinefleisch
bàn gōng|jīn: ein halbes Kilo

huáng|yóu	Butter	黄油	
yòng wán le	aufgebraucht, alle	用完了	
xīn de	ein Neues, eine Neue	新的	
jīn	Pfund	斤	j = dsch; ~in = ~inn
gòu le	genügen, ausreichen	够了	

Partikel *de*: Wegfall des Bezugsworts (S. 229)
Partikel *le*: Veränderung einer Situation (S. 231)

„Heute wollen wir um sechs essen." – Kochen

Chinesische Hausmannskost, *jiā|cháng|cài*, ist nicht jedermanns Geschmack, zumal wenn es sich um bäuerliche Küche handelt. Häufig wird sehr fett oder unter Zugabe von viel Glutamat, *wèi|jīng*, gekocht. Welche Zutaten oder Speisen man nicht mag, sollte man daher vorab klären oder die *Ayi* probeweise ein paar Gerichte zubereiten lassen.

Stufe A

A 7

146

Ihre Ayi möchte wissen, um wie viel Uhr Sie essen wollen und wie viele Gerichte sie zubereiten soll.

Ayi: Jīn|tiān nín yào shén|me shí|hou chī wǎn|fàn?

Sie: Liù diǎn.

Ayi: Yào chī jǐ ge cài?

Sie: Zuò sān ge cài ba: Liǎng ge xián de, yí ge tián de.

Baukasten
zǎo|fàn: Frühstück
zhōng|fàn: Mittagessen
bā diǎn: 08:00 Uhr
shí'èr diǎn bàn: 12:30 Uhr

yào	*hier:* wollen, mögen	要	
shén|me shí|hou	wann	什么时候	
chī	essen	吃	chi = tsch + (engl.) is
wǎn|fàn	Abendessen	晚饭	
diǎn	Uhr *(bei Zeitangaben)*	点	
cài	Gericht, Speise	菜	c = ts
zuò	machen; *hier:* zubereiten	做	
xián de	salzige (Gerichte)	咸的	~ian = ienn
tián de	süßes (Gericht)	甜的	

Uhrzeiten (S. 234)
Partikel *de*: Wegfall des Bezugsworts (S. 229)

Stufe B

B 6

147

Nach einem ersten Probekochen geben Sie Ihrer Ayi Feedback und nennen ihr einige Wünsche.

Sie: Zuò|fàn nǐ bú yào yòng wèi|jīng.

Ayi: Hǎo a. Zhá tǔ|dòu nín xǐ|huan chī ma?

Sie: Hěn xǐ|huan, kě|shi xià|cì nǐ yòng huáng|yóu chǎo ba.

Baukasten
tài duō là|jiāo: zu viel Chili
tài duō yán: zu viel Salz
tài duō yóu: zu viel Öl
zhè ge tiáo|liào: dieses Gewürz, diese Zutat

zuò|fàn	kochen	做饭	z = ds
wèi|jīng	Glutamat	味精	wei = uej
zhá tǔ|dòu	Bratkartoffeln	炸土豆	zh = dsch
xǐ|huan	mögen	喜欢	
xià|cì	das nächste Mal	下次	ci = ts + (engl.) is
chǎo	(an)braten	炒	ch = tsch

148

Mögliche weitere Anweisungen für Ihre Ayi:		
Dieses Gericht ist lecker, das können Sie wieder / oft machen.	Zhè ge cài hén hǎo|chī, nǐ zài / jīng|cháng zuò ba.	这个菜很好吃，你再/经常做吧。
Das Gericht da mögen wir nicht, Sie brauchen es nicht noch mal zu machen.	Nà ge cài wǒ|men bú tài xǐ|huan, bú yào zài zuò.	那个菜我们不太喜欢，不要再做。
Dieses Gericht ist kalt geworden, bitte machen Sie es nochmal warm.	Zhè ge cài lěng le, nǐ zài jiā|rè ba.	这个菜冷了，你再加热吧。

Die Haushaltshilfe – ÜBUNGEN

Übungen zu den Dialogen A 1 und A 2

1. Welches Wort in den Spalten passt jeweils nicht zu den anderen?

a)	b)	c)
máng	cè|suǒ	kòng
lèi	chú|fáng	yuè
qǐng	yù|shì	nián
zāng	shū|fáng	xīng|qī
gāo|xìng	dì|fang	tiān

2. Ordnen Sie die einzelnen Wörter zu grammatikalisch korrekten Sätzen.

a) cā / xiān / nǐ / chú|fáng
b) ma / hái|zi / ài / nǐ de / ā|yí
c) dǎ|sǎo / tài|tai / jīn|tiān / wǒ / shū|fáng
d) méi yǒu / chuāng|hu / cè|suǒ / zhè / liǎng ge
e) xué / ā|yí / bú|yòng / Dé|yǔ / wǒ|men de

3. Füllen Sie die Lücken mit passenden Wörtern.

a) Ā|yí xiān dǎ|sǎo shū|fáng _____ cè|suǒ?
b) Yù|shì bù _____, _____ nǐ hǎo hǎo (gründlich, ordentlich) dǎ|sǎo.
c) Ā|yí rèn|shi tā nǚ|péng|you, _____ rèn|shi tā nǚ|péng|you de bàba māma (Eltern).
d) Chuāng|hu hái bù _____, zhè ge xīng|qī _____ cā gān|jìng.

4. Schauen Sie sich die folgenden Bilder an und geben Sie Ihrer Ayi passende Arbeitsanweisungen.

a) *Arbeitsanweisung 1* *Arbeitsanweisung 2*

b)

c)

Übungen zu den Dialogen B 1 und B 2

5. Welche dieser Wörter passen jeweils in die Lücken? Mehrere Lösungen sind möglich.

yào	dǎ|sǎo	dòng	lái	cā	zhěng|lǐ	jiāo|shuǐ	ài

a) Ā|yí, nǐ hái yào ______ duō jiǔ?
b) Tā|men bú ______ zhè xiē dōng|xi.
c) Meier xiān|sheng jīn|tiān zì|jǐ ______ yù|shì hé [und] cè|suǒ.
d) Wǒ qù|guo nà xiē dì|fang, kě|shì bú ______ nà xiē dì|fang.
e) Tā fáng|jiān de huā, ā|yí měi|tiān ______.
f) Xīng|qī|sì qǐng nǐ bié ______ shū|fáng.

6. Formulieren Sie mithilfe von *zhè xiē* und *nà xiē* Gegensätze.

Beispiel: chuāng|hu + gān|jìng → Zhè xiē chuāng|hu gān|jìng, nà xiē chuāng|hu bù gān|jìng.

a) hái|zi + gāo|xìng
b) fáng|jiān + dà (groß)
c) rén + è
d) huā + yào jiāo|shuǐ
e) dōng|xi + tā míng|bai
f) chuāng|hu + wǒ zì|jǐ cā gān|jìng
g) péng|you + jié|hūn le

7. Sie haben Ihrer neuen Haushaltshilfe einen ersten Wochenarbeitsplan auf Deutsch geschrieben, aber wie sich schnell herausstellt, ist ihr Deutsch längst nicht so gut, wie Sie geglaubt haben. Vermitteln Sie Ihrer Ayi den Plan auf Chinesisch, damit sie sich Notizen dazu machen kann.

Montag	*Dienstag*	*Mittwoch*	*Donnerstag*	*Freitag*
Esszimmer	Arbeitszimmer	Badezimmer	Schlafzimmer	Badezimmer
Toilette	Kinderzimmer	Toilette	Wohnzimmer	Toilette
Blumen	Blumen	Blumen	Blumen	Blumen

Übungen zu den Dialogen A 3 und A 4

8. Welche Begriffe sind in diesen Wortreihen enthalten und was bedeuten sie?

a) t à n g g ā n j ì n g d u ì s ā n z h è x i ē h ǎ o y ù s h ì
b) x ǐ y ī f ē n j ī n t i ā n s h ì x i ǎ o j i e c h ú f á n g b a
c) r á n h ò u y ī f u z ā n g t ā y ě z à i y ù n d ǒ u n à r
d) c è s u ǒ k ù z i g ā n j ì n g n ǐ b ú y ò n g x i ā n
e) s h ū f á n g b ā b ù x í n g ā y í c ā d ǎ s ǎ o w ǒ

9. Welche Antworten passen zu welchen Äußerungen?

a) Nǐ dǎ|sǎo yù|shì ba.	1) Zhè xiē chuāng|hu yě bú|yòng cā gān|jìng.
b) Nǐ|men yǒu ā|yí ma?	2) Zài shū|fáng.
c) Tā de ā|yí jiào shén|me?	3) Duì.
d) Shū|fáng de chuāng|hu ne?	4) Hǎo a!
e) Zhè xiē yī|fu yào tàng ba?	5) Hái méi yǒu.
f) Wǒ de yī|fu zài nǎr?	6) Wǒ bú rèn|shi tā.

10. Pyramidensätze: Fügen Sie die angegebenen Wörter oder Wortgruppen nacheinander so zusammen, dass bei jedem Schritt ein sinnvoller und grammatikalisch korrekter Satz entsteht.

Beispiel: tā cā / zhè xiē / chuāng|hu / zāng de

Tā cā.

Tā cā **chuāng|hu**.

Tā cā **zhè xiē** chuāng|hu.

Tā cā zhè xiē **zāng de** chuāng|hu.

a) Tā zài / Běi|jīng / hái|shi zài Shàng|hǎi / jīn|tiān
b) Wǒ yǒu / yùn|dǒu / hé (und) xǐ|yī|fěn / méi / hái
c) Ā|yí dǎ|sǎo / shū|fáng / tā|men de / xīng|qī|wǔ / bù gān|jìng de
d) Nǐ zài / yī|fu / chú|fáng / wǒ|men de / xǐ
e) Zhè shì chèn|shān / bú / nǐ de / yě / ba

149

11. Hören Sie sich den Dialog an und beantworten Sie die folgenden Fragen, auch wenn Sie vielleicht nicht jedes Wort verstehen.

a) Welche Antwort bekommt die Ayi auf ihre Frage?

b) Welches Kleidungsstück soll gewaschen werden?

c) Welchen Gegenstand sucht die Ayi und wo kann sie ihn finden?

Übungen zu den Dialogen B 3 und B 4

12. Beschreiben Sie, was Ihre Ayi tun soll.

a) Hemden mit der Hand waschen

b) Hose mit kaltem Wasser waschen

c) einen Anzug bügeln

d) Kleidung in der Maschine waschen

e) jemanden für die Reparatur des Staubsaugers anrufen

13. Ein guter Bekannter von Ihnen gibt seiner Ayi eine Reihe von Arbeitsanweisungen für den Tag. Allerdings verwendet er dabei in jedem Satz ein falsches chinesisches Wort, sodass seine Haushaltshilfe völlig verwirrt ist und gar nichts mehr versteht. Greifen Sie helfend ein und stellen Sie die Sätze Ihres Bekannten richtig.

a) Qǐng tàng nà xiē huā.

b) Nǐ kě|yǐ zhěng|lǐ xǐ|yī|jī.

c) Zhè xiē xī|zhuāng yào měi|tiān jiāo|shuǐ.

d) Chú|fáng yào yòng shǒu xǐ.

e) Yù|shì bú|yòng mǎ|shàng xiū.

f) Xǐ|yī|jī huài le. Nǐ jiào rén lái cā gān|jìng ba.

14. Bilden Sie unter Verwendung der folgenden Wörter vollständige Sätze.

Beispiel: bié / xǐ|yī|jī / xǐ / zhè xiē → Qǐng (nǐ) bié yòng xǐ|yī|jī xǐ zhè xiē yī|fu.

a) yùn|dǒu / huài le / zì|jǐ / xiū

b) cā / jiào / ā|yí / cè|suǒ

c) měi|tiān / yī|fu / shǒu

d) mǎ|shàng / máo|yī / yòng / xǐ

e) rén / ma / xiū / yào

Übungen zu den Dialogen A 5 und A 6

15. Schreiben Sie mithilfe der angegebenen Mengen Ihren Einkaufszettel.

bāo	ge	píng	xiǎo bāo	gōng|jīn	dà bāo

a) 1 kleines Paket Waschpulver
b) 3 Flaschen Milch
c) 1 große Tüte mit Bananen
d) 1 Bügeleisen
e) 1 Flasche Sojasoße
f) 2 Birnen (lí|zi)
g) 10 Eier
h) 4 Kilo Reis

16. Schicken Sie Ihre Ayi zum Einkaufen. Sagen Sie ihr, was Sie brauchen bzw. was sie besorgen soll.

a) Fünf Bananen und zwölf Eier
b) 15 Mandarinen und drei Flaschen Milch
c) Waschpulver und eine Schachtel Wäscheklammern (yī|jiā)
d) Sieben Birnen (lí|zi) und neun Bananen
e) Vier Tomaten und sechs große (dà) Äpfel
f) Zwei Packungen Reis und Schweizer Schokolade (qiǎo|kè|lì)

Übungen zum Dialog B 5

17. Welche dieser Wörter passen jeweils in die Lücken? Mehrere Lösungen sind möglich.

yòng	kě|yǐ	huài le	yào	zhěng|lǐ	gòu le	dòng	mǎi	zài	yǒu	xíng

a) Zhè ge dì|fang de pú|tao bù hǎo, nǐ bú _____ mǎi.
b) Xǐ|yī|fěn _____ wán le, nǐ _____ mǎi yì bāo.
c) Huáng|yóu yào _____ nǎr _____?
d) Wǒ|men hái _____ niú|nǎi, bú _____ mǎi xīn de.
e) Xǐ|wǎn|jī _____, qǐng bié _____ tā.
f) Yì jīn xī|hóng|shì bú _____, yào _____ yì gōng|jīn.
g) Jīn|tiān nǐ xiān _____ fáng|jiān, rán|hòu mǎi xiāng|jiāo, _____ ma?

150 **18. Herr Schmitt ruft seine Ayi Xiaoyan an. Hören Sie sich das Gespräch an und beantworten Sie die folgenden Fragen, auch wenn Sie vielleicht nicht jedes Wort verstehen.**

a) Warum bittet Herr Schmitt seine Ayi, für ihn ein paar Dinge einzukaufen?
b) Welche Dinge soll Xiaoyan in jeweils welchen Mengen einkaufen?
c) Welche Dinge braucht Xiaoyan nicht zu besorgen?

Übungen zum Dialog A 7

19. Ordnen Sie die einzelnen Wörter zu grammatikalisch korrekten Sätzen.

a) hái|zi / yào / nǐ de / shén|me / chī
b) chī / jīn|tiān / tā|men / tián de / cài / bù / yào
c) xǐ / yī|fu / shén|me shí|hou / zāng de / tā / zhè xiē
d) wǔ ge / ā|yí / zuò / cài / yào / wǒ|men de
e) qī / wǎn|fàn / hé / diǎn / wǒ / wǒ tài|tai / chī
f) xián de / ba / zuò / nǐ / cài / bú|yòng

20. Geben Sie Ihrer Ayi genaue Anweisungen, um wieviel Uhr sie welche Tätigkeiten ausführen soll.

8:00 Bad putzen
8:30 Wohnzimmer kehren
9:00 Waschpulver kaufen
10:30 Kleider waschen
11:30 Mittagessen zubereiten

Übungen zum Dialog B 6

21. Bilden Sie unter Verwendung der folgenden Wörter vollständige Sätze.

Beispiel: jīn|tiān / tián de / chī / sān → Wǒ jīn|tiān chī sān ge tián de cài.

a) xǐ|huan / hěn / xī|hóng|shì / nán|péng|you

b) bié / xià|cì / wèi|jīng / ā|yí

c) zì|jǐ / měi|tiān / zuò|fàn

d) Zhōng|guó / bú shì / zhá tǔ|dòu

e) liǎng / chǎo / huáng|yóu / cài

f) jīn|tiān / cài / yào / Dé|guó

151 **22. Hören Sie sich den Dialog an und beantworten Sie die folgenden Fragen, auch wenn Sie vielleicht nicht jedes Wort verstehen.**

a) Auf welche Weise beschreibt die Person seiner Ayi das Gericht, auf das er sie anspricht?

b) Wie heißt es?

c) Was zählt die Ayi am Schluss des Dialogs auf?

Kinder

„Sie haben sehr süße Kinder!“ – Mit Kindern unterwegs

Wenn Sie mit Kindern unterwegs sind, werden Sie oft angesprochen. Von Interesse ist für die Leute vor allem, ob Sie Mädchen oder Jungen haben und wie alt die Kinder sind.

Es wird auch immer wieder passieren, dass Fremde ihre Kinder berühren möchten. Das ist zwar als freundliche Geste gemeint, kann für Sie – oder auch für Ihr Kind – aber sehr unangenehm sein. Eine höfliche Zurückweisung ist hier angebracht. Sollte sich jemand wirklich sehr lästig verhalten, empfiehlt es sich, die Person mit einer deutlichen Geste vom Kind wegzuweisen mit den Worten *bù* oder *Bú yào!*, „nicht!“ Ebenso beliebt ist es, ausländische Kinder zu fotografieren, weil sie oft als besonders süß empfunden werden. Das ist als positive Aufmerksamkeit gemeint, doch den wenigsten Motivjägern scheint klar zu sein, dass sie nicht die ersten sind und ihr Wunsch daher eher als Belästigung wahrgenommen wird. Entscheiden Sie hier nach Situation, ob und wie streng Sie deren Ansinnen zurückweisen.

Stufe A

A 1

152

In einem Park kommt eine ältere Dame begeistert auf Ihre beiden Kinder zu.

Passantin: Nán|hái hái|shi nǚ|hái?

Sie zeigen zuerst auf das eine, dann auf das andere Kind.

Sie: Tā shì nǚ|hái, tā shì nán|hái.

Passantin: Tā|men jǐ suì?

Sie: Nǚ|hái <u>liǎng suì</u>, nán|hái <u>liù ge yuè</u>.

Baukasten
Verwenden Sie auch andere Altersangaben.

Fragewörter (S. 225)

Stufe B

B 1

153

Ein älteres Ehepaar möchte gerne ein gemeinsames Foto mit Ihrem Kind machen. Sie lehnen freundlich ab.

Frau: Nǐ de hái|zi tài kě|ài le.

Sie: Nǎli nǎli.

Frau: Yì|qǐ pāi|zhào ba.

Sie: Duì|bu|qǐ, wǒ de hái|zi bú ài pāi|zhào.

tài ... le	sehr, zu (sehr)	太 ... 了	
kě|ài	süß, niedlich	可爱	~e = (Lag)**e**
yì|qǐ	zusammen	一起	yi = i; q = tsch
pāi|zhào	ein Foto machen, fotografieren	拍照	zh = dsch
ba	*Vorschlags- oder Aufforderungspartikel*	吧	

Partikel *ba*: Vorschlag oder Aufforderung (S. 228)

„Was kostet ein Ticket für Kinder?“ – Eintritts- und Fahrkarten

Auch in China gibt es für Kinder vergünstigte Fahrkarten und Eintrittspreise. Oft richtet sich die Ermäßigung dabei jedoch nicht, wie bei uns, nach dem Alter des Kindes, sondern nach dessen Größe. Die Grenze liegt häufig bei 1,20 Metern, und meist findet sich irgendwo eine Messlatte oder ein entsprechend hoher Durchgang.

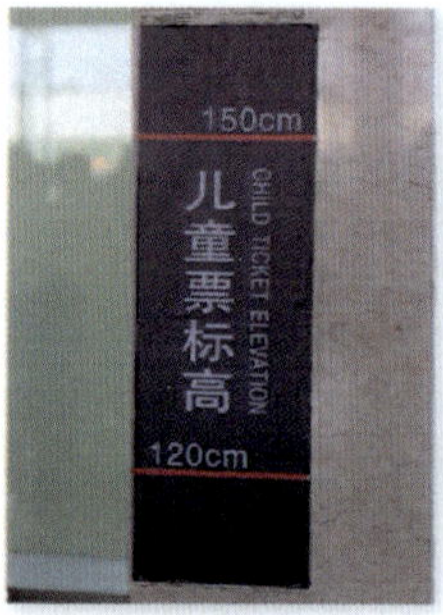

Stufe A

A 2

Sie besuchen eine Tempelanlage und fragen nach dem Eintrittspreis für Kinder.

154

Sie: Ér|tóng piào duō|shao qián?

Verkäufer: Hái|zi duō gāo?

Sie: Yī mǐ yī.

Verkäufer: Shí kuài qián.

ér|tóng piào	Kinderticket	儿童票	r = (engl.) car; ~ong = ~ung
duō|shao	wieviel, wie viele	多少	
qián	Geld	钱	~ian = ienn
duō gāo	wie groß	多高	
gāo	hier: groß (bei Personen)	高	
mǐ	Meter	米	
Kuài	*Umgangssprachlich für Yuán*	块	

Geldeinheiten (S. 226)
Fragewörter: *duō* als Fragewort (S. 225)

„Haben Sie eine Gabel?“ – Mit Kindern essen

Wenn Sie mit kleinen Kindern unterwegs sind, die noch nicht zusammen mit den Erwachsenen essen, sollten Sie am besten alles Nötige dabeihaben. Aber auch bei größeren Kindern kann es sein, dass Sie beispielsweise sicher gehen wollen, dass das Essen nicht zu scharf ist.

Stufe A

A 3

Sie sind nicht sicher, ob das bestellte Essen zu scharf für Ihr Kind ist.

155

Sie: Zhè ge cài là bú là?

Bedienung: Yǒu|diǎn là.

Die Bedienung zeigt auf ein anderes Gericht der Karte.

Bedienung: Zhè ge cài bú là.

Sie: Hǎo, lái yí ge ba.

cài	Gericht, Speise	菜	c = ts
là	scharf	辣	
yǒu|diǎn	ein wenig	有点	~ian = ienn
lái	*hier:* Bringen Sie..., bringen	来	
ba	*Vorschlags- oder Aufforderungspartikel*	吧	

Adverbien: Das Adverb *yǒu|diǎn* (S. 223)
Fragesätze mit Verneinung (S. 224)
Partikel *ba*: Vorschlag oder Aufforderung (S. 228)

A 4

156

Ihr Kind kann noch nicht mit Stäbchen essen und Sie haben kein eigenes Besteck dabei.

Sie: Nǐ|men yǒu méi yǒu sháo|zi?

Bedienung: Yǒu, děng yí|xià.

Baukasten
dāo|chā: Messer und Gabel

sháo|zi	Löffel	勺子	zi = ds + (engl.) is
děng	warten	等	
yí|xià	mal eben, mal kurz, einen Moment	一下	x = (i)**ch**

Zu *yí|xià* siehe: Verbverdopplung (S. 235)

„Wo kann ich dem Baby die Windeln wechseln?“ – Wickeln

Unterwegs mit Säuglingen und Wickelkindern werden Sie es nicht immer leicht haben, einen ruhigen und angenehmen Platz zu finden, an dem Sie wickeln oder stillen können.

Stufe A

A 5

157

Sie fragen im Restaurant nach einem Platz zum Wickeln.

Sie: Qǐng|wèn, gěi hái|zi huàn niào|bù qù nǎr?

Bedienung: Wǒ dài nǐ qù.

Baukasten
wèi|nǎi: stillen

gěi	*Dativmarkierung*	给	~ei = ~ej
huàn	umtauschen, wechseln	换	
niào|bù	Windeln	尿布	
qù	hingehen, hinfahren, zu/zum/zur ... (Ziel)	去	qu = tschü
nǎr	wo, wohin	哪儿	
dài	*hier:* hinbringen	带	

Dativ mit *gěi* (S. 223)

„Geben Sie den Kindern keine Schokolade."
Kinderbetreuung zuhause

Natürlich wird es Ihnen vor allem am Herzen liegen, dass Ihr Kindermädchen, *ā|yí,* liebevoll mit den Kindern umgeht. Wenn Sie gleichzeitig aber auch klare Vorstellungen darüber haben, was die Kinder zuhause dürfen und was nicht, wann die Essenszeiten sind und wie mit kindlichen Tränen umgegangen werden soll, müssen Sie das mit Ihrer *Ayi* besprechen.

Stufe A

A 6

Baukasten
tián|shí: Süßigkeiten
táng|guǒ: Bonbon
ròu: Fleisch

Sie geben der Ayi Hinweise, was Ihr Kind nicht essen soll.

158

Sie: Ā|yí, qǐng nǐ bú yào gěi tā chī qiǎo|kè|lì.

Ayi: Hǎo.

ā|yí	*hier:* Kindermädchen	阿姨	
qǐng	bitte, bitten	请	
yào	*hier:* sollen	要	
gěi	*hier:* lassen	给	~ei = ~ej
chī	essen	吃	chi = tsch + (engl.) is
qiǎo|kè|lì	Schokolade	巧克力	q = tsch

Stufe B

B 2

159 *Sie sagen der Ayi, dass Ihr Kind selbst entscheiden soll, wann es satt ist.*

Sie: Tā chī|bǎo le, nǐ jiù bié ràng tā zài chī le.

chī|bǎo le	satt sein	吃饱了	
ràng	lassen, veranlassen	让	r = (engl.) ca**r**
zài chī	weiter essen	再吃	

Partikel *le* (S. 231)

B 3

160 *Ihre Kinder sollen nicht fernsehen, während Sie weg sind.*

Sie: Āyí, jīn|tiān tā|men bú kě|yǐ kàn diàn|shì.

Ayi: Tā|men hěn ài kàn dòng|huà|piàn.
Dòng|huà|piàn yě bù néng kàn ma?

Sie: Yě bù néng kàn. Tā|men yě bú kě|yǐ wán diàn|nǎo yóu|xì.

Ayi: Hǎo.

kě|yǐ	*hier:* dürfen	可以	
kàn	(an)schauen, sehen	看	
diàn|shì	Fernsehen	电视	shi = sch + (engl.) is
dòng|huà|piàn	Trickfilm	动画片	~ong = ~ung
néng	können, dürfen	能	
wán	spielen, sich amüsieren	玩儿	wanr = wa'er
diàn|nǎo	Computer	电脑	
yóu|xì	Spiel	游戏	

Zeitangaben (S. 240)
Modalverben (S. 227)

„Bringen Sie Karlo in den Kindergarten“ Fahrdienste für die Kinder

Wenn Sie einen eigenen Wagen haben, können Sie dort natürlich einen Kindersitz oder eine Babyschale einbauen. In Taxis werden Sie Kindersitze in aller Regel nicht vorfinden. Sollte Ihnen dagegen ein eigener Fahrer, *sī|jī*, zur Verfügung stehen, werden Sie diesen eventuell bisweilen bitten, Ihr Kind irgendwo hinzubringen oder abzuholen.

A 7

Ihr Fahrer möchte wissen, wann er Ihren Sohn Tom in der Schule abholen soll.

161 Fahrer: Jīn|tiān jǐ diǎn jiē Tom?

Sie: Sān diǎn bàn.

Fahrer: Hǎo.

jīn|tiān	heute	今天	
diǎn	Uhr *(bei Zeitangaben)*	点	
jiē	abholen	接	~ie = ~ieah
bàn	halb, Hälfte	半	

Uhrzeiten (S. 234)

A 8

Sie bitten den Fahrer, Ihren Sohn Luka zum Kindergarten zu bringen.

162 Sie: Qǐng nǐ sòng Luka qù yòu|ér|yuán.

Fahrer: Hǎo! Hái yào qù jiē tā ma?

Sie: Nǐ bú|yòng jiē tā. Wǒ zì|jǐ qù.

sòng	begleiten, hinbringen	送	
yòu|ér|yuán	Kindergarten	幼儿园	yuan = üenn
bú|yòng	nicht brauchen, nicht nötig sein	不用	
zì|jǐ	selbst	自己	zi = ds + (engl.) is

Stufe B

B 4

163

Sie bitten den Fahrer, Ihre Tochter Julia von einer Geburtstagsfeier abzuholen.

Sie:	Julia zài péng|you jiā. Qǐng nǐ qù jiē tā.
Fahrer:	Xiàn|zài ma?
Sie:	Duì.
Fahrer:	Tā péng|you zhù nǎr?
Sie:	Zhè shì tā de dì|zhǐ.
Fahrer:	Wǒ kàn. À, méi wèn|tí.

zài	sich befinden, (da) sein	在	
jiā	*hier:* zuhause	家	
xiàn|zài	jetzt	现在	x = (i)**ch**; z = ds
duì	genau, richtig	对	~ui = ~uej
zhù	wohnen	住	zh = dsch
dì|zhǐ	Adresse	地址	zhi = dsch + (engl.) is
à	*Ausruf*	啊	
Méi wèn|tí.	Kein Problem.	没问题。	~ei = ~ej

Kinder – ÜBUNGEN

Übung zu A1

1. Beschreiben Sie die Bilder: Wie viele Kinder (Mädchen und Jungen) sind jeweils zu sehen? Wie alt sind sie jeweils?

Beispiel:  5 Jahre  9 Jahre

Zhè shì liǎng ge nǚ|hái|zi. Yí ge wǔ suì, yí ge jiǔ suì.

a)  8 Jahre  11 Monate  4 Jahre

b)  10 Jahre

c)   beide 6 Jahre

Übung zu B1

2. Wählen Sie einen Eintrag aus jeder Spalte und bilden Sie Sätze. Entscheiden Sie dabei, ob Sie in Ihrem Satz *yì|qǐ* benötigen oder nicht.

Wǒ|men		pāi|zhào.
Hái|zi|men		rèn|shi nǐ.
Tā|men	yì|qǐ	lái.
Sān ge rén		jié|hūn le.
Mā xiān|sheng hé Wáng nǚ|shì		xué Dé|yǔ.

Übung zu A 2

3. Übertragen Sie diese Sätze sinngemäß ins Chinesische.

a) Wie alt sind die Kinder?

b) Wie beschäftigt ist Ihre Frau?

d) Wieviel kosten zwei Eintrittskarten (Zähleinheitswort: zhāng)?

e) Haben Sie (gibt es) Kindertickets?

f) Wie groß ist der Junge?

g) Wie süß (kě|ài) das Kind ist!

4. Welches der Wörter *duō|shǎo, duō* oder *jǐ* passt jeweils in die Lücken?

a) Nǐ yǒu ________ ge hái|zi?

b) Ér|tóng piào ________ qián?

c) Yòu|ér|yuán (Kindergarten) yǒu ________ ge hái|zi?

d) Nǐ yào (wollen) ________ zhāng piào?

e) Nǐ de hái|zi ________ gāo?

Übungen zu den Dialogen A3 und A4

5. Formen Sie die Fragesätze mit *ma* in Fragesätze mit Verneinung um und geben Sie eine passende Antwort.

Beispiel: Nǐ shì Dé|guó|rén ma? → Nǐ shì bú shì Dé|guó|rén? Antwort: Bú shì, wǒ shì Měi|guó|rén.

a) Yǒu ér|tóng piào ma?

b) Zhè ge cài là ma?

c) Tā lái Zhōng|guó ma?

d) Wáng xiǎo|jie de Yīng|yǔ hǎo ma?

e) Nǐ|men yǒu sháo|zi ma?

f) Nǐ|men de hái|zi rèn|shi tā ma?

g) Nǐ ài Zhōng|guó cài ma?

6. Sortieren Sie die Wörter in jeder Zeile der Pyramide so, dass korrekte Sätze entstehen.

lái
yí ge / lái
lái / ba / yí ge
ba / yí ge / lái / cài
ba / bú là de / yí ge / lái / cài
bú là de / lái / ba / yí ge / cài / nín

164

7. Sie sind mit Ihren zwei kleinen Kindern in einem Restaurant und gerade dabei, die Bestellung aufzugeben. Die Bedienung hat ein paar Rückfragen. Hören Sie sich diese an und beantworten Sie die folgenden Fragen, auch wenn Sie vielleicht nicht jedes Wort verstehen.

a) Welches Problem spricht die Bedienung an?

b) Gibt es spezielle Essensvorlieben bei den Kindern?

c) Welche Lösung wird gefunden?

Übung zu den Dialogen A 5 und A 6

8. Welche dieser Wörter passen jeweils in die Lücken? Mehrere Lösungen sind möglich.

qù	kàn (sehen)	lái (in der Bedeutung „bringen“)	gěi
huàn	mǎi (kaufen)	dài	chī

a) Tā ______ hái|zi ______ niào|bù.
b) Nǐ ______ wǒ ______ nǎr?
c) Qǐng ______ wǒ ______ liǎng ge cài.
d) Wǒ ______ nǐ ______ tā de míng|piàn.
e) Wǒ ______ hái|zi ______ qiǎo|kè|lì.
f) Nǐ ______ hái|zi ______ shén|me?

Übung zu den Dialogen B 2 und B 3

165

9. Sie holen ein befreundetes chinesisches Paar ab, um gemeinsam auszugehen. Die Kinder bleiben bei der Ayi. Hören Sie sich an, welche Anweisungen Ihre Freunde der Ayi geben und markieren Sie diese.

a) nicht fernsehen
b) keine Trickfilme ansehen
c) keine Computerspiele
d) kein scharfes Essen
e) keine Schokolade

Übung zu den Dialogen A 7 und A 8

10. Sagen Sie Ihrem Fahrer, dass er ...

a) ... Sie um halb 8 abholen soll.
b) ... die Kinder um 9 Uhr in den Kindergarten bringen soll.
c) ... Sie Ihren Sohn selbst in den Kindergarten bringen.
d) ... er Sie nicht abholen muss.

Übung zum Dialog B 4

11. Welche Antworten passen zu welchen Äußerungen?

a) Zhè shì nǐ péng|you de dì|zhǐ ma?	1) Wǒ qù jiē tā.
b) Nǐ tài|tài zài tā de péng|you jiā.	2) Bú|yòng, nǐ liù diǎn bàn qù ba.
c) Tā zhù nǎr?	3) Méi wèn|tí!
d) Wǒ xiàn|zài qù jiē hái|zi ma?	4) Duì, zhè shì tā de míng|piàn.
e) Qǐng nǐ sòng hái|zi qù yòu|ér|yuán.	5) Nǐ kàn, zhè shì tā de dì|zhǐ.

12. Übertragen Sie folgende Sätze ins Deutsche bzw. ins Chinesische.

a) Wǒ qù mǎi piào.
b) Ich begleite dich zum Bahnhof (huǒ|chē|zhàn).
c) Tā lái kàn nǐ.
d) Nǐ|men qù Běi|jīng ma?
e) Die Ayi geht Essen machen (zuò cài).
f) Nǐ lái shì yí shì (probieren) ba.
g) Ich komme zum Haareschneiden (jiǎn tóu|fa).
h) Tā sòng nǐ huí jiā.

Grammatik nach Schlagworten

(in alphabetischer Reihenfolge)

Einführung: Der chinesische Satz

Da im Chinesischen weder Substantive noch Verben gebeugt (flektiert) werden, es also weder Deklinationen noch Konjugationen gibt, kommt der **Stellung der Wörter im Satz** eine besondere Bedeutung zu. Ob zum Beispiel ein Substantiv das Subjekt oder das Objekt eines Satzes ist, ist nur daran ablesbar, an welcher Stelle im Satz es steht.

Die Aufgabe der Flexion übernehmen im Chinesischen häufig **Partikel**, etwa bei der Bildung des Genitivs (→ Partikel *de*) oder der Bildung von Zeitformen (→ Partikel *le*). Sie können aber auch Vermutungen ausdrücken (→ Partikel *ba*), die Veränderung einer Situation markieren (→ Partikel *le*), Aufforderungen einen vorschlagenden Charakter geben (→ Partikel *ba*) oder Fragesätze bilden (→ Partikel *ma* und Partikel *ne*).

Weitere Möglichkeiten, **Fragesätze** zu formulieren, bestehen in der Verwendung von Fragewörtern (→ Fragesätze mit Fragewörtern) oder dem Anhängen der Verneinung an das Verb (→ Fragesätze mit Verneinung).

Adverbien

Adverbien wie *hěn* (sehr), *yě* (auch) oder *bù* (nicht) stehen immer vor dem Prädikat des Satzes, das ein Adjektiv (→ vgl. Sätze mit Adjektivprädikat) oder ein Verb sein kann. Ein Satz kann auch mehrere Adverbien enthalten.

Subjekt	**Adverb**	**Prädikat**	**Objekt**	
Wǒ	*hěn*	*hǎo.*		Mir geht es (sehr) gut.
Wǒ	*yě hěn*	*hǎo.*		Mir geht es auch (sehr) gut.
Wǒ	*bú*	*shì*	*nǐ.*	Ich bin nicht du.
Wǒ	*bú*	*rènshi*	*tā.*	Ich kenne ihn nicht.

Das Adverb *yǒu|diǎn*

Yǒu|diǎn – ein wenig, ein bisschen – steht vor Eigenschaften und drückt meistens aus, dass etwas unerfreulich ist bzw. nicht ganz nach Wunsch verläuft.

Jīn|tiān wǒ yǒu|diǎn máng.	Heute habe ich recht viel zu tun.
Tā yǒu|diǎn bù gāo|xīng.	Sie ist ein wenig unglücklich.

Dativ mit *gěi*

In Sätzen wie zum Beispiel „Ich gebe Dir Geld." benötigen Sie sowohl ein Dativobjekt („dir"), als auch ein Akkusativobjekt („Geld").

Wǒ	*gěi*	*nǐ*	*qián.*
Ich	gebe	Dir	Geld.

Weil das Chinesische keine Fälle wie Dativ und Akkusativ kennt, behilft es sich bei Dativ mit dem Verb *gěi*, dessen Grundbedeutung „geben" lautet. Sobald der Satz ein zweites Verb enthält, dass die eigentliche Handlung wiedergibt, verliert *gěi* seine wörtliche Bedeutung „geben" und dient nur noch der Markierung des Dativobjekts.

Wǒ	***gěi***	*nǐ*	*mǎi*	*qiǎo|kè|lì.*
Ich	***Markierung für den Dativ***	Dir	kaufen	Schokolade.

Manchmal kann *gěi* auch den Charakter einer Präposition annehmen, die dann mit „für" übersetzt wird. → Verben mit präpositionalem Charakter

Zum Beispiel:
Gěi wài|guó|rén bàn SIM-kǎ. – Für einen Ausländer eine Sim-Karte registrieren.

Demonstrativpronomen

Die deutschen Demonstrativpronomen „diese/r/s" und „jene/r/s" finden im Chinesischen ihre Entsprechung in *zhè* und *nà*. Sie können auf jemanden oder etwas zeigen um zu benennen, um wen oder was es sich handelt.

Zhè shì wǒ de péng|you.	Dies ist mein/e Freund/in.
Nà shì wǒ de hái|zi.	Das (dort) ist mein Kind.

Achtung: Wenn Sie *zhè* oder *nà* vor einem Substantiv benutzen, benötigen Sie ein Zähleinheitswort (ZEW).

Zhè ge rén hěn hǎo.	Dieser Mensch ist gut.
Nà ge cài hěn hǎo|chī.	Das Gericht dort schmeckt sehr gut.

Dies gilt auch dann, wenn das Substantiv weggelassen wird, weil es schon bekannt ist.

Wǒ mǎi zhè ge.	Ich kaufe dies hier.
Wǒ bú yào nà ge.	Das da will ich nicht.

Fragesätze mit Verneinung

Eine Frage kann man auch stellen, indem man unmittelbar an das Verb des Satzes seine Verneinung mit *bù* (→ vgl. Verneinung mit *bù*) hängt. Ausnahme: Bei dem Verb *yǒu* muss natürlich mit *méi* verneint werden.

*Nà **shì bú shì** hóng|chá?*	Ist das dort schwarzer Tee?
*Nǐ **yǒu méi yǒu** hái|zi?*	Haben Sie Kinder?

Ist das Prädikat ein Adjektiv, so kann die Frage danach ebenfalls durch eine angehängte Verneinung gebildet werden.

*Zhè ge caì **hǎo bù hǎo**?*	Ist dieses Gericht gut?

Fragewörter

Während im Deutschen Fragewörter in der Regel am Satzanfang stehen, haben sie im Chinesischen keine gemeinsame feste Position im Satz. Stattdessen stehen sie immer an der Stelle des Antwortbegriffs im Antwortsatz. Die Satzstellung bleibt gleich.

*Nǐ qù **nǎr?***	Wohin fährst du?
*Wǒ qù **Qīng|dǎo.***	Ich fahre nach Qingdao

Häufige Fragewörter		Anwendungsbeispiele
duō	wie (Ausmaß, Grad)	*Nǐ duō gāo?* – Wie groß bist du? *Nǐ duō dà?* – Wie alt bist Du?
duō|shao	wie viel, wie viele Frage nach einer Zahl über zehn	*Nǐ yǒu duō|shao péng|you?* Wie viele Freunde hast du?
jǐ + Zähleinheitswort	wie viel, wie viele Frage nach einer Zahl unter zehn	*Tā yǒu jǐ ge hái|zi?* Wie viele Kinder hat sie?
nǎr/nǎ|lǐ	wohin	*Nǐ|men qù nǎr?* – Wohin fahrt ihr?
zài nǎr/nǎ|lǐ	wo	*Míng|piàn zài nǎr?* Wo sind die Visitenkarten?
nǎ + Zähleinheitswort	welcher/welche/welches	*Nǐ qù nǎ ge yín|háng?* Zu welcher Bank gehst du? *Nǐ|men yào mǎi nǎ xiē dōng|xī?* Welche Dinge wollt ihr kaufen?
shéi	wer, wem, wen	*Shéi yào qù Nán|jīng?* Wer will nach Nanjing fahren? *Nǐ gěi shéi?* – Wem gibst du (das)? *Nǐ zhǎo shéi?* – Wen suchst du?
shéi de	wessen	*Zhè shì shéi de shǒu|jī?* Wessen Handy ist das?

shén|me	was, was für ein/-e/-es	*Nà shì shén|me?* Was ist das dort? *Zhè shì shén|me shū?* Was für ein Buch ist das? *Nǐ|men yào mǎi shén|me dōng|xī?* Welche Sachen wollt ihr kaufen?
shén|me shí|hòu	wann	*Tā shén|me shí|hòu chī zǎo|fàn?* Wann frühstückt sie?
wèi|shén|me	warum	*Wèi|shén|me tā bù lái?* Warum kommt er nicht?
zěn|me	wie (Art und Weise)	*Tā zěn|me qù nàr?* Wie fährt/kommt sie dorthin?
zěn|me|yàng	wie (Eigenschaft)	*Nǐ de kā|fēi zěn|me|yàng?* Wie ist/schmeckt dein Kaffee?

Geldeinheiten

Die chinesische Währung, die international „Chinese Yuan" genannt wird, heißt in China *Rén\|mín\|bì* (wörtlich: „Volkswährung"), abgekürzt RMB. Beim Nennen von Geldbeträgen verwendet man die Zähleinheitsworte für Geld. Die offiziellen Bezeichnungen *Yuán* und *Jiǎo* verwendet man z.B. auf der Bank und in formellerem Rahmen, oft aber auch im Gespräch mit Ausländern. Im Alltag werden in der Regel die umgangssprachlichen Bezeichnungen *Kuài* und *Máo* benutzt.

Yuán Währungseinheit (Symbol: ¥)	*Kuài* Umgangssprachlich für Yuán
Jiǎo Währungseinheit für 1/10 Yuán (10 Cent)	*Máo* Umgangssprachlich für Jiǎo

Beispiel für die Verwendung als Zähleinheitswort:

Yí kuài qián.	Wörtlich: Ein „Kuai" Geld. (= 1 Kuai).

Modalverben

So wie im Deutschen stehen Modalverben auch im Chinesischen vor einem weiteren Verb oder mehreren weiteren Verben.

Wǒ yào qù Shàng|hǎi.	Ich will nach Shanghai fahren.

[Modalverb] [weiteres Verb]

Häufige Modalverben		Beschreibung und Beispiele
*ài**	lieben, mögen *Ài* drückt Vorlieben aus.	*Wǒ bú ài chī ròu.* Ich esse nicht gerne Fleisch.
bú-yòng	nicht brauchen/müssen	*Nǐ bú|yòng bāng|zhù wǒ.* Du brauchst mir nicht zu helfen.
huì	können *Huì* drückt eine erlernte Fähigkeit aus.	*Wǒ huì shuō Hàn|yǔ.* Ich kann Chinesisch sprechen.
kě|yǐ	können, dürfen *Kě|yǐ* drückt die objektive Möglichkeit einer Handlung aus, oft auch die Erlaubnis zu einer Handlung.	*Nǐ kě|yǐ qù Běi|jīng.* Du kannst/darfst nach Peking fahren.
bù néng	Die Verneinung *bù néng* bedeutet entweder, dass eine Handlung nicht ausgeführt werden *kann*, oder dass sie nicht ausgeführt werden *darf* (also ein Verbot).	*Tā bù néng lái.* Sie kann nicht kommen. *Xī|zhuāng bù néng fàng zài xǐ|yī|jī.* Anzüge dürfen nicht in die Waschmaschine gesteckt werden.
xiǎng	etw. wollen, tun mögen *Xiǎng* ist die höfliche Form einen Wunsch auszudrücken. Entsprechend ist *bù xiǎng* ist eine höfliche Ablehnung.	*Wǒ xiǎng hē chá.* Ich möchte Tee trinken.
*yào**	wollen, haben wollen, brauchen	*Wǒ yào mǎi dì|tú.* Ich will einen Stadtplan kaufen.
yào	planen, werden, sollen Mit *yào* oder *bú yào* können entweder Pläne oder Anweisungen formuliert werden.	Wǒ yào qù Běi|jīng. Ich plane nach Peking zu fahren. *Nín bú yào yòng wèi|jīng.* Sie sollen kein Glutamat verwenden.

* Manche Modalverben können auch als Vollverben benutzt werden. Zum Beispiel *Wǒ ài nǐ.* (Ich liebe dich); *Wǒ bú huì Hàn\|yǔ.* (Ich kann nicht Chinesisch); *Tā yào zhè\|ge.* (Er will das haben.); *Nǐ yòng kuài\|zi ma?* (Benutzen Sie Stäbchen?).

Ortsangaben

Um zu beschreiben, wo sich etwas befindet, wird das Verb *zài*, „sich befinden", verwendet.

Wǒ zài Běi|jīng.	Ich bin in Peking.
Zài zhèr. / Zài zhè|lǐ.	Hier.
Zài nàr. / Zài nà|lǐ.	Dort.

In der Regel steht die Ortsangabe gleich nach dem Subjekt.

Nín zài Běi|jīng Lù xià chē ba.	Steigen Sie in der Peking-Straße aus.

Partikel *ba*

Die tonlose Silbe *ba* am Ende eines Satzes kann verschiedene Funktionen erfüllen.

Vorschlag oder Aufforderung

Oftmals bringt *ba* einen Vorschlag oder eine freundliche Aufforderung zum Ausdruck.

Hē chá ba!	Komm, trink einen Tee!
Zǒu ba!	Lass uns gehen!

Vermutung

Vor allem wenn ba am Ende einer Frage steht, drückt es aus, dass eine bestimmte Antwort vermutet wird. Hier kann *ba* mit „nicht wahr" übersetzt werden.

Xiàn|zài sān diǎn ba?	Jetzt ist es drei Uhr, nicht wahr?

Partikel *de*

Attribute

Die Partikel *de* kann Pronomen, Substantive oder Adjektive mit einem nachfolgenden Substantiv verbinden und damit zu Attributen dieses Substantivs machen. Das vor *de* stehende Wort ist also eine nähere Erläuterung zu dem Substantiv, das hinter *de* steht.

Ist das Wort vor *de* ein Pronomen, ein Adjektiv oder ein Substantiv, das wie ein Adjektiv gebraucht wird, so entsprechen sich chinesische und deutsche Wortstellung im Satz:

nǐ de Hàn|yǔ	dein Chinesisch
hǎo de dì|fang	ein guter Ort
Zhōng|guó de péng|you	die chinesische Freundin

Handelt es sich bei dem Wort vor *de* dagegen um ein Substantiv, ist die Wortstellung umgekehrt wie im Deutschen:

péng|you de míng|piàn	die Visitenkarte des Freundes

Die Partikel *de* kann wegfallen, wenn zwischen zwei Personen eine enge (verwandtschaftliche) Beziehung bezieht.

wǒ tài|tai	meine Frau
tā nán|péng|you	ihr fester Freund

Wegfall des Bezugsworts

Wenn das Bezugswort bereits bekannt ist, kann es wegfallen. Die Adjektive oder Verben des Satzes werden dann durch das Anhängen der Partikel *de* zu Substantiven.

Zum Beispiel:

Qǐng nǐ mǎi xīn de.	Bitte kauf eine Neue (oder: ein Neues, einen Neuen)
Zhè shì nǐ mǎi de ma?	Hast du das gekauft? (Wörtlich: „Ist das das von dir Gekaufte?“)

Zusammengesetzte Attribute

Attribute können im Chinesischen aus verschiedenen Wortarten zusammengesetzt sein. Sie werden dem jeweiligen Nomen immer vorangestellt und mit *de* angeschlossen. Eine häufige Kombination ist die aus Verb und Objekt.

Attribut (aus Verb und Objekt)	Nomen	Prädikat (Satzaussage)
Qù Zhōngguó de	*rén*	*hěn duō.*
Es gibt zahlreiche Menschen, die nach China fahren. (Wörtlich: Die nach China fahrenden Menschen sind zahlreich.)		

Ebenso können zwei Verben das Attribut bilden.

Yào huàn chē de *rén hěn shǎo.*
Es müssen wenige Leute umsteigen. (Wörtlich: Die Menschen, die umsteigen müssen, sind wenige.)

Auch eine Zeitangabe oder die Frage nach einer Zeit können das Attribut bilden.

Jǐ diǎn de *huǒchē?*
Ein Zug um wieviel Uhr? (Wörtlich: Ein Wieviel-Uhr-Zug?)

Shàng|wǔ jiǔ diǎn de *huǒ|chē.*
Ein Zug um neun Uhr vormittags. (Wörtlich: Ein Neun-Uhr-Vormittags-Zug.)

Partikel *le*

Vollendung einer Handlung

Steht hinter einem Verb oder einer Verb-Objekt-Kombination die Partikel *le*, kann sie die Vollendung einer Handlung ausdrücken.

Wǒ|men dào le.	Wir sind angekommen.
Ta dào jiā le.	Sie ist zu Hause angekommen.

Betonung (emotional)

Le wird aber auch verwendet, um eine Aufforderung, eine Bitte oder einen Befehl noch zu verstärken. Es steht dann meist am Ende des Satzes.

Tài guì le!	Das ist zu teuer!
Bú|yòng zhǎo le.	Sie brauchen mir (wirklich) nichts herauszugeben!

Veränderung einer Situation

Eine weitere Funktion von *le* besteht darin, auszudrücken, dass sich eine bestimmte Situation verändert bzw. dass eine neue Situation eingetreten ist, oder gleich eintreten wird.

Wǒ xià|bān le.	Ich mache/habe (jetzt) Feierabend.

Partikel *ma* und Partikel *ne*

Fragesätze kann man ganz einfach bilden, indem man an das Ende eines beliebigen Aussagesatzes die tonlose Silbe *ma* hängt. Es werden keine Wörter umgestellt. Die Partikel *ne* wird verwendet, um eine Anschlussfrage oder Rückfrage zu stellen.

Nǐ máng ma?	Sind Sie beschäftigt?
Wǒ hěn máng. Nǐ ne?	Ich bin sehr beschäftigt. Und Sie?

Sätze mit Adjektivprädikat

Adjektive können im Chinesischen vollwertige Prädikate sein. Ein Adjektiv wie *gāo|xìng*, „fröhlich“ heißt also zugleich „fröhlich sein“. Dabei steht vor dem Adjektiv meist ein Adverb. Das am häufigsten gebrauchte Adverb ist *hěn*. *Hěn* wird entweder nicht übersetzt oder es nimmt die Bedeutung „sehr“ an.

Wǒ|men hěn lèi.	Wir sind müde.
Tā|men hěn gāo|xìng.	Sie sind sehr fröhlich.

Sätze mit *shì* (sein)

Das Verb *shì* (sein) drückt Identitäten aus.

Subjekt	**Prädikat**	**Objekt**	**Bedeutung**
Zhè	*shì*	*Mǎ nǚ|shì.*	Das ist Frau Ma.
Wǒ|men	*shì*	*Dé|guó|rén.*	Wir sind Deutsche.

Während das Wort „sein“ im Deutschen entweder Identitäten ausdrücken (Sie ist Angestellte.), Eigenschaften angeben (Du bist durstig.) oder mit Ortsangaben verbunden sein kann (Sie sind in China), müssen für diese drei Formen von „sein“ im Chinesischen jeweils verschiedene Wörter bzw. Konstruktionen verwendet werden. (Vergleiche: Sätze mit Adjektivprädikat und Ortsangaben).

Sätze mit Subjekt – Prädikat – Objekt

Ein einfacher chinesischer Satz kann sich aus Subjekt (an erster Stelle), Prädikat (an zweiter Stelle) und Objekt (an dritter Stelle) zusammensetzen.

Subjekt	**Prädikat**	**Objekt**	**Bedeutung**
Wǒ	*ài*	*nǐ.*	Ich liebe dich.
Nǐ	*ài*	*wǒ.*	Du liebst mich.
Wǒ	*xìng*	*Wáng.*	Ich heiße (mit Familiennamen) Wang.

Sätze mit Thema-Kommentar-Struktur

Viele chinesischen Sätze werden nach einem Muster gebildet, das im Deutschen eher ungewöhnlich ist. Es handelt sich um die sogenannte Thema-Kommentar-Struktur. Das Thema der Aussage wird genannt und dann – unverbunden eine Aussage darüber getroffen.

Zum Beispiel:

<table>
<tr><th>Thema</th><th>Kommentar</th><th>Wörtliche Übersetzung</th></tr>
<tr><td>Fā|piào</td><td>nín dài le ma?</td><td>Die Quittung haben Sie (sie) dabei?</td></tr>
</table>

Steigerung von Adjektiven mit *yì|diǎn*

Eine einfache Form der Steigerung können Sie ausdrücken, indem Sie einfach *yì|diǎn*, „ein wenig“ an das Adjektiv anhängen. Die Silbe *yì* fällt in der Umgangssprache oft weg.

<table>
<tr><td>Qǐng nìn màn yì|diǎn.</td><td>Bitte (fahren Sie) etwas langsamer.</td></tr>
<tr><td>Zhè ge hǎo yì|diǎn, yě guì yì|diǎn.</td><td>Dies ist etwas besser und auch etwas teurer.</td></tr>
</table>

Steigerung mit *zuì*

Mit dem Steigerungswort *zuì* (am meisten) wird der Superlativ gebildet. Es steht direkt vor einem Adjektiv oder vor Verben des Mögens oder Nichtmögens.

<table>
<tr><td>Zhè ge pí|jiǔ zuì|hǎo.</td><td>Dieses Bier ist am besten.</td></tr>
<tr><td>Wǒ zuì xǐ|huan zhè ge pí|jiǔ.</td><td>Ich mag dieses Bier am meisten.</td></tr>
</table>

Uhrzeiten

a) Volle Stunden werden mit *diǎn* angegeben.

sān diǎn	drei Uhr

b) Minuten werden mit der Einheit *fēn* ausgedrückt.

sì|shí fēn	40 Minuten

Anders als im Deutschen muss *fēn* als Einheit immer mitgenannt werden, auch wenn der Minutenangabe eine Stundenangabe vorausgeht.

sān diǎn sì|shí fēn	drei Uhr vierzig

c) Halbe Stunden *bàn*

Im Chinesischen werden halbe Stunden der bereits vollendeten Stunde angehängt (halb vier = ein Halb nach drei – ähnlich wie im Englischen *half past three*).

sān diǎn bàn	halb vier

d) Viertelstunden *yí kè* und Dreiviertelstunden *sān kè*

Auch Viertel- und Dreiviertelstunden werden zur bereits vollendeten Stunde dazugerechnet.

sān diǎn yí kè	Viertel nach drei
sān diǎn sān kè	Viertel vor vier

Verben mit präpositionalem Charakter

Manche Verben erhalten in bestimmten Zusammenhängen den Charakter von Präpositionen wie in/an/auf oder mit.

Verb	Grundbedeutung	Präpositionaler Charakter
zài	sich befinden in/an/auf... *Wǒ zài Dé|guó.* Ich **bin (befinde mich) in** Deutschland.	in/an/auf... *Tā zài èr lóu zhǎo tā de péng|you.* Er sucht seinen Freund **im** ersten Stock.
yòng	benutzen *Qǐng yòng zhè ge xǐ|yī|fěn.* Bitte **benutzen** Sie dieses Waschpulver.	mit *Wǒ yòng xìn|yòng|kǎ fù.* Ich bezahle **mit** Kreditkarte.
gěi	geben *Tā gěi wǒ qián.* Sie **gibt** mir Geld.	für *Gěi wài|guó|rén bàn SIM-kǎ.* **Für** einen Ausländer eine Sim-Karte registrieren.

Verbverdoppelung

Um auszudrücken, dass etwas kurz oder „mal eben" getan wird, wird das Verb verdoppelt. Manchmal wird dabei auch ein *yī* (eins) zwischen die Verben gesetzt.

Zum Beispiel:

Nǐ kàn|kan ba!	Schauen Sie mal!
Kě|yǐ kàn|kan ma?	Kann man sich (das) mal anschauen?
Wǒ kàn yí kàn.	Ich schaue mal.

Die Kurzzeitigkeit von Handlungen kann man auch ausdrücken, indem man an das jeweilige den Zusatz *yí\|xià* (mal eben, mal kurz) hängt.

Qǐng nǐ bāng|máng yí|xià.	Bitte hilf mal kurz.

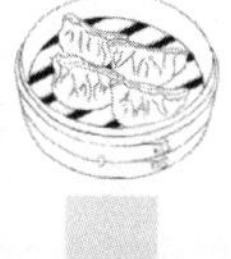

Verneinung des Verbs *yǒu*

Yǒu (haben, besitzen; es gibt) ist das einzige Verb der chinesischen Sprache, das nicht mit *bù* verneint wird. Stattdessen verwendet man *méi*.

Subjekt	**Prädikat**	**Objekt**	**Bedeutung**
Wǒ	*méi yòu*	*míng|piàn.*	Ich habe keine Visitenkarte.
Tā	*méi yòu*	*qián.*	Er hat kein Geld.

Verneinung mit *bié* (Aufforderungen)

Mit dem Wort *bié* vor einem Verb werden verneinte Aufforderungssätze gebildet.

Bié chī zhè ge.	Iss das nicht!
Qǐng bié fàng wèi|jīng.	Bitte geben Sie kein Glutamat hinein.

Verneinung mit *bù*

Auch die Verneinung mit *bù* ist ein Adverb. Sie steht, wie alle anderen Adverbien immer vor dem Prädikat des Satzes.

Subjekt	**Adverb**	**Prädikat (+ Objekt)**	**Bedeutung**
Wǒ	*bù*	*hǎo.*	Es geht mir nicht gut.
Wǒ	*bù*	*ài nǐ.*	Ich liebe dich nicht.
Wǒ	*yě bù*	*ài nǐ.*	Ich liebe dich auch nicht.

Steht vor dem Vollverb eines Satzes noch ein zusätzliches Modalverb, wird das verneinende Adverb *bù* vor das Modalverb gesetzt.

Wǒ|men bú yào chī yú.	Wir wollen keinen Fisch essen.
Tā bù kě|yǐ zhǎo qián.	Sie kann kein Geld herausgeben.

Zahlen

0	*líng*				
1	*yī*	yī = i	6	*liù*	~iu = ~iou
2	*èr*	~e = (Lag)**e** r = **r**(ight)	7	*qī*	q = tsch
3	*sān*		8	*bā*	
4	*sì*	si = s + (engl.) is	9	*jiǔ*	~iu = ~iou
5	*wǔ*	wu = u	10	*shí*	shi = sch + (engl.) **i**s

Kommt zu zehn noch ein Betrag von 1–9 hinzu, wird dieser hinter die Zehn gehängt:

11	*shí|yī*		12	*shí|èr*	
usw.					

Um das Mehrfache von Zehn zu bilden, wird der Multiplikator vorangestellt:

20	*èr|shí*		30	*sān|shí*	
usw.					

Beide Schritte kann man auch gleichzeitig ausführen:

21	*èr|shí|yī*		32	*sān|shí|èr*	
usw.					

Hundert (*bǎi*) und Tausend (*qiān*)

Dasselbe Multiplikations- bzw. Additionsverfahren wird auch für alle höheren Zehnerpotenzen angewendet.

yì bǎi	100	*sān qiān*	3000
èr bǎi sì|shí	240	*wǔ qiān èr bǎi*	5200

Kommt zu hundert oder tausend eine Zahl von 1–9 dazu, so wird dazwischen noch eine Null eingefügt:

sān bǎi líng bā	308	*yì qiān líng yī*	1001

Zahlen ab Zehntausend

Anders als im Deutschen wird im Chinesischen die Zahl Zehntausend (*wàn*) als Multiplikator verwendet, um die nächsten drei höheren Zehnerpotenzen zu bilden.

shí wàn	100.000	*(yì) bǎi wàn*	1 Million	*(yì) qiān wàn*	10 Millionen

Zähleinheitswörter

Im Chinesischen kann nicht gezählt werden, ohne dabei eine Zähleinheit anzugeben. Diese Einheit kann Maßangaben (ein Pfund, ein Liter) entsprechen oder die gezählten Gegenstände beschreiben.

Das wichtigste Zähleinheitswort, das der Einfachheit halber nahezu immer verwendet werden kann, ist *ge*, wörtlich „Stück" oder „Einheit". *Ge* zu verwenden ist nicht immer sprachlich schön, aber auch nicht unbedingt falsch.

Anzahl	**Zähleinheitswort**	**Bezugswort**	**Wörtliche Übersetzung**
liù	*ge*	*rén*	sechs („Stück") Menschen
liǎng	*ge*	*dì|fang*	zwei („Stück") Orte

Zu beachten: Das Wort *èr* (zwei) wird nur beim Durchzählen verwendet. Folgt hinter zwei ein Substantiv, muss das Wort *liǎng* (zwei) stehen:

Wichtige Zähleinheitswörter

ge	Das „Universal-Zähleinheitswort" für Personen und Dinge
xiē	Zähleinheitswort für eine unbestimmte Mehrzahl von Personen oder Dingen („einige").
zhǒng	Sorte, Art, Typ
Personen	
wèi	Höfliche Zähleinheit für Personen

Maße und Gewichte	
bāo	Packung
bēi	Glas, Becher, Tasse
gōng|jīn	Kilo
jiàn	Zähleinheitswort für bestimmte Kleidungsstücke (Hemden, Blusen) und die Wörter Sache, Ding, Gepäck, Möbelstück, Geschenk, Instrument, Kleidungsstück.
jīn	Pfund
kè	Gramm
liǎng	Liang (= 50 Gramm)
pán	Teller
piàn	Tablette; Scheibe, Schnitte
píng	Flasche
tào	Satz, Set
tiáo	Zähleinheitswort für streifenförmige Gegenstände und längliche Tiere, z.B. Krawatten, Hosen, Halstücher, Strümpfe, Fische, Schlangen, Hunde etc.
wǎn	Schüssel, Schale
zhāng	Zähleinheitswort für flache Gegenstände, z.B. Zeitungen, Tische, Betten, Briefmarken, Papierbogen, Landkarten, Fotos, Postkarten etc.

Besonderheit beim Zählen von Zähleinheiten

Die Zahl „zwei“ *èr*, wird beim Zählen zu *liǎng*. Allerdings nicht bei der Gewichtseinheit *liǎng*.

liǎng píng (pí|jiǔ)	zwei Flaschen (Bier)

Zeitangaben

Zeitpunktangaben

Zeitpunktangaben stehen in chinesischen Sätzen in der Regel direkt nach dem Subjekt eines Satzes oder Teilsatzes. Nur wenn die Zeitangabe besonders betont werden soll, steht sie ganz am Anfang des Satzes.

Zum Beispiel:

Wǒ	*míng|tiān*	*qù Běi|jīng.*
Ich	morgen	fahre nach Peking
Míng|tiān	*wǒ*	*qù Běi|jīng.*
Morgen	ich	fahre nach Peking

Wichtige Zeitpunktangaben

xiàn|zài	jetzt
zuó|tiān	gestern
jīn|tiān	heute
míng|tiān	morgen
zǎo|shang	morgens
shàng|wǔ	vormittags
zhōng|wǔ	mittags
xià|wǔ	nachmittags
wǎn|shang	abends
yè|lǐ	nachts
~ diǎn	~ Uhr

Zeitdauerangaben

Zeitdauerangaben stehen dagegen erst nach dem Verb eines Satzes. Beispiel:

Wǒ	*děng le*	*liǎng ge xiǎo|shí.*
Ich	habe gewartet	zwei Stunden

Wichtige Zeitdauerangaben

yì miǎo zhōng	eine Sekunde
yì fēn zhōng	eine Minute
yí kè zhōng	eine ¼ Stunde
bàn xiǎo|shí	eine ½ Stunde
sān kè zhōng	eine ¾ Stunde
yí ge xiǎo|shí	eine Stunde
yì tiān	einen Tag
yí ge xīng|qī	eine Woche
yí ge yuè	einen Monat
bàn nián	ein halbes Jahr
yì nián	ein Jahr

Vor- und Nachzeitigkeit

Vor- und Nachzeitigkeit werden ausgedrückt, indem an die Zeitdauerangabe *yǐ\|qián* (vor ...) bzw. *yǐ\|hòu* (nach ...) angehängt werden.

sān tiān yǐ|qián	vor drei Tagen
liǎng ge xiǎo|shí yǐ|hòu	nach zwei Stunden

Glossar Chinesisch – Deutsch

à	*Ausruf*	啊
ā|yí	Haushaltshilfe, Kindermädchen	阿姨
àn|mó	Massage	按摩
àn|mó|diàn	Massagesalon	按摩店
Aò|dì|lì	Österreich	奥地利
Aò|dì|lì|rén	Österreicher/in	奥地利人
ba	*Partikel für Vorschläge, Aufforderungen oder Vermutungen*	吧
bǎi	hundert	百
bái|jiǔ	Schnaps	白酒
bàn	beantragen, erledigen	办
bàn	halb, Hälfte	半
bàn|bēi	„ein halbes Glas" – beim Anstoßen nicht auf Ex trinken	半杯
bāng	helfen	帮
bāng|máng	helfen	帮忙
bāo	Packung, Tüte	包
bāo|hán	enthalten	包含
bào|qiàn	Es tut mir leid.	抱歉
běi	Nord	北
bēi	Glas, Becher, Tasse	杯
bèi|bù	Rücken	背部
bié	nicht (tun sollen)	别
bié de	andere, anderer, anderes	别的
bìng	Krankheit	病
bīng de	eisgekühlt	冰的
bīng kā|fēi	Eiskaffee	冰咖啡
bīng|xiāng	Kühlschrank	冰箱
bó|zi	Nacken, Hals	脖子
bù	nicht	不
Bú kè|qi!	Keine Ursache!	不客气!
bù xíng	Das geht nicht. Das ist nicht möglich.	不行

bú|cuò	nicht schlecht	不错
bù|hǎo|yì|si	Das ist mir unangenehm.	不好意思
bú|xiè	Nichts zu danken.	不谢
bú|yòng	nicht brauchen, nicht nötig sein	不用
cā	wischen	擦
cā gān|jìng	(ab)putzen, aufwischen	擦干净
cái	erst	才
cài	Gericht, Speise	菜
cán|chē	Speisewagen	餐车
cán|shì	Esszimmer	餐食
cè|suǒ	Toilette	厕所
céng|cì	Fasson	层次
chá	Tee	茶
chā|kǒu	Steckdose	插口
cháng	lang	长
cháng|tú|qì|chē	Fernbus	长途汽车
chǎo	(an)braten	炒
cháo xià	nach unten	朝下
chē	Fahrzeug; Auto	车
chē|xiāng	Abteil	车厢
chē|zhàn	Haltestelle	车站
chèn|shān	Hemd, Bluse	衬衫
chī	essen, *(eine Medizin)* einnehmen	吃
chī fàn	essen	吃饭
chī|bǎo le	satt sein	吃饱了
chōng|diàn	mit Strom aufladen	充电
chōng|qián	mit Geld aufladen	充钱
chōng|zhí|kǎ	Aufladekarte	充值卡
chú|fáng	Küche	厨房
chū|qù	ausgehen, unterwegs sein	出去
chū|zū|chē	Taxi	出租车
chuāng|hu	Fenster	窗子

chuāng|kě|tiē	Pflaster	创可贴
chuī	föhnen	吹
chuī gān	trocken föhnen	吹干
cì	Mal *(Häufigkeit)*	次
cù	Essig	醋
dà	groß, *bei Personen auch:* alt	大
dá|biǎo	den Taxameter anschalten	打表
dà|gài	ungefähr	大概
dǎ|kāi	aufmachen, öffnen	打开
dà|mǐ	(ungekochter) Reis	大米
dà|rén	Erwachsene/r	大人
dǎ|sǎo	sauber machen, kehren	打扫
dǎ|zhēn	eine Spritze geben	打针
dài	mitbringen, mitnehmen, hinbringen	带
dài|fu	Arzt/Ärztin	大夫
dān|xīn	besorgt sein	担心
dāng|rán	selbstverständlich	当然
dào	ankommen; zum ..., zur..., bis zu ...	到
dào le	angekommen sein	到了
dāo|chā	Messer und Gabel	刀叉
de	*Attributspartikel*	的
dé le	bekommen haben	得了
Dé|guó	Deutschland	德国
Dé|guó|rén	Deutsche/r	德国人
Dé|yǔ	Deutsch	德语
děng	warten	等
dì|fang	Ort, Platz, Stadt	地方
dì|tiě	U-Bahn	地铁
dì|tiě|zhàn	U-Bahn-Haltestelle	地铁站
dì|zhǐ	Adresse	地址
diàn	Strom	电
diǎn	Uhr(zeit); Komma, Punkt	点
diàn|nǎo	Computer	电脑
diàn|shì	Fernsehen	电视
diàn|yǐng	Film	电影
diàn|zǐ chǎn|pǐn	Elektroartikel	电子产品
diào|tóu	wenden	掉头
dòng	berühren, anfassen	动
dōng	Ost	东
dòng|huà-piàn	Trickfilm	动画片
dōng|xi	Ding, Sache	东西
dōu	beide, alle	都
dù	Grad *(Temperatur)*	度
dǔ|chē	Stau	堵车
dù|zi	Bauch	肚子
duǎn	kurz	短
duì	genau, richtig	对
duì|bu|qǐ	Entschuldigung	对不起
duì|mian	gegenüber	对面
duō	viele	多
duō ...?	wie ...?	多
duō|shao	wieviel, wie viele	多少
è	hungrig sein	饿
ér|tóng	Kind	儿童
ér|tóng piào	Kinderticket	儿童服
ér|tóng yī|fu	Kinderkleidung	儿童衣服
fā|piào	Quittung, Kassenzettel	发票
fà|xíng	Frisur	发型
fān|shēn	sich umdrehen	翻身
fàng	(hinein)geben	放
fáng|jiān	Raum, Zimmer	房间
fēn|zhōng	Minute	分钟
fù	bezahlen	付
fù|jìn	in der Nähe	附近
fú|wù|yuán	Bedienung	服务员
gān|bēi	Auf Ex! Prost!	干杯
gān|jìng	sauber	干净
gǎn|mào le	erkältet sein	感冒了
gāo	groß (*bei Personen*)	高
gào|su	mitteilen, Bescheid geben	告诉

gāo|xìng	erfreut sein	高兴
ge	*Zähleinheitswort, wörtl.:* Stück	个
gěi	*Grundbedeutung:* geben; *auch:* lassen, für; *Dativmarkierung*	给
gēn	und, mit	跟
gēng|yī|shì	Umkleidekabine	更衣室
gōng|jiāo|chē	öffentlicher Bus	公交车
gōng|jīn	Kilo	公斤
gòu le	genügen, ausreichen	够了
gǒu|ròu	Hundefleisch	狗肉
guǎi	abbiegen	拐
guān|biǎo	den Taxameter ausmachen	关表
guǎng|chǎng	Platz	广场
guì	teuer	贵
guó	Land	国
guó|jiā	Land, Heimatland	国家
hái	noch	还
hǎi|shēn	Seegurke	海参
hái|shi	oder *(in Fragen)*; immer noch	还是
hái|zi	Kind	孩子
Hàn|yǔ	Chinesisch	汉语
hào	Nummer	号
hǎo	gut, gut sein, gut gehen	好
hǎo de	gut, in Ordnung	好的
hǎo|hǎo	gründlich	好好
hǎo|kàn	gut aussehen	好看
hé	und	和
hē	trinken	喝
hé(zi)	Packung, Schachtel	盒（子）
hěn	sehr	很
hòu	nach..., nachdem	后
hòu|bian	(da) hinten	后边
hòu|chē|tīng	Wartesaal	候车厅
hòu|mian	(da) hinten	后面
hù|zhào	Pass	护照
huā	Blume	花
huài le	kaputt sein	坏了
huàn	umtauschen, wechseln	换
huàn chē	umsteigen	换车
huáng|yóu	Butter	黄油
huí|lái	zurückkommen	回来
huǒ|chē	Zug	火车
huǒ|chē|zhàn	Bahnhof	火车站
jí	eilig	急
jǐ	wieviel, wie viele *(Frage nach einer Zahl unter zehn)*	几
jī|chǎng	Flughafen	机场
jī|dàn	Ei	鸡蛋
jiā	hinzufügen	加
jiā	Zuhause, Familie	家
jiàn	*Zähleinheitswort u.a. für Kleidung*	件
jiǎn	schneiden	剪
jiān|bǎng	Schulter	肩膀
jiǎng|jià	feilschen	讲价
jiàng|yóu	Sojasoße	酱油
jiào	heißen, genannt werden, rufen	叫
Jiǎo	Jiao (10 Cent)	角
jiǎo|bù	Fuß	脚部
jiāo|shuǐ	(Pflanzen) gießen	浇水
jiǎo|zi	chinesische Maultaschen	饺子
jiē	abholen	接
jié|hūn le	verheiratet sein	结婚了
jīn	Pfund	斤
jīn|tiān	heute	今天
jìng|zi	Spiegel	镜子
jiù	genau, eben (*Betonung*); schon, dann	就
jiǔ	lange (Zeit)	久
jiǔ	Alkohol	酒
jú|zi	Mandarine	橘子
kǎ|bù|qí|nùo	Cappuccino	卡布奇诺

kā|fēi	Kaffee	咖啡
kāi	öffnen, ausstellen	开
kāi|shǐ	anfangen, beginnen	开始
kàn	(an)schauen, sehen	看
kàn|kan	mal schauen	看看
kàng|-shēng|sù	Antibiotikum	抗生素
kè	Gramm	克
kě|ài	süß, niedlich	可爱
kě|lè	Cola	可乐
kè|qi	förmlich, höflich	客气
kě|shì	aber	可是
ké|sou	Husten; husten	咳嗽
kè|tīng	Wohnzimmer	客厅
kě|yǐ	können, dürfen; es geht	可以
kòng	freie Zeit	空
kù|zi	Hose	裤子
Kuài	*Umgangssprachlich für* Yuán	块
kuài	schnell, bald	快
kuài|zi	Stäbchen	筷子
kuàng|quán|-shuǐ	Mineralwasser	矿泉水
là	scharf	辣
là|jiāo	Chili	辣椒
lái	*Grundbedeutung:* kommen, *auch:* bringen	来
le	*Partikel zur Anzeige der Vollendung einer Handlung oder einer veränderten Situation*	了
lèi	müde/erschöpft sein, verspannt sein	累
lěng	kalt	冷
lěng|pán	kalte Gerichte (meist Vorspeisen)	冷盘
lěng|shuǐ	kaltes Wasser	冷水
lǐ|fà|diàn	Friseursalon	理发店
liǎng	zwei (*vor Zähleinheitswörtern*)	两
liú|gǎn	Grippe	流感
lóu	Stockwerk	楼
lóu|shàng	im Obergeschoss, eine Treppe höher	楼上
lóu|tī	Treppe	楼梯
lóu|xià	im Untergeschoss, eine Treppe tiefer	楼下
lù	Straße, Weg, Linie (*bei öffentlichen Verkehrsmitteln*)	路
ma	*Fragepartikel*	吗
má|fan	jemandem auf die Nerven gehen; störend, lästig, umständlich; Lästigkeit	麻烦
mǎ|shàng	sofort	马上
mǎi	kaufen	买
mǎi|dān	Die Rechnung bitte!	买单
màn	langsam	慢
Màn zǒu!	Gehen Sie langsam!	慢走
máng	beschäftigt sein, viel zu tun haben	忙
máng|rén àn|mó	Blindenmassage	盲人按摩
Máo	*ein Zehntel Yuan*	毛
máo|yī	Pullover	毛衣
měi	jeder, jede, jedes	每
Méi guān|xi.	Das macht nichts.	没关系。
Méi wèn|tí.	Kein Problem.	没问题。
méi yǒu	nicht haben	没有
Měi|guó	USA	美国
Měi|guó|rén	Amerikaner/in	美国人
měi|jiǎ|diàn	Nagelstudio	美甲店
měi|róng|-diàn	Schönheitssalon	美容店
měi|tiān	jeden Tag	每天
mǐ	Meter	米
mǐ|fàn	(gekochter) Reis	米饭
mì|mǎ	Passwort, Geheimnummer	密码
miàn|fěn	Mehl	面粉
míng|bai	verstehen	明白
míng|piàn	Visitenkarte	名片

míng|tiān	morgen	明天
míng|zi	Name	名字
mō	anfassen	摸
nà	das dort; na dann…	那
nǎ	welche/r/s?	哪
nà xiē	diese dort, jene	那些
nà|bian	dort (drüben)	那边
nà|lǐ	dort (drüben)	那里
nǎ|li	wo, wohin	哪里
Nǎ|li nǎ|li.	„Nicht doch!“ / „Ach was!“ *(Höfliche Abwehr eines Kompliments)*	哪里哪里。
nǎ|tiē kā|fēi	*Café Latte*	拿铁咖啡
nán	Süd	南
nán de	männlich	男的
nán|hái(r)	Junge	男孩
nán|péng|you	(fester) Freund	男朋友
nán|rén	Mann	男人
nán|zhuāng	Herrenbekleidung	男装
nàr	dort (drüben)	那儿
nǎr	wo, wohin	哪儿
ne	*Fragepartikel bei Rückfragen*	呢
nèi|zàng	Innereien	内脏
néng	können, dürfen	能
nǐ	du	你
nǐ|men	ihr	你们
nián	Jahr	年
niào|bù	Windeln	尿布
nín	Sie	您
niú|nǎi	Milch	牛奶
niú|ròu	Rindfleisch	牛肉
nòng|cuò	verwechseln, falsch machen	弄错
nǚ de	weiblich	女的
nǚ|hái(r)	Mädchen	女孩
nǚ|péng|you	(feste) Freundin	女朋友
nǚ|rén	Frau	女人
nǚ|shì	Frau (Anrede)	女士
nǚ|zhuāng	Damenbekleidung	女装
ò	Oh! Ah!	哦
pāi|zhào	ein Foto machen, fotografieren	拍照
pán	*„Teller“ als Zähleinheitswort*	盘
páng|bian	nebenan	旁边
péng|you	Freund/in, Bekannte/r	朋友
pí|jiǔ	Bier	啤酒
piàn	Tablette	片
pián|yi	billig, günstig	便宜
piào	Fahrkarte, Ticket	票
píng	Flasche (*als Zähleinheitswort*)	瓶
píng|guǒ	Apfel	苹果
pú|tao	Trauben	葡萄
pú|táo|jiǔ	Wein	葡萄酒
qián	Geld	钱
qián	vor, davor	前
qián|bian	(da) vorne	前边
qián|mian	(da) vorne	前面
qiǎo|kè|lì	Schokolade	巧克力
qǐng	bitte, bitten	请
qīng	sanft, leicht	轻
qīng|chu	sicher (sein)	清楚
Qǐng|wèn, …	Eine Frage bitte …	请问，…
qù	hingehen, hinfahren, zu … (Ziel)	去
qù|guo	schon einmal da gewesen sein	去过
quán|shēn	der ganze Körper	全身
qún|zi	Rock	裙子
rǎn	färben	染
rán|hòu	danach, dann	然后
ràng	lassen, veranlassen	让
rè	heiß	热
rè|cài	heiße Gerichte, Hauptgerichte	热菜
rè|shuǐ	heißes Wasser	热水
rén	Mensch, Person; jemand	人
rèn|lù	den Weg kennen	认路

Rén|mín|bì	Renminbi (*offizielle Bezeichnung der chinesischen Währung*)	人民币
rèn|shi	kennenlernen	认识
rì|shì zhǐ|yā	Shiatsu	日式指压
ròu	*Fleisch*	肉
ruǎn|wò	Softsleeper (1. Klasse Schlafwagen)	软卧
Ruì|shì	Schweiz	瑞士
Ruì|shì|rén	Schweizer/in	瑞士人
sǐ	sterben	死
shàng	hinaufgehen	上
shàng (chē)	einsteigen	上(车)
shàng|mian	oben	上面
shàng|pù	oberes Schlafwagenbett	上铺
shàng|wǔ	Vormittag	上午
shàng|yī	Oberbekleidung	上衣
shāo|děng	warten	稍等
sháo|zi	Löffel	勺子
shēn hū|xī	tief atmen	深呼吸
shén|me	was, welche/r/s, was für ein/e	什么
shén|me shí|hou	wann	什么时候
shì	sein (*im Sinne einer Identität*)	是
shì	anprobieren	试
shì	Angelegenheit, Sache	事
shí|pǐn	Lebensmittel	食品
shí|wù zhòng|dú	Lebensmittelvergiftung	食物中毒
shí|yóu	Speiseöl	食油
shǒu	Hand	手
shǒu|jī	Handy	手机
shōu|kuǎn|tái	Kasse	收款台
shū|fáng	Arbeitszimmer	书房
shū|fu	angenehm, bequem; sich wohlfühlen	舒服
shuǐ	Wasser	水
shuǐ|guǒ	Obst	水果
sī|jī	Fahrer	司机
SIM-kǎ	SIM-Karte	SIM卡
sòng	begleiten, hinbringen	送
sù|cài	vegetarisches Gericht	素菜
suì	*wörtl.*: ... Lebensjahre alt sein	… 岁
tā	er/sie	他/她
tā|men	sie (*Plural*)	他们/她们
tài	sehr, zu (sehr)	太
tài duō	zu viel	太多
tài hǎo le!	Super! Sehr gut!	太好了!
tài|shì àn|mó	Thai Massage	泰式按摩
tài|tai	Ehefrau (*Anrede*)	太太
tàng	bügeln	烫
táng|guǒ	Bonbon	糖果
tǎng|xià	sich hinlegen	躺下
tè|nóng kā|fēi	Espresso	特浓咖啡
téng	weh tun, schmerzen	疼
tiān	Tag	天
tián	süß	甜
tián|shí	Süßigkeiten	甜食
tiáo	*Zähleinheitswort für Hosen und Röcke*	条
tiáo|liào	Gewürz, Zutat	调料
tíng	(an)halten	停
tóng|shì	Kollege/Kollegin	同事
tóu	Kopf	头
tóu|fa	(Kopf-)haar	头发
tuǐ	Bein	腿
tuō	ausziehen	脱
T-xù	T-Shirt	T-恤
wà|zi	Strümpfe, Socken	袜子
wài|guó|rén	Ausländer/in	外国人
wán	spielen, sich amüsieren	玩儿

wǎn	„Schale“ *als Zähleinheitswort*	碗
wán le	aufgebraucht, zu Ende, alle	完了
wǎn|fàn	Abendessen	晚饭
wǎn|shang	Abend	晚上
wǎng	abbiegen	往
wèi|jīng	Glutamat	味精
Wēi|xìn	WeChat (*Kommunikations-App*)	微信
wén|jù	Schreibwaren	文具
wèn|tí	Frage, Problem	问题
wǒ	ich	我
wǒ|men	wir	我们
wò|pù	Bett im Schlafwagen	卧铺
wò|pù|piào	Schlafwagenticket	卧铺票
wò|shì	Schlafzimmer	卧室
xǐ	waschen	洗
xī	West	西
xī|chén|qì	Staubsauger	吸尘机
xī|hóng|shì	Tomaten	西红柿
xǐ|huan	mögen	喜欢
xǐ|wǎn|jī	Geschirrspülmaschine	洗碗机
xī|yào	westliche Medizin	西药
xǐ|yī|fěn	Waschpulver	洗衣粉
xǐ|yī|jī	Waschmaschine	洗衣机
xī|zhuāng	Anzug	西装
xià|bān	Dienstschluss haben, Feierabend machen	下班
xià chē	aussteigen	下车
xià|cì	das nächste Mal	下次
xià|mian	unten	下面
xià|pù	unteres Schlafwagenbett	下铺
xià|wǔ	Nachmittag	下午
xián	salzig	咸
xiàn	Linie	线
xiān	zuerst	先
xiàn|jīn	Bargeld	现金
xiān|sheng	Herr (*Anrede*)	先生
xiàn|zài	jetzt	现在
xiǎng	„möchten“	想
xiāng|jiāo	Bananen	香蕉
xiǎng|yào	wollen, mögen	想要
xiǎo	klein	小
xiǎo|fēi	Trinkgeld	小费
xiǎo|jie	Anrede für junge Frauen *(in Verbindung mit Eigennamen)*	小姐
xiǎo|shí	Stunde	小时
xiē	*Zähleinheitswort*: ein paar	些
xiè|xie	danke	谢谢
xīn	neu	新
xìn|yòng|kǎ	Kreditkarte	信用卡
xíng	es geht, es klappt	行
xìng	mit Familiennamen heißen, Familienname	姓
xíng|li	Gepäck	行李
xīng|qī	Woche	星期
xiū	reparieren	修
xiū|xi	sich ausruhen	休息
xū|yào	brauchen, benötigen	需要
xué	lernen	学
yán	Salz	盐
yán|sè	Farbe	颜色
yào	(haben) wollen, sollen, müssen, brauchen, benötigen	要
yào	Medizin, Medikament	药
yào|diàn	Apotheke	药店
yào|fáng	Apotheke	药房
yào|fāng	Rezept	药方
yě	auch	也
yì|diǎn	ein wenig	一点
yì|diǎn|diǎn	ein kleines bisschen	一点点
yí|dìng	bestimmt, unbedingt	一定

yí|dòng hù|lián|wǎng	mobiles Internet	移动互联网
yī|fu	Kleidung, Kleidungsstück	衣服
yí|gòng	zusammen	一共
yǐ|hòu	danach, später	以后
yī|jià	Kleiderbügel	衣架
yì|qǐ	zusammen	一起
yī|sheng	Arzt/Ärztin	医生
yí|xià	mal eben, mal kurz, einen Moment	一下
yī|yuàn	Krankenhaus	医院
yì|zhí zǒu	geradeaus gehen/fahren	一直走
yín|háng	Bank	银行
Yīng|wén	Englisch	英文
yìng|wò	Hardsleeper (2. Klasse Schlafwagen)	硬卧
Yīng|yǔ	Englisch	英语
yòng	gebrauchen, benutzen; mit	用
yóu	Öl	油
yòu	rechts	右
yǒu	haben, es gibt	有
yǒu|diǎn	ein wenig	有点
yòu|ér|yuán	Kindergarten	幼儿园
yǒu|sè yī|fu	Buntwäsche	有色衣服
yóu|xì	Spiele	游戏
yǒu|xiào	wirksam, effektiv	有效
yù|fù|fèi SIM-kǎ	Prepaid Sim-Karte	预付费SIM卡
yù|shì	Badezimmer	浴室
yù|yuē	reservieren	预约
Yuán	Yuan (auch *Kuài*)	元
yuǎn	weit	远
yuè	Monat	月
yùn|dǒu	Bügeleisen	熨斗
yùn|yī|bǎn	Bügelbrett	熨衣板
zài	noch (mal)	再
zài	sich befinden, (da) sein; in, am, an	在
zài|jiàn	auf Wiedersehen	再见
zāng	schmutzig	脏
zǎo|fàn	Frühstück	早饭
zěn|me	wie	怎么
zěn|me|bàn	Was tun?	怎么办
zěn|me|yàng	Wie wäre es mit ...?	怎么样
zhá tǔ|dòu	Bratkartoffeln	炸土豆
zhàn	Bahnhof; Station, Haltestelle	站
zhàn|tái	Bahnsteig	站台
zhāng	*Zähleinheitswort für flache Dinge*	张
zhàng|fu	Ehemann	丈夫
zhào	sich in etw. betrachten	照
zhǎo	suchen	找
zhǎo	(Geld) herausgeben	找
zhè	das hier, dies	这
zhè xiē	diese hier	这些
zhè|li	hier	这里
zhè|me	so, derart	这么
zhè|yàng	so, derart	这样
zhēn|de	wirklich, tatsächlich, echt	真的
zhěng|lǐ	in Ordnung bringen	整理
zhèr	hier	这儿
zhǐ	nur	只
zhī|dào	wissen, kennen	知道
Zhī|fù|bǎo	Alipay	支付宝
zhǐ|ké|yào	Hustenmittel	止咳药
zhǐ|lù	den Weg zeigen	指路
zhǐ|tòng|yào	Schmerzmittel	止痛药
zhǐ|xiè|yào	Durchfallmittel	止泻药
zhòng	schwer; fest, stark	重
zhǒng	Sorte	种
zhōng|fàn	Mittagessen	中饭
Zhōng|guó	China	中国
Zhōng|-guó|rén	Chinese/in	中国人
zhōng|pù	mittleres Schlafwagenbett	中铺

zhòng|shǔ	Hitzschlag	中暑
Zhōng|wén	Chinesisch	中文
zhōng|yào	chinesische Medizin (Medikament)	中药
zhù	wohnen	住
zhū|ròu	Schweinefleisch	猪肉
zì|jǐ	selbst	自己
zǒu	gehen	走
zuì	*Steigungswort für den Superlativ*	最
zuì|hǎo	am besten	最好
zuò	machen	做
zuǒ	links	左
zuò|fàn	kochen	做饭
zuó|tiān	gestern	昨天
zuò|wèi	Sitzplatz	座位

Glossar Deutsch – Chinesisch

abbiegen	guǎi (z.B. yòu guǎi), wǎng (z.B. wǎng yòu)	拐，往
Abend	wǎn|shang	晚上
Abendessen	wǎn|fàn	晚饭
aber	kě|shì	可是
abholen	jiē	接
Abteil	chē|xiāng	车厢
Adresse	dì|zhǐ	地址
Alipay	Zhī|fù|bǎo	支付宝
Alkohol	jiǔ	酒
alle	dōu	都
alt (*bei der Altersangabe von Personen*)	dà	大
alt sein (*bei Altersangaben*)	suì	… 岁
am (*bei Ortsangaben*)	zài	在
Amerikaner/in	Měi|guó|rén	美国人
amüsieren	wán	玩儿
an (*bei Ortsangaben*)	zài	在
andere/r/s	bié de	别的
anfangen	kāi|shǐ	开始
anfassen	dòng, mō	动，摸
Angelegenheit	shì	事
angenehm	shū|fu	舒服
ankommen; zum ..., zur ..., bis zu ...	dào	到
anprobieren	shì	试
Antibiotikum	kàng|shēng|-sù	抗生素
Anzug	xī|zhuāng	西装
Apfel	píng|guǒ	苹果
Apotheke	yào|diàn, yào|fáng	药店，药房
Arbeitszimmer	shū|fáng	书房
Arzt/Ärztin	dài|fu, yī|sheng	大夫，医生
atmen	hū|xī	呼吸
auch	yě	也
auf Wiedersehen	zài|jiàn	再见
Aufladekarte	chōng|zhí|kǎ	充值卡
aufladen (*mit Geld*)	chōng|qián	充钱

aufladen (mit Strom)	chōng|diàn	充电
aufmachen	dǎ|kāi	打开
aufräumen, in Ordnung bringen	zhěng|lǐ	整理
ausgehen	chū|qù	出去
Ausländer/in	wài|guó|rén	外国人
ausreichen	gòu le	够了
ausruhen	xiū|xi	休息
aussteigen	xià chē	下车
ausziehen	tuō	脱
Auto	(qì)chē	（汽）车
Badezimmer	yù|shì	浴室
Bahnhof	huǒ|chē|zhàn	火车站
Bahnsteig	zhàn|tái	站台
bald	kuài	快
Banane	xiāng|jiāo	香蕉
Bank	yín|háng	银行
Bargeld	xiàn|jīn	现金
Bauch	dù|zi	肚子
Becher	bēi|zi	杯子
Bedienung (*z.B. im Restaurant*)	fú|wù|yuán	服务员
begleiten (hinbringen)	sòng	送
beide	dōu	都
Bein	tuǐ	退
Bekannte/r	péng|you	朋友
benutzen	yòng	用
bequem	shū|fu	舒服
berühren	dòng	动
beschäftigt sein	máng	忙
Bescheid geben	gào|su	告诉
besorgt sein	dān|xīn	担心
Besteck (*wörtl.* Messer und Gabel)	dāo|chā	刀叉
bestimmt (unbedingt)	yí|dìng	一定
bezahlen	fù	付

Bier	pí|jiǔ	啤酒
billig (günstig)	pián|yi	便宜
bitte, bitten	qǐng	请
Blindenmassage	máng|rén àn|mó	盲人按摩
Blume	huā	花
Bluse	chèn|shān	衬衫
Bonbon	táng|guǒ	糖果
braten	chǎo	炒
Bratkartoffeln	zhá tǔ|dòu	炸土豆
brauchen (benötigen)	yào, xū|yào	要，需要
bringen	lái	来
Bügelbrett	yùn|yī|bǎn	熨衣板
Bügeleisen	yùn|dǒu	熨斗
bügeln	tàng	烫
Buntwäsche	yǒu|sè yī|fu	有色衣服
Bus	gōng|jiāo|chē	公交车
Butter	huáng|yóu	黄油
Café Latte	ná|tiě kā|fēi	拿铁咖啡
Cappuccino	kǎ|bù|qí|nùo	卡布奇诺
Chili	là|jiāo	辣椒
China	Zhōng|guó	中国
Chinese/in	Zhōng|guó|rén	中国人
Chinesisch	Hàn|yǔ, Zhōng|wén	汉语，中文
chinesische Medizin (Medikament)	zhōng|yào	中药
Cola	kě|lè	可乐
Computer	diàn|nǎo	电脑
Damen-bekleidung	nǚ|zhuāng	女装
danach	rán|hòu, yǐ|hòu	然后，以后
danke	xiè|xie	谢谢
dann	rán|hòu, yǐ|hòu	然后，以后
das dort	nà	那
das hier	zhè	这
Deutsch	Dé|yǔ, Dé|wén	德语，德文
Deutsche/r	Dé|guó|rén	德国人

Deutschland	Dé|guó	德国
Dienstschluss haben	xià|bān	下班
dies	zhè	这
Ding	dōng|xi	东西
dort (drüben)	nà|bian, nà|lǐ, nàr	那边，那里，那儿
du	nǐ	你
Durchfallmittel	zhǐ|xiè|yào	止泻药
dürfen	néng, kě|yǐ	能，可以
echt	zhēn|de	真的
Ehefrau (*Anrede*)	tài|tai	太太
Ehemann	zhàng|fu	丈夫
Ei	jī|dàn	鸡蛋
eilig	jí	急
ein wenig	yì|diǎn, yǒu|diǎn	一点，有点
einnehmen (*Medizin*)	chī	吃
einsteigen	shàng (chē)	上（车）
eisgekühlt	bīng de	冰的
Eiskaffee	bīng kā|fēi	冰咖啡
Elektroartikel	diàn|zǐ chǎn|pǐn	电子产品
Englisch	Yīng|yǔ, Yīng|wén	英语，英文
enthalten	bāo|hán	包含
Entschuldigung	duì|bu|qǐ	对不起
er	tā	他
erfreut sein	gāo|xìng	高兴
erkältet sein	gǎn|mào le	感冒了
erledigen (Angelegenheit, Formalität)	bàn	办
erschöpft sein	lèi	累
erst	cái	才
Erwachsene/r	dà|rén	大人
Espresso	tè|nóng kā|fēi	特浓咖啡
essen	chī, chī|fàn	吃，吃饭
Essig	cù	醋

Esszimmer	cán|shì	餐食
Fahrer	sī|jī	司机
Fahrkarte	piào	票
Fahrzeug	chē	车
falsch machen	nòng|cuò	弄错
Familie	jiā	家
Familienname	xìng	姓
Farbe	yán|sè	颜色
färben	rǎn	染
Fasson	céng|cì	层次
Feierabend machen	xià|bān	下班
feilschen	jiǎng|jià	讲价
Fenster	chuāng|hu	窗子
Fernbus	cháng|tú qì|chē	长途汽车
Fernsehen	diàn|shì	电视
Film	diàn|yǐng	电影
Flasche	píng|zi	瓶子
Fleisch	ròu	肉
Flughafen	jī|chǎng	机场
föhnen	chuī, chuī gān	吹，吹干
förmlich, höflich	kè|qi	客气
fotografieren	pāi|zhào	拍照
Frage	wèn|tí	问题
Frau	nǚ|rén	女人
Frau (*Anrede*)	nǚ|shì	女士
freie Zeit	kòng	空
Freund, fester	nán|péng|you	男朋友
Freund/in	péng|you	朋友
Freundin, feste	nǚ|péng|you	女朋友
Friseursalon	lǐ|fà|diàn	理发店
Frisur	fà|xíng	发型
Frühstück	zǎo|fàn	早饭
Fuß	jiǎo|bù	脚部
geben	gěi	给
geben (existieren)	yǒu	有
gegenüber	duì|mian	对面

Geheimnummer	mì|mǎ	密码
gehen	zǒu	走
gehen (klappen)	xíng	行
gekühlt	bīng de	冰的
Geld	qián	钱
Geldautomat	zì|dòng tī|kuǎn|jī	自动提款机
genügen	gòu le	够了
Gepäck	xíng|li	行李
geradeaus gehen/fahren	yì|zhí zǒu	一直走
Gericht *(Speise)*	cài	菜
Geschirrspülmaschine	xǐ|wǎn|jī	洗碗机
gestern	zuó|tiān	昨天
Gewürz	tiáo|liào	调料
gießen *(Pflanzen)*	jiāo|shuǐ	浇水
Glas	bēi|zi	杯子
Glutamat	wèi|jīng	味精
Grad (*Temperatur*)	dù	度
Gramm	kè	克
Grippe	liú|gǎn	流感
groß (*bei Gegenständen*)	dà	大
groß (*bei Personen*)	gāo	高
gründlich	hǎo|hǎo	好好
gut, in Ordnung	hǎo de	好的
gut aussehen	hǎo|kàn	好看
gut, gut sein, gut gehen	hǎo	好
Haar, Kopfhaar	tóu|fa	头发
haben	yǒu	有
halb, Hälfte	bàn	半
Hals	bó|zi	脖子
halten, anhalten	tíng	停
Haltestelle	zhàn, chē|zhàn	站，车站
Hand	shǒu	手
Handy	shǒu|jī	手机
Hardsleeper (2. Kl. Schlafwagen)	yìng|wò	硬卧
Haushaltshilfe	ā|yí	阿姨
heiraten	jié|hūn	结婚
heiß	rè	热
heißen (*nur mit Familiennamen*)	xìng	姓
heißen, genannt werden	jiào	叫
helfen	bāng, bāng|máng	帮，帮忙
Hemd	chèn|shān	衬衫
herausgeben (Geld)	zhǎo	找
Herr (*auch Anrede*)	xiān|sheng	先生
Herrenbekleidung	nán|zhuāng	男装
heute	jīn|tiān	今天
hier	zhè|li, zhèr	这里，这儿
hinaufgehen	shàng	上
hinbringen	dài	带
hineingeben	fàng	放
hingehen, hinfahren	qù	去
hinlegen	tǎng|xià	躺下
hinten, da hinten	hòu|bian, hòu|mian	后边，后面
hinzufügen	jiā	加
Hitzschlag	zhòng|shǔ	中暑
Hose	kù|zi	裤子
Hundefleisch	gǒu|ròu	狗肉
hundert	bǎi	百
hungrig sein	è	饿
Husten; husten	ké|sou	咳嗽
Hustenmittel	zhǐ|ké|yào	止咳药
ich	wǒ	我
ihr	nǐ|men	你们
immer noch	hái|shi	还是
in (*bei Ortsangaben*)	zài	在
Innereien	nèi|zàng	内脏

Internet	hù|lián|wǎng	互联网
Jahr	nián	年
jede/r/s	měi	每
jemand	(yǒu) rén	(有)人
jetzt	xiàn|zài	现在
Junge	nán|hái(r)	男孩
Kaffee	kā|fēi	咖啡
kalt	lěng	冷
kaputt	huài le	坏了
Kasse	shōu|kuǎn|tái	收款台
Kassenzettel	fā|piào	发票
kaufen	mǎi	买
kehren	dǎ|sǎo	打扫
kennen	zhī|dào, rèn|shi	知道，认识
kennenlernen	rèn|shi	认识
Kilo	gōng|jīn	公斤
Kind	ér|tóng, hái|zi	儿童，孩子
Kindergarten	yòu|ér|yuán	幼儿园
Kinderkleidung	ér|tóng yī|fu	儿童衣服
Kindermädchen	ā|yí	阿姨
Kinderticket	ér|tóng piào	儿童服
klappen	xíng	行
Kleiderbügel	yī|jià	衣架
Kleidung, Kleidungsstück	yī|fu	衣服
klein	xiǎo	小
kochen	zuò|fàn	做饭
Kollege/Kollegin	tóng|shì	同事
kommen	lái	来
können	néng, kě|yǐ	能，可以
Kopf	tóu	头
Körper, der ganze	quán|shēn	全身
Krankenhaus	yī|yuán	医院
Krankheit	bìng	病
Kreditkarte	xìn|yòng|kǎ	信用卡
Küche	chú|fáng	厨房
Kühlschrank	bīng|xiāng	冰箱
kurz	duǎn	短
Land	guó, guò|jiā	国，国家

lang	cháng	长
lange (Zeit)	jiǔ	久
langsam	màn	慢
lassen (veranlassen)	ràng	让
lästig	má|fan	麻烦
Lebensmittel	shí|pǐn	食品
Lebensmittel-vergiftung	shí|wù zhòng|dú	食物中毒
leicht	qīng	轻
lernen	xué	学
Linie (*bei Verkehrsmitteln*)	xiàn	线
links	zuǒ	左
Löffel	sháo|zi	勺子
machen	zuò	做
Mädchen	nǚ|hái(r)	女孩
Mal (Häufigkeit)	cì	次
mal eben, mal kurz	yí|xià	一下
Mandarine	jú|zi	橘子
Mann	nán|rén	男人
männlich	nán de	男的
Massage	àn|mó	按摩
Massagesalon	àn|mó|diàn	按摩店
Medizin, Medikament	yào	药
Mehl	miàn|fěn	面粉
Mensch	rén	人
Meter	mǐ	米
Milch	niú|nǎi	牛奶
Mineralwasser	kuàng|quán|-shuǐ	矿泉水
Minute	fēn|zhōng	分钟
mit	gēn	跟
mitbringen, mitnehmen	dài	带
Mittagessen	zhōng|fàn	中饭
mitteilen	gào|su	告诉
möchten	xiǎng, xiǎng|yào	想，想要
mögen	xǐ|huan	喜欢

möglich sein	kě|yǐ	可以
Monat	yuè	月
morgen	míng|tiān	明天
müde sein	lèi	累
müssen	yào	要
Nachmittag	xià|wǔ	下午
nächstes Mal	xià|cì	下次
Nacken	bó|zi	脖子
Nagelstudio	měi|jiā|diàn	美甲店
Nähe, in der Nähe	fù|jìn	附近
Name	míng|zi	名字
nebenan	páng|bian	旁边
nervend	má|fan	麻烦
neu	xīn	新
nicht	bù	不
nicht (tun sollen)	bié	别
nicht haben	méi yǒu	没有
nicht nötig sein	bú|yòng	不用
nicht schlecht	bú|cuò	不错
noch	hái	还
noch (mal)	zài	再
Nord-	běi	北
Nummer	hào	号
nur	zhǐ	只
oben	shàng|mian	上面
Oberbekleidung	shàng|yī	上衣
Obst	shuǐ|guǒ	水果
oder (*in Fragen*)	hái|shi	还是
öffnen	kāi, dǎ|kāi	开，打开
Öl	yóu	油
Ort	dì|fang	地方
Ost-	dōng	东
Österreich	Aò|dì|lì	奥地利
Österreicher/in	Aò|dì|lì|rén	奥地利人
Packung	hé(zi), bāo	盒（子），包
Pass	hù|zhào	护照

Passwort	mì|mǎ	密码
Person	rén	人
Pflaster	chuāng|kě|tiē	创可贴
Pfund (500 Gramm)	jīn	斤
Platz (öffentlicher)	guǎng|chǎng	广场
Prepaid Sim-Karte	yù|fù|fèi SIM-kǎ	预付费SIM卡
Problem	wèn|tí	问题
Pullover	máo|yī	毛衣
putzen	cā gān|jìng	擦干净
Quittung	fā|piào	发票
rechts	yòu	右
Reis (gekocht)	mǐ|fàn	米饭
Reis (ungekocht)	dà|mǐ	大米
reparieren	xiū	修
reservieren	yù|yuē	预约
Rezept	yào|fāng	药方
richtig	duì	对
Rindfleisch	niú|ròu	牛肉
Rock	qún|zi	裙子
Rücken	bèi|bù	背部
rufen	jiào	叫
Sache, Angelegenheit	shì	事
Sache, Ding	dōng|xi	东西
Salz	yán	盐
salzig	xián	咸
sanft	qīng	轻
satt sein	chī|bǎo le	吃饱了
sauber	gān|jìng	干净
sauber machen	dǎ|sǎo	打扫
Schachtel	hé(zi)	盒（子）
Schale (zum Essen)	fàn|wǎn	饭碗
scharf	là	辣
schauen	kàn	看
Schlafwagen-platz	wò|pù	卧铺

Schlafzimmer	wò|shì	卧室
schmerzen	téng	疼
Schmerzmittel	zhǐ|tòng|yào	止痛药
schmutzig	zāng	脏
Schnaps	bái|jiǔ	白酒
schneiden	jiǎn	剪
schnell	kuài	快
Schönheitssalon	měi|róng|diàn	美容店
Schokolade	qiǎo|kè|lì	巧克力
Schreibwaren	wén|jù	文具
Schulter	jiān|bǎng	肩膀
Schweinefleisch	zhū|ròu	猪肉
Schweiz	Ruì|shì	瑞士
Schweizer/in	Ruì|shì|rén	瑞士人
schwer	zhòng	重
Seegurke	hǎi|shēn	海参
sehen	kàn	看
sehr	hěn, tài	很，太
sein (*im Sinne einer Identität*)	shì	是
sein (*im Sinne von sich befinden, da sein*)	zài	在
selbst	zì|jǐ	自己
selbstverständlich	dāng|rán	当然
Shiatsu	rì|shì zhǐ|yā	日式指压
sicher (sein)	qīng|chu	清楚
sie (*Singular*)	tā	她
sie (*Plural*)	tā|men	他们/她们
Sie	nín	您
SIM-Karte	SIM-kǎ	SIM卡
Sitzplatz	zuò|wèi	座位
so (derart)	zhè|me, zhè|yàng	这么，这样
Socke	wà|zi	袜子
sofort	mǎ|shàng	马上
Softsleeper (1. Klasse Schlafwagen)	ruǎn|wò	软卧
Sojasoße	jiàng|yóu	酱油

sollen	yào	要
Sorte	zhǒng	种
später	rán|hòu, yǐ|hòu	然后，以后
Speiseöl	shí|yóu	食油
Speisewagen	cān|chē	餐车
Spiegel	jìng|zi	镜子
Spiele	yóu|xì	游戏
spielen	wán	玩儿
Spritze geben	dǎ|zhēn	打针
Stäbchen	kuài|zi	筷子
Station	zhàn	站
Stau	dǔ|chē	堵车
Staubsauger	xī|chén|qì	吸尘机
Steckdose	chā|kǒu	插口
sterben	sǐ	死
Stockwerk	lóu	楼
Straße	lù	路
Strom	diàn	电
Strumpf	wà|zi	袜子
Stunde	xiǎo|shí	小时
suchen	zhǎo	找
Süd-	nán	南
süß (*Geschmack*)	tián	甜
süß, niedlich	kě|ài	可爱
Süßigkeiten	tián|shí	甜食
Tablette	piàn	片
Tag	tiān	天
täglich, jeden Tag	měi|tiān	每天
Tasse	bēi|zi	杯子
tatsächlich	zhēn|de	真的
Taxameter anschalten	dá|biǎo	打表
Taxameter ausmachen	guān|biǎo	关表
Taxi	chū|zū|chē	出租车
Tee	chá	茶
Teller	pán|zi	盘子
teuer	guì	贵

Thai Massage	tài|shì àn|mó	泰式按摩
Ticket	piào	票
Toilette	cè|suǒ	厕所
Tomate	xī|hóng|shì	西红柿
Trauben	pú|tao	葡萄
Treppe	lóu|tī	楼梯
Trickfilm	dòng|huà|piàn	动画片
trinken	hē	喝
Trinkgeld	xiǎo|fēi	小费
T-Shirt	T-xù	T-恤
U-Bahn	dì|tiě	地铁
U-Bahn-Haltestelle	dì|tiě|zhàn	地铁站
Uhr(zeit)	diǎn	点
umdrehen, sich umdrehen	fān|shēn	翻身
Umkleidekabine	gēng|yī|shì	更衣室
umständlich	má|fan	麻烦
umsteigen	huàn chē	换车
umtauschen	huàn	换
unbedingt	yí|dìng	一定
und	hé, gēn	和，跟
ungefähr	dà|gài	大概
unten	xià|mian	下面
USA	Měi|guó	美国
vegetarisches Gericht	sù|cài	素菜
verheiratet sein	jié|hūn le	结婚了
verstehen	míng|bai	明白
verwechseln	nòng|cuò	弄错
viele	duō	多
Visitenkarte	míng|piàn	名片
Vormittag	shàng|wǔ	上午
vorne, da vorne	qián|bian, qián|mian	前边，前面
Vorspeisen (kalte Gerichte)	lěng|pán	冷盘
wann	shén|me shí|hou	什么时候
warten	děng, shāo|děng	等，稍等
Wartesaal	hòu|chē|tīng	候车厅
was, was für ein/e	shén|me	什么
waschen	xǐ	洗
Waschmaschine	xǐ|yī|jī	洗衣机
Waschpulver	xǐ|yī|fěn	洗衣粉
Wasser	shuǐ	水
WeChat *(Kommunikations-App)*	Wēi|xìn	微信
wechseln	huàn	换
Weg	lù	路
weh tun	téng	疼
weiblich	nǚ de	女的
Wein	pú|táo|jiǔ	葡萄酒
weit	yuǎn	远
welche/r/s?	nǎ, shén|me	哪，什么
wenden	diào|tóu	掉头
West-	xī	西
westliche Medizin (Medikament)	xī|yào	西药
wie (Art und Weise)	zěn|me	怎么
wie …?	duō …?	多
wieviel, wie viele	jǐ *(Frage nach einer Zahl < zehn)*, duō|shao *(Frage nach einer Zahl > zehn)*	几，多少
Windeln	niào|bù	尿布
wir	wǒ|men	我们
wirklich	zhēn|de	真的
wirksam	yǒu|xiào	有效
wischen	cā	擦
wissen	zhī|dào	知道
wo	nǎ|li, nǎr	哪里，哪儿
Woche	xīng|qī	星期
wohin	nǎ|li, nǎr	哪里，哪儿
wohlfühlen	shū|fu	舒服

wohnen	zhù	住
Wohnzimmer	kè|tīng	客厅
wollen	yào, xiǎng|yào	要，想要
zahlen	fù qián	付钱
zeigen	zhǐ	指
Zimmer	fáng|jiān	房间
zu (sehr)	tài	太
zu Ende, alle	wán le	完了
zu ... (Ziel)	qù	去
zuerst	xiān	先
Zug	huǒ|chē	火车
Zuhause	jiā	家
zurückkommen	huí|lái	回来
zusammen, gemeinsam	yì|qǐ	一起
zusammen (-genommen)	yí|gòng	一共
zwei (*vor Zähleinheits-wörtern*)	liǎng	两

LÖSUNGEN

Erstes Kennenlernen (S. 36ff.)

Übung 1
a) Nǐ hǎo! **b)** Nín hǎo! oder Nǐ hǎo! (je nach Alter der Dame) **c)** Nín hǎo! **d)** Nín hǎo! **e)** Nǐ|men hǎo!

Übung 2
a) Nǐ gāo|xìng ma? **b)** Nǐ yě è ma? **c)** Nǐ lèi ma?

Übung 3
a) Nǐ máng ma? **b)** Nǐ è ma? **c)** Nǐ lèi ma? **d)** Nǐ hǎo ma?

Übung 4
b) Wǒ yě hěn máng. / Wǒ bù máng. **c)** Wǒ yě bú lèi. / Wǒ hěn lèi. **d)** Wǒ yě hěn gāo|xìng. / Wǒ bù gāo|xìng. **e)** Wǒ yě bú è. / Wǒ hěn è.

Übung 5 (Beispiellösungen)
a) Wǒ yě hěn máng. – Ich habe auch viel zu tun. **b)** Wǒ bù hěn è. – Ich bin nicht sehr hungrig. **c)** Wǒ yě bù gāo|xìng. – Ich bin auch nicht erfreut. **d)** Tā hěn bù hǎo. – Es geht ihm sehr schlecht. ("in besonderem Maße nicht gut")
e) Tā yě hěn bù máng. – Sie ist auch überhaupt nicht beschäftigt.

Übung 6
a) Der Mann gibt an, sehr viel zu tun zu haben. Er ist müde/erschöpft und hat Hunger.
Der Frau geht es gut. Sie hat nicht viel zu tun und ist nicht müde. Allerdings hat sie ebenfalls Hunger.
b) Eine der Personen könnte ein gemeinsames Essen vorschlagen.

Übung 7
a) shí|bā – sì|shí|sān – jiǔ|shí|qī – bā|shí|wǔ – bā|shí|bā – èr|shí|liù – wǔ|shí|yī – qī|shí|èr – shí|sì – liù|shí|sān – jiǔ|shí|sì – qī – èr|shí|yī – sān|shí|jiǔ – sì|shí|sì – sān|shí|èr – wǔ|shí|wǔ – qī|shí|liù – liù|shí|bā **b)** Shí|sì shì shí|sì. Sì|shí shì sì|shí. Sì|shí|sì shì sì|shí|sì.

Übung 8
vgl. Dialoge 4 und 5

Übung 9 (Beispiellösungen)
a) Chén nǚ|shì, nín yǒu míng|piàn ma? **b)** Wú xiān|sheng duō dà? **c)** Nǐ yǒu kòng ma? **d)** Sūn xiān|sheng shì Xīn|jiā|pō|rén ma? **e)** Nín shì nǎ guó rén?

Übung 10 (Beispiellösungen)
a) Nín guì xìng? oder Nǐ xìng shén|me? – Wǒ xìng Drechsler. **b)** Nǐ jiào shén|me míng|zi? – Wǒ jiào Julia Drechsler. **c)** Nǐ duō dà? – Wǒ sì|shí|èr suì. **d)** Nǐ shì nǎ guó rén? – Wǒ shì Dé|guó|rén. **e)** Nǐ yǒu míng|piàn ma? – Yǒu. **f)** Nǐ yǒu Wēi|xìn ma? – Méi yǒu.

Übung 11
a) Tā shì Ruì|shì|rén. Tā sān|shí|qī suì. **b)** Tā shì Dé|guó|rén. Tā sì|shí|èr suì. **c)** Tā shì Zhōng|guó|rén. Tā èr|shí|jiǔ suì. **d)** Tā shì Aò|dì|lì|rén. Tā wǔ|shí|yī suì. **e)** Tā shì Tái|wān|rén. Tā shí|bā suì. **f)** Tā shì Xīn|jiā|pō|rén. Tā sì|shí|liù suì.

Übung 12
a–4; b–1; c–2; d–6

Übung 13 (Beispiellösungen)
a) Zhè shì sān ge nǚ|rén. **b)** Zhè shì liǎng ge nán|rén.
c) Zhè shì qī ge hái|zi. **d)** Zhè shì liǎng ge nán|rén, yí ge nǚ|rén, yí ge hái|zi.

Übung 14 (Beispiellösungen)
a) Herr Scholler: Lǐ nǚ|shì: nín hǎo! Zhè shì wǒ tài|tai.
Frau Li: Scholler xiān|sheng, Scholler nǚ|shì: nǐ|men hǎo! Zhè shì wǒ zhàng|fu Mǎ xiān|sheng.
Herr Scholler: Mǎ xiān|sheng, nín hǎo!
b) Frau Schneider: Sūn nǚ|shì, nín jié|hūn le ma?
Frau Sun: Wǒ méi jié|hūn. Wǒ yǒu nán|péng|you. Nín jié|hūn le ma?
Frau Schneider: Wǒ méi jié|hūn, yě méi yǒu nán|péng|you.

Übung 15 (Beispiellösungen)
a) Zhè shì Bauer nǚ|shì, tā jiào Martina Bauer. Tā shì Aò|dì|lì|rén, sān|shí|jiǔ suì. Zhè shì tā de zhàng|fu, tā jiào Oliver. Tā shì Dé|guó|rén, sān|shí|bā suì. **b)** Zhè shì Steven Lee, tā shì Xīn|jiā|pō|rén, wǔ|shì|sì suì. Zhè shì tā de tài|tai, Julia Ho. Tā shì Xiāng|gǎng|rén, sì|shí|wǔ suì.

Übung 16
a) Wǒ yǒu liǎng ge hái|zi. Yí ge nǚ|hái, qī suì, yí ge nán|hái, wǔ suì. **b)** Wǒ yǒu sān ge hái|zi. Yí ge nǚ|hái, liǎng ge nán|hái. Nǚ|hái shí|yī suì, yí ge nán|hái shí|sān suì, yí ge nán|hái liù suì. **c)** Wǒ yǒu sì ge hái|zi. Liǎng ge nǚ|hái, liǎng ge nán|hái. Yí ge nǚ|hái shí|bā suì, yí ge nǚ|hái shí|wǔ suì. Liǎng ge nán|hái shí|jiǔ suì.

Übung 17 (Beispiellösungen)
a) Nǐ|men shì nǎ guó rén? – Wǒ|men shì Dé|guó|rén.
b) Nǚ|hái jǐ suì. – Tā sān suì. **c)** Tā shì nán|hái hái|shi nǚ|hái? – Tā shì nán|hái. **d)** Nǐ duō dà?
Zusatzfrage: Die Dame möchte betonen, dass Sie sich sehr glücklich schätzen können, wenn Sie einen Jungen und ein Mädchen haben.

Übung 18
a) wǒ de péng|you **b)** wǒ tóng|shì de zhàng|fu
c) Měi|guó|rén de hái|zi **d)** wǒ tài|tai de péng|you **e)** Lǐ nǚ|shì de míng|piàn **f)** Lǐ xiān|shēng de Yīng|yǔ **g)** Mǎ xiān|shēng de tài|tai **h)** wǒ zhàng|fu de míng|piàn

Übung 19 (Beispiellösungen)
a) Nǐ de hái|zi shí|yí suì hái|shi shí|èr suì? **b)** Tā shì nín de zhàng|fu hái|shi (nín de) nán|péng|you? **c)** Nín shì Dé|guó|rén hái|shi Měi|guó|rén? **d)** Nǐ de péng|you shì Tái|wān|rén hái|shi Xiāng|gǎng|rén? **e)** Tā xìng Píng hái|shi jiào Píng?

Übung 20
a) Sie ist 37 Jahre alt. **b)** Sie ist nicht verheiratet, hat aber einen festen Freund. **c)** Sie hat keine Kinder.

Übung 21
a) Wǒ lái Zhōng|guó sān ge yuè le. **b)** Wǒ lái Běi|jīng liǎng ge xīng|qī le. **c)** Wǒ lái Shàng|hǎi bā tiān le. **d)** Wǒ lái Xiāng|gǎng yì nián le.

Übung 22 (Beispiellösungen)
Dé|guó de hái|zi – deutsche Kinder; nǐ de Hàn|yǔ – dein/Ihr Chinesisch; Zhāng xiǎo|jiě de nán|péng|you – der Freund von Frau Zhang; tā de míng|piàn – seine Visitenkarte; wǒ de tài|tai – meine Frau; hái|zi de míng|zi – der Name des Kindes

Übung 23
a) Wǒ (de) péng|you hěn hǎo. **b)** Lǐ xiān|sheng de míng|piàn hěn hǎo. **c)** Sūn nǚ|shì de Yīng|yǔ hěn hǎo. **d)** Mǎ xiān|sheng de hái|zi hěn hǎo. **e)** Běi|jīng rén hěn hǎo.

Übung 24 (Beispiellösung)
Wǒ qù|guo Shàng|hǎi, Háng|zhōu, Sū|zhōu.

Übung 25
a) falsch **b)** richtig **c)** falsch **d)** richtig **e)** falsch **f)** falsch

Einkaufen (S. 56ff.)

Übung 1
a) lái yì lái / kàn yí kàn / mō yì mō / mǎi **b)** shì **c)** zhǎo / kàn yí kàn / mō yì mō **d)** zài **e)** yǒu / zhǎo / mǎi **f)** yǒu

Übung 2
a) Tā yě lèi ma? b) Wáng Dà|dōng gāo|xìng ma? c) Zhè ge tài dà ma? **d) Nǐ**|men è ma? Tā|men **yě** è ma? **e) Yǒu** bié de hǎo|kàn de ma? **f)** Zhè tiáo qún|zi duǎn ma? Nà tiáo qún|zi cháng ma?

Übung 3
a) Zhè ge tài cháng. Wǒ zhǎo duǎn de. **b)** Zhè ge tài xiǎo. Wǒ zhǎo dà de. **c)** Zhè ge bù hǎo. Wǒ zhǎo bié de. / Yǒu bié de ma? **d)** Zhè ge tài duǎn. Wǒ zhǎo cháng de. **e)** Zhè ge tài hòu. Wǒ zhǎo bó de.

Übung 4
a-2, b-3, c-5, d-1, e-4

Übung 5
a) Wǒ zhǎo dà de. **b)** Yǒu. **c)** Wǒ bù mǎi liǎng ge, wǒ mǎi yí ge. **d)** Bù! Wǒ yào shì yí shì yì tiáo qún|zi. **e)** Wǒ zhǎo gēng|yī|shì.

Übung 6 (Beispiellösungen)
a) Gēng|yī|shì zài nǎr? – Méi yǒu gēng|yī|shì. **b)** Ich sehe mir das (dieses Ding) mal an. – Kein Problem. **c)** Tā dài le tā de Zhōng|guó péng|you. **d)** Wenn Sie keinen Beleg haben, können Sie den Rock nicht umtauschen. **e)** Wǒ kě|yǐ shì yí shì zhè jiàn chèn|shān ma? **f)** Dieser Mantel ist nicht zu groß und nicht zu klein. **g)** Wǒ kě|yǐ kàn yí kàn zhè tiáo qún|zi ma? **h)** Mein Name ist Peter. Ich habe meine Freundin mitgebracht.

Übung 7 (Beispiellösungen)
a) Wǒ yào huàn yí jiàn dà|yī. Kě|yǐ ma? **b)** Zhè jiàn chèn|shān kě|yǐ mō yì mō ma? **c)** Zhè tiáo kù|zi, kě|yǐ shì yí shì ma? **d)** Zhè ge jiā|jù kě|yǐ kàn yí kàn ma? **e)** Zhè ge dōng|xi kě|yǐ cháng yì cháng ma?

Übung 8
a) Huàn le. / Tā huàn le nà jiàn (tài dà de) chèn|shān. / Nà jiàn (tài dà de) chèn|shān, tā huàn le. **b)** Wǒ zài Dé|guó rèn|shi le tā. **c)** Tā hái méi jié|hūn. **d)** Wǒ méi kàn. / Wǒ méi kàn nǐ de míng|piàn. **e)** Wǒ mǎi le bié de qún|zi. **f)** Tā|men méi xué Dé|yǔ. Tā|men xué le Yīng|yǔ.

Übung 9 (Beispiellösungen)
a) Zhè ge dōng|xi hěn hǎo|kàn, nà ge bù hǎo|kàn. **b)** Zhè ge bù xíng, nà ge xìng. **c)** Zhè ge tài xiǎo, nà ge tài dà. **d)** Zhè ge xíng, nà ge bù xìng. **e)** Zhè ge qián bú shì wǒ de, nà ge shì. **f)** Zhè ge duō|shao qián? Nà ge ne?

Übung 10 (Beispiellösung)
Sie: Nà jiàn chèn|shān duō|shao qián?
Händlerin: Nà jiàn chèn|shān hěn hǎo! Jiǔ|shí Kuài.
Sie: Tài guì le! Wǔ|shí Kuài hǎo bù hǎo?
Händlerin: Bù xíng! Qī|shí Kuài.
Sie: Hǎo, wǒ mǎi. Nǐ yě yǒu kù|zi ma?
Händlerin: Méi yǒu.

Übung 11
a) Der Verkäufer verlangt erst 95 Yuan und danach 85 Yuan. Für Strümpfe und Rock zusammen möchte er 99 Yuan. **b)** Die Kundin kauft nur die Strümpfe.

Übung 12
a) gēng|yī|shì (keine Zahl) **b)** mǎi (kein Adjektiv) **c)** qián (kein Kleidungsstück)

Übung 13 (Beispiellösungen)
a) Zhè ge dōng|xi, nǐ kě|yǐ gěi wǒ kàn yí kàn ma? **b)** Zhè ge dōng|xi bā|shí|bā Kuài bā Máo. **c)** Nǐ|men yǒu shén|me pián|yi de dōng|xi? **d)** Kě|yǐ zài pián|yi yì|diǎn ma? **e)** Nà jiàn duō|shao qián?

Übung 14 (Beispiellösungen)
a) Jiǔ|shí|jiǔ Kuài? Hái **tài** guì **le**. Zài pián|yi **ba**! **b)** Bā|shí|bā **Kuài** yě **bù** pián|yi! **Wǒ(men)** bù mǎi. **c)** Yí **jiàn/ge** T-xù liù|**shí** Kuài? Tài **guì** le. Bù **mǎi**! **d)** Wǒ|men **bù** mǎi bù **hǎo** kàn **de** dōng|xi. **e) Qǐng** gěi wǒ **nà/zhè** tiáo kù|zi ba.

Übung 15
a) Er/sie gibt mir dieses teure Hemd, (während) ich ihm/ihr jenes billige T-Shirt gebe. (Gegenüberstellungen wie diese brauchen im Chinesischen nicht unbedingt eine Konjunktion. Die Teilsätze werden einfach aneinandergereiht. Vgl. d) **b)** Was hat er Gutes mitgebracht? (wörtl. „welches gute Ding") **c)** Neun Kuai sind keine große Summe, 90.000 schon. („Dà" – groß – wird oft auch im übertragenen Sinne verwendet.) **d)** Das Kleine zu kaufen geht nicht, das Große schon. (Wer hier etwas kaufen will und was gekauft werden soll, geht aus diesem Satz nicht hervor, es muss aus dem Zusammenhang klar sein.) **e)** Tausch diese zwei Sachen um, ok?

Übung 16
a) liǎng Kuài bā (Máo) **b)** sān Kuài, sì (Máo) **c)** sì|shí|wǔ Kuài, yì (Máo) **d)** shí|sān Kuài, wǔ (Máo) **e)** èr|shí|yí Kuài qī (Máo) **f)** jiǔ|shí|èr Kuài jiǔ (Máo) **g)** wǔ|shí|liù Kuài èr (Mào) h) sān|shí|sān Kuài, liù (Máo)

Übung 17 (Beispiellösungen)
a) Wǒ xiān (yào) kàn yí kàn. **b)** Wǒ xiān (yào) zhǎo fā|piào. **c)** Wǒ xiān (yào) fù zhè tiáo kù|zi. **d)** Wǒ xiān (yào) qù shōu|kuǎn|tái. **e)** Wǒ xiān bù (yào) mǎi zhè xiē dōng|xi.

Übung 18 (Beispiellösungen)
a) Nǐ|men qù.
Qǐng nǐ|men qù.
Qǐng nǐ|men qù wǒ|men de shōu|kuǎn|tái.
Qǐng nǐ|men qù wǒ|men de shōu|kuǎn|tái ba.
b) Tā|men fù.
Tā|men yào fù.
Tā|men yào fù shí|sān Kuài.
Tā|men yào fù shí|sān Kuài bā Máo.
c) Tā mǎi.
Tā bù mǎi.
Tā bù mǎi zhè xiē.
Tā bù mǎi zhè xiē T-xù.
Tā bù mǎi zhè xiē pián|yi de T-xù.
d) Tā yào.
Tā yào ma?
Tā yě yào ma?
Tā yě yào lái ma?
Tā yě yào lái Dé|guó ma?
e) Duō|shao?
Duō|shao qián?
Zhè ge duō|shao qián?
Zhè ge hǎo|kàn de duō|shao qián?
Zhè ge hǎo|kàn de dà|yī duō|shao qián?
f) Nín zhǎo ba.
Qǐng nín zhǎo ba.
Qǐng nín zhǎo fā|piào ba.
Qǐng nín zhǎo nín de fā|piào ba.

Übung 19
Kundin: Zhè jiàn qún|zi tài guì, wǒ yào mǎi nà jiàn.
Verkäufer: Hǎo, nà jiàn jiǔ|shí Kuài bā Máo.
Kundin: Kě|yǐ yòng xìn|yòng|kǎ fù ma?
Verkäufer: Hěn bào|qiàn, bù xíng, qǐng nín fù xiàn|jīn ba.
Kundin: Kě|yǐ gěi wǒ fā|piào ma?
Verkäufer: Kě|yǐ, méi wèn|tí.

Übung 20
a) Nǐ|men **yǒu** bié|de shōu|kuǎn|tái **ma**? **b)** Tā **xiān** yào yí zhāng **shǒu|jī** chōng|zhí|kǎ. **c)** Nǐ|men **zài** nàr bù **kě|yǐ** fù **xiàn|jīn**. **d) Zhè** ge **pián|yi** de shǒu|jī hǎo. **e)** Gù|kè yòng **xìn|yòng|kǎ** mǎi **yí zhāng** shǒu|jī **chōng|zhí|kǎ**.

Übung 21
In der Regel können Sie immer *ge* verwenden, wenn Sie nicht das passende Zähleinheitswort nicht kennen.
a) jiàn (für Oberbekleidung) **b)** tiáo (länglicher Gegenstand) **c)** zhāng (flacher Gegenstand) **d)** tiáo (länglicher Gegenstand) **e)** zhāng (flacher Gegenstand) **f)** tiáo (länglicher Gegenstand) **g)** zhāng (flacher Gegenstand) **h)** zhāng (flacher Gegenstand) **i)** ge (ein Paar Socken würde mit shuāng für Dinge, die paarweise vorkommen, gezählt) **j)** zhāng (flacher Gegenstand)

Im Restaurant (S. 75ff.)

Übung 1
Alle Kombinationen sind grammatikalisch richtig. Es muss nichts hinzugefügt werden.

Übung 2 (Beispiellösung)
Qǐng nín lái wǔ píng pí|jiǔ.
Qǐng lái sān bēi nǎ|tiē kā|fēi.
Qǐng nín lái sì bēi hóng|chá.

Übung 3
a) gān|bēi (keine Mengenangabe) **b)** chá (als einziges heißes Getränk) oder bái|jiǔ (als einziges alkoholisches Getränk) **c)** nín (kein Verb)

Übung 4
a) Tā|men hē píng|guǒ|zhī. **b)** Nǐ|men yào hē shén|me? **c)** Qǐng zài lái liǎng bēi. **d)** Wǒ hē yì bēi xuě|bì. **e)** Zài lái sān bēi kā|fēi.

Übung 5
a) Nǐ yě hē lǜ|chá ma? **b)** Qǐng lái liǎng bēi kě|lè. **c)** Nǐ yào hē shén|me pí|jiǔ? **d)** Nǐ|men de kā|fēi hěn hǎo, qǐng zài lái yí bēi. **e)** Wǒ|men hē bái|jiǔ ba! Gān|bēi!

Übung 6
Individuelle Lösungen.

Übung 7
a-2, b-1, c-5, d-3, e-4

Übung 8
a) Tāmen bú **ài / yào** hē pú|táo|jiǔ. **b)** Qǐng nǐ zài **hē / dǎ|kāi / lái** yì píng. **c)** Zhè ge hóng|chá **jiào** shén|me?
d) Nǐmen **yào / hē / ài** chéng|zhī (O-Saft) hái|shi jú|zi|shuǐ?
e) Wǒ **qǐng** fú|wù|yuán **lái** sān bēi bīng de kě|lè.

Übung 9 (Beispiellösungen)
a) Tā yào hē.
Tā yào hē chá.
Tā yào hē shén|me chá?
Tā de hái|zi yào hē shén|me chá?
b) Wǒ yě yào hē.
Wǒ yě yào hē kǎ|bù|qí|nùo.
Wǒ yě yào hē kǎ|bù|qí|nùo, bú yào hē bái|jiǔ.
c) Tā qǐng fú|wù|yuán.
Tā qǐng fú|wù|yuán dǎ|kāi.
Tā qǐng fú|wù|yuán dǎ|kāi yì píng.
Tā qǐng fú|wù|yuán dǎ|kāi yì píng kuàng|quán|shuǐ.
d) Tā|men bú yào.
Tā|men bú yào hē.
Tā|men bú yào hē kě|lè.
Tā|men bú yào hē bīng de kě|lè.
Tā|men yě bú yào hē bīng de kě|lè.

e) Tā lái.
Tā lái liǎng bēi.
Tā lái liǎng bēi kā|fēi.
Tā lái liǎng bēi bīng kā|fēi.
Tā lái liǎng bēi hai|shi sān bēi bīng kā|fēi?

Übung 10
a) Zhè shì shén|me? **b)** Nǐ chī sù|cài ma? **c)** Zhè shì nèi|zàng ma? **d)** Zhè ge gōng|bǎo jī|dīng yǒu wèi|jīng ma? **e)** Fú|wù|yuán lái jǐ bēi bái|jiǔ? **f)** Nǐ è ma?

Übung 11
a) Zhè shì wèi|jīng ma? **b)** Nǐ yào bú yào gōng| bǎo jī|dīng? **c)** Tā yě bù chī nèi|zàng. **d)** Nà shi yú ma? **e)** Wǔ|xiāng huā|shēng|mǐ hé suān|là guā|tiáo shì sù|cài ma?

Übung 12
a) Wǔ|xiāng huā|shēng|mǐ shì sù|cài. **b)** Kè|rén bú ài chī nèi|zàng. **c)** Kè|ren qǐng fú|wù|yuán lái yí ge gōng|bǎo jī|dīng hé yí ge má|pó dòu|fǔ. **d)** Fú|wù|yuán shuō Hàn|yǔ. **e)** Kè|rén yào niú|ròu. (Geht nicht unbedingt aus dem Text hervor.)

Übung 13
a) sù|cài (ist kein tierisches Nahrungsmittel) **b)** bié (steht in Befehlssätzen, nicht in Fragesätzen) **c)** wèi|jīng (Zutat kein Gericht)

Übung 14
a-5, b-4, c-1, d-2, e-3

Übung 15
Individuelle Lösungen

Übung 16 (Beispiellösungen)
a) Xiè|xie!
Xiè|xie nín bú fàng.
Xiè|xie nín bú fàng wèi|jīng.
b) Hái|zi, nǐ bié chī.
Hái|zi, nǐ bié chī là de.
Hái|zi, nǐ bié chī là de cài.
Hái|zi, nǐ bié chī tài là de cài.
c) Wǒ bú yào.
Wǒ bú yào chī.
Wǒ yě bú yào chī.
Wǒ yě bú yào chī gǒu|ròu.
d) Qǐng nín mǎ|shàng lái.
Qǐng nín mǎ|shàng lái niú|ròu|miàn.
Qǐng nín mǎ|shàng lái yì wǎn niú|ròu|miàn.
e) Zhè shì sù|cài.
Zhè bú shì sù|cài.
Zhè bú shì sù|cài, nà yě bú shì.
Zhè bú shì sù|cài, nà yě bú shì sù|cài.

Übung 17
a) Qǐng lái yì pán xī|hóng|shì chǎo jī|dàn. **b)** Tāng tài là, wǒ bù hē. **c)** Qǐng bú yào fàng wèi|jīng. **d)** Zhè bú shì sù|cài. **e)** Qǐng mǎ|shàng lái sì wǎn mǐ|fàn.

Übung 18
Individuelle Lösungen

Übung 19
Individuelle Lösungen

Übung 20
a) yào: „wollen"; lǜ|chá: „grüner Tee"; mǎi|dān: „die Rechnung bitte"; mǐ|fàn: „Reis"; yí|gòng: zusammen, insgesamt **b)** kě|lè: „Cola"; kuài: „schnell"; fù: „bezahlen"; pú|táo|jiǔ: „Wein"; shuā|kǎ: „mit Kreditkarte bezahlen"; kā|fēi: „Kaffee" **c)** shí|bā: „18", gān|bēi: „Prost"; zhè: „dies"; tài là. „zu scharf"; yě: „auch"; dòu|fu: „Tofu" **d)** chéng|zhī: „Orangensaft"; zài lái: „bringen Sie noch ..."; fú|wù|yuán: „Bedienung"; wèijīng: „Glutamat" **e)** liǎng: „2" (vor Zähleinheitsworten); qǐng: „bitte"; shén|me: „was, welche/r/s"; jī|ròu: „Hühnerfleisch"; wǔ|shí: „50"; pí|jiǔ: „Bier"

Übung 21
a) èr jiā qī shì jiǔ **b)** sān jiā wǔ shì bā **c)** sān jiā yī shì sì **d)** liù jiā sì shì shí **e)** shí jiā yī shì shí|yī **f)** èr|shí|èr jiā sān shì èr|shí|wǔ **g)** sì|shí|qī jiā sì|shí|èr shì bā|shí|jiǔ **h)** èr|shí|èr jiā shí|èr shì sān|shí|sì

Übung 22
a) Shí|yī jiā wǔ|shí (11+50) shì liù|shí|yī. **b)** Sān|shí|qī jiā sì|shí|yī (37+41) shì qī|shí|bā. **c)** Èr|shí|wǔ jiā èr|shí|yī (25+21) shì sì|shí|liù. **d)** Wǔ|shí|qī jiā sān|shí|jiǔ (57+39) shì jiǔ|shí|liù.

Übung 23
a) Qǐng mǎi|dān! – Yí|gòng qī|shí|èr Kuài. **b)** Tā yòng Zhī|fù|bǎo, wǒ bù yòng Zhī|fù|bǎo. **c)** Shí|sì bú shì sì|shí, sì|shí bú shì shí|sì. **d)** Yí|gòng duō|shao qián? – Sì|shí|sì Kuài. **e)** Pí|jiǔ wǔ Kuài, mǐ|fàn shí Kuài, gōng|bǎo jī|dīng èr|shí Kuài.

Übung 24 (Beispiellösungen)
Wǒ|men yòng xìn|yòng|kǎ fù. Wǒ mǎ|shàng zǒu. Fú|wù|yuán zài lái yì wǎn.

Übung 25
Individuelle Lösungen

Übung 26
a) Er hat zu wenig Geld, außerdem verfügt er nicht über WeChat Pay oder Alipay. **b)** Er möchte mit Kreditkarte bezahlen. **c)** Der Wirt akzeptiert den niedrigeren Betrag und der Gast verspricht, wieder zu kommen.

Übung 27 (Beispiellösung)
a) Wǒ bù hē lǜ|chá. Lái yí ge kě|lè ba. **b)** Chéng|zhī yě kě|yǐ. **c)** Bù xíng, wǒ hē kuàng|quán|shuǐ. **d)** Hǎo, wǒ hē hóng|chá. **e)** Hěn bào|qiàn, bù kě|yǐ. Yòng Wēi|xìn, Zhī|fù|bǎo dōu kě|yǐ. **f)** Kě|yǐ.

Übung 28
Individuelle Lösungen

Orientierung mit und ohne Handy (S. 94ff.)

Übung 1
a) Qù Zhōng|guó Yín|háng zěn|me zǒu? **b)** Nǐ zhǎo sān lóu ma? **c)** Shōu|kuǎn|tái yě zài nàr. **d)** Qǐng|wèn shí|pǐn zài jǐ lóu? **e)** Wǒmen dāng|rán yě yǒu wén|jù.

Übung 2
a) Wǒ bù zhǎo chē|zhàn, zhǎo Zhōng|guó Yín|háng. **b)** Yín|háng bù yuǎn. **c)** Qù dì|tiě|zhàn yào yì|zhí zǒu. **d)** Dì|tiě|zhàn yì bǎi mǐ jiù dào le. **e)** Bǎi|huò shāng|diàn dāng|rán yǒu ér|tóng yī|fu. **f)** Ér|tóng yī|fu zài èr lóu. **g)** Wǒ bù zhī|dào qù shōu|kuǎn|tái zěn|me zǒu. **h)** Shōu|kuǎn|tái bú zài hòu|bian, zài qián|bian.

Übung 3
a) Chē|zhàn **yuǎn ma**? **b)** Qǐng|wèn, **qù dì|tiě|zhàn zěn|me zǒu**? **c) Cè|suǒ zài jǐ** lóu? / **Nǚ|zhuāng** ne? **d) Zhōng|guó Yín|háng yuǎn** ma?

Übung 4 (Beispiellösungen)
a) Nǚ|zhuāng zài sì lóu. **b)** Cè|suǒ yì bǎi mǐ jiù dào le. **c)** (Qù yín|háng) yì|zhí zǒu. **d)** Méi yǒu! Nàr méi yǒu dì|tiě|zhàn. **e)** Bù, shōu|kuǎn|tái jiù zài qián|bian. **f)** Dì|tiě|zhàn zài nǎr? **g)** Zhèr yǒu shōu|kuǎn|tái ma? **h)** Cè|suǒ yì|zhí zǒu ma?

Übung 5
Frage 1: b **Frage 2:** c **Frage 3:** a

Übung 6
a) nǎ|lǐ ist ein Fragewort **b)** qián hat nicht direkt etwas mit Handys zu tun **c)** chōng|qián ist ein Verb, die anderen Wörter sind Substantive

Übung 7
a) Zhè bú shì **yí** ge chōng|qián de **dì|fang**. **b)** Zhè **bú** shì Zhōng|guó de SIM-**kǎ**, shì Dé|guó **de**. **c) Méi** yǒu wèn|tí! Zhèr **fù|jìn** nǐ **kě|yǐ** chōng|qián, yě **kě|yǐ** chōng|diàn. **d)** Nǐ yào **de** mì|mǎ wǒ **gěi** nǐ. **e)** Ò, nǐ|men **zhèr** bú **yào** mì|mǎ ma? Tài hǎo le!

Übung 8 (Beispiellösungen)
a) Wǒ|men zhǎo yí ge yín|háng. **b)** Wǒ gěi nǐ wǒ de shǒu|jī. **c)** Méi wèn|tí, fù|jìn hái yǒu yí ge cè|suǒ. **d)** Qián|bian yě yǒu yóu|jú. f) Nàr jiù yǒu (ér|tóng yī|fu).

Übung 9 (Beispiellösungen)
a) Nǐ gěi wǒ.
Nǐ gěi wǒ hù|zhào.
Nǐ kě|yǐ gěi wǒ hù|zhào.
Nǐ xiàn|zài kě|yǐ gěi wǒ hù|zhào.
Nǐ xiàn|zài kě|yǐ gěi wǒ wài|guó|rén de hù|zhào.
b) Tā fù.
Tā fù yī|fu.
Tā fù ér|tóng yī|fu.
Tā zài shōu|kuǎn|tái fù ér|tóng yī|fu.
Tā zài yì lóu de shōu|kuǎn|tái fù ér|tóng yī|fu.
c) Wǒ|men rèn|shi.
Wǒ|men rèn|shi tā.
Wǒ|men huí Zhōng|guó rèn|shi tā.
Wǒ|men huí Zhōng|guó cái rèn|shi tā.
d) Tā bàn SIM-kǎ.
Tā gěi nán|péng|you bàn SIM-kǎ.
Tā gěi Dé|guó nán|péng|you bàn SIM-kǎ.
Tā zhè|me kuài gěi Dé|guó nán|péng|you bàn SIM-kǎ.
e) Tā|men chōng|diàn.
Tā|men gěi shǒu|jī chōng|diàn.
Tā|men gěi shǒu|jī chōng|diàn yào yí ge xiǎo|shí.
Tā|men gěi shǒu|jī chōng|diàn dāng|rán yào yí ge xiǎo|shí.

Übung 10
Individuelle Lösungen

Übung 11
a) Guangzhou; sie brauchen noch eine Stunde.
b) Geld; in einem Monat.
c) Kinder; sie will noch zwei Jahre damit warten.
d) Über das Aufladen eines Handys; in zwei Stunden.

Taxifahren (S. 112ff.)

Übung 1
a) yǒu **b)** zài **c)** zài **d)** shì **e)** shì **f)** yǒu

Übung 2
a) Nǐ|de nǚ|péng|you zài nǎr? **b)** Gut! Ich fahre sofort dorthin. **c)** Wǒ jiào chū|zū|chē. Nà|lǐ yǒu. **d)** Bitte wartet kurz. **e)** Mǎ xiān|sheng zài nà|lǐ. **f)** Fahren Sie zum Kempinski. – Kempinski, das kenne ich. **g)** Wǒ de hái|zi bú zài zhè|lǐ.

Übung 3 (Beispiellösungen)
a) Qù huǒ|chē|zhàn dà|gài duō|shao qián. **b)** Wǒ méi yǒu xíng|li, wǒ|de nǚ|péng|you yǒu (xíng|li). **c)** Qǐng qù nà|lǐ. Nǐ kàn|kan míng|piàn.**d)** Qǐng nǐ kuài qù jī|chǎng. **e)** Nǐ dǎ|biǎo!

Übung 4 (Beispiellösungen)
a) A: Qù huǒ|chē|zhàn dà|gài duō|shao qián?
B: Dà|gài 30 Kuài ba.
A: Hǎo.
b) A: Qǐng qù zhè ge fàn|diàn. Nǐ kàn|kan míng|piàn ba.
B: Méi wèn|tí, wǒ zhī|dào.
A: Hǎo. Zhè shì wǒ de xíng|li.
c) A: Nǐ hǎo. Qǐng qù jī|chǎng. Zhè shì wǒ de xíng|li, hěn zhòng. Qǐng bāng|máng.
B: Méi wèn|tí. Wǒ bāng nǐ.
A: Xiè|xie! Qù jī|chǎng dà|gài duō|shao qián?
B: Dà|gài 90 Kuài.

Übung 5
a) Zhè bú duì ba! **b)** Wǒ bāng nǐ ba. **c)** Nǐ de xíng|li hěn zhòng ba. **d)** Nàr yǒu chū|zū|chē ba.

Übung 6
a) Qǐng nǐ màn yì|diǎn. (Fahren Sie bitte langsamer.) – Duì|bù|qǐ. (Entschuldigung.) – Bù xíng! (Das geht nicht.) **b)** Qǐng bāngmáng. (Bitte helfen Sie mir.) – Wǒ de xíng|li zhòng yì|diǎn. (Mein Gepäck ist ein wenig schwer.) **c)**

Kuài yì|diǎn! (Fahren Sie ein bisschen schneller!) – Wǒ yǒu jí shì. (Ich habe es eilig.) – Xiàn|zài dǔ|chē. (Es ist gerade Stau.)

Übung 7 (Beispiellösungen)
a) (Nín/Nǐ) mǎ|shàng wǎng yòu guǎi ba. **b)** Qǐng (nín/nǐ) wǎng zuǒ guǎi. **c)** Qǐng (nín/nǐ) bāng|máng. **d)** Qǐng (nín/nǐ) màn yì|diǎn. **e)** (Nín/Nǐ) dǎ|biǎo ba. **f)** Qǐng (nín/nǐ) yì|zhí zǒu. **g)** Qǐng (nín/nǐ) kuài qù jī|chǎng ba.

Übung 8
a) Bù hǎo yì|si, wǒ de xíng|li hěn zhòng. **b)** Qù jī|chǎng dà|gài jiǔ|shí Kuài ba. **c)** Méi wèn|tí, wǒ bāng nǐ. **d)** Duì, wǒ|men mǎ|shàng dào le. **e)** Zhè ge xíng|li zhēn de hěn zhòng

Übung 9 (Beispiellösungen)
a) Dà|gài duō|shao qián? **b)** Nǐ qù nǎr? **c)** Kǎi|bīn|sī|jī dào le ma? **d)** Zài nǎr jiào chū|zū|chē? **e)** Nǐ yǒu xíng|li ma? **f)** Qǐng nǐ kuài yì|diǎn.

Übung 10
Dialog 1: a, **Dialog 2:** d

Übung 11 (Beispiellösung)
a) Nín xiān wǎng zuǒ, rán|hòu yì|zhí zǒu. **b)** Nín xiān yì|zhí zǒu, rán|hòu wǎng zuǒ. **c)** Nín xiān wǎng zuǒ, rán|hòu wǎng yòu.

Übung 12 (Beispiellösung)
a) Zěn|me bàn? **b)** Méi wèn|tí. **c)** Nǎ|li nǎ|li ! **d)** Wǒ zhǐ|lù.

Übung 13
Frage 1: d **Frage 2:** b **Frage 3:** a **Frage 4:** b und c

Übung 14
a) Shí|wǔ Kuài. **b)** Shí|èr Kuài wǔ Máo. **c)** Liù|shí|yí Kuài yì Máo.
Sie können u.a. Datum und Uhrzeit ablesen. Orientieren Sie sich an Quittung a).

Übung 15
a) Wǒ jiào <u>le</u> yí ge chū|zū|chē. – Ich habe ein Taxi gerufen. (Vollendete Handlung) **b)** Tā qù <u>le</u> huǒ|chē|zhàn. – Er/sie ist zum Bahnhof gefahren. (Vollendete Handlung) **c)** Dǔ|chē <u>le</u>. – Je nach Gesprächszusammenhang. „Es gibt Stau." (Situationsveränderung) oder „Es gab Stau." (Vollendete Handlung) **d)** Tā huí|lái <u>le</u>. – Sie/er ist zurückgekommen. (Situationsveränderung oder vollendete Handlung.) **e)** Tā diào|tóu <u>le</u>. – Sie/er hat gewendet (Vollendete Handlung) **f)** Wǒ de péng|you dào <u>le</u> Shàng|hǎi. – Mein Freund ist in Shanghai angekommen. (Situationsveränderung oder vollendete Handlung.)

Öffentliche Verkehrsmittel (S. 133ff.)

Übung 1
a) Wǒ hái méi yǒu piào. **b)** Wǒ de péng|you yě qù Shàng|hǎi. **c)** Qǐng|wèn, nín yào xià chē ma? **d)** Zhè zhāng wò|pū|piào duō|shao qián? **e)** Wáng xiān|sheng zài bú zài Zhōng|guó? **f)** Tā yào nǎ zhǒng piào?

Übung 2
a-3, b-4, c-1, d-7, e-2, f-6, g-5

Übung 3 (Beispiellösung zu a)
A: Wǒ yào qù Chóng|qìng. Yǒu méi yǒu ruǎn|wò|piào?
B: Yǒu!
A: Yì zhāng duō|shao qián?
b-e analog.

Übung 4 (Beispiellösung zu a)
Zhè ge chē qù bú qù Dōng|zhí|mén?
oder Zhè ge chē qù Dōng|zhí|mén ma?
b-e analog.

Übung 5 (Beispiellösungen)
a) Tā yǒu piào.
Tā yǒu **liǎng zhāng** piào.
Tā yǒu liǎng zhāng **qù Guǎng|zhōu de** piào.
Tā **méi** yǒu liǎng zhāng qù Guǎng|zhōu de piào.
b) Chē dào huǒ|chē|zhàn.
Chē **shén|me shí|hòu** dào huǒ|chē|zhàn?
Sān diǎn de chē shén|me shí|hòu dào huǒ|chē|zhàn?
Xià|wǔ sān diǎn de chē shén|me shí|hòu dào huǒ|chē|zhàn?
c) Wǒ|men yào chē.
Wǒ|men yào **huàn** chē.
Wǒ|men yào **zài Nán|jīng Lù** huàn chē.
Wǒ|men **bú** yào zài Nán|jīng Lù huàn chē.
d) Nín mǎi piào.
Nín **de ài|tai** mǎi piào.
Nín de tài|tai **yào** mǎi piào.
Nín de tài|tai yào mǎi **nǎ zhǒng** piào?
e) Shàng|wǔ yǒu chē.
Shàng|wǔ yǒu **qù Shàng|hǎi de** chē.
Shàng|wǔ **bā diǎn** yǒu qù Shàng|hǎi de chē.
Shàng|wǔ bā diǎn **hé shí** chē.

Übung 6 (Beispiellösung zu a)
Wǒ shàng|wǔ shí diǎn qù Chóng|qìng. Yào sān zhāng piào.

Übung 7
a) Nín yào jǐ zhāng piào? **b)** Huǒ|chē shén|me shí|hòu dào? **c)** Wǒ yào huàn chē ma? Wǒ de péng|you ne? **d)** Qù Xī'ān xià|wǔ jǐ diǎn yǒu chē?

Übung 8
a) xīng|qī (Woche) – huǒ|chē|zhàn (Bahnhof) – yuè (Monat) – bú kè|qi („Bitte." als Erwiederung auf einen Dank) **b)** shàng (hinaufgehen, einsteigen) – shén|me (was?) – wèn (fragen) – guǎng|chǎng (Platz) **c)** piào (Ticket) – tíng (anhalten) – duō|shao (wie viel) – xià (hinuntergehen, aussteigen) – qǐng|wèn („Eine Frage bitte...") **d)** dì|tiě (U-Bahn) – tài|tai (Ehefrau) – yào (wollen,

müssen) – zhè|lǐ (hier) – ba (Aufforderungspartikel) – xià|chē (aussteigen)

Übung 9
a) shàng / xià / tíng **b)** lái / qù – shàng / tíng **c)** zài – zài **d)** qù – lái

Übung 10
a) A: Qǐng|wèn, 3 lù chē (Bus der Linie 3) **zài nǎ|lǐ shàng**?
B: Nín yào zài nà|bian shàng.
b) A: Qǐng|wèn, nǐ|men zhè|lǐ **yǒu huǒ|chē|piào ma**?
B: Duì|bu|qǐ, wǒ|men zhè|lǐ méi yǒu huǒ|chē|piào.
c) A: Qǐng|wèn, wǒ zài **nǎ|lǐ xià chē**?
B: Nín zài Tiān'ān|mén xià chē ba.
d) A: Qǐng|wèn, **dì|tiě zài zhè|lǐ** ma?
B: Dì|tiě bú zài zhè|lǐ, zài nà|lǐ (dort).
e) A: Qǐng|wèn, **zhè shi Qīng|dǎo guǎng|chǎng ma**?
B: Zhè bú shi Qīng|dǎo guǎng|chǎng.

Übung 11
Beispiellösung: Nǐ xiān mǎi piào, rán|hòu qù hòu|chē|tīng.

Übung 12 (Beispiellösung)
a) Qù Shàng|hǎi Xī|zhàn nín zuì|hǎo xiān shàng 7 hào xiàn qù Cháng|shòu Lù. Zài Cháng|shòu Lù nín shàng 13 hào xiàn. Rán|hòu nín qù Lóng|dé Lù. Zài Lóng|dé Lù nín shàng 11 hào xiàn. Sì ge zhàn yǐ|hòu nín dào Shàng|hǎi Xī|zhàn. **b)** Qù Xī|zhàn nín yě kě|yǐ xiān qù Zhèn|píng Lù. Zài Zhèn|píng Lù nín shàng 3 hào xiàn. Rán|hòu nín qù Cáo|yáng Lù. Zài Cáo|yáng Lù nín shàng 11 hào xiàn. Sān ge zhàn yǐ|hòu nín dào Shàng|hǎi Xī|zhàn.

Übung 13 (Beispiellösung)
a) Qù huǒ|chē|zhàn zěn|me zǒu? **b)** Qù měi|shù|guǎn nǎ|lǐ shàng chē? **c)** Qù Tiān'ān|mén guǎng|chǎng yào shàng jǐ hào xiàn? **d)** Zhè ge chē shén|me shí|hòu qù Shàng|hǎi? **e)** Nín zhǎo shén|me?

Übung 14
a) z. B.: Nín xià lóu|tī qù dì|tiě ba. **b)** z. B.: Nǐ zuì|hǎo xiān shàng sān hào xiàn. **c)** z. B.: Tā xiān qù hòu|chē|tīng, rán|hòu qù zhàn|tái. **d)** z. B.: Nín yě kě|yǐ zài Dōng|zhàn shàng dì|tiě. **e)** z. B.: Yǒu jǐ ge qù Tiān|jīn Lù de chē?

Übung 15
a) nǎ|lǐ (Fragewort, keine Ortsangabe) **b)** piào („Ticket", kein Ort) **c)** yuè („Monat", ist kein Verb)

Übung 16
a) Tiān'ān|mén guǎng|chǎng zài qián|miàn. **b)** Qián|miàn shì Tiān'ān|mén guǎng|chǎng. **c)** Wǒ de zuò|wèi bú shì 41 hào. **d)** Wǒ de piào bú zài zhè|lǐ, yě bú zài nà|lǐ. **e)** Zhè ge chē|xiāng méi yǒu hǎo de zuò|wèi. **f)** Duì|bu|qǐ xiān|sheng, wǒ nòng|cuò le.

Übung 17
Lösung: Richtig sind c und e.

Übung 18
a) Wǒ qù yí|xià shòu|piào|jī. **b)** Wǒ mǎi yí|xià liǎng zhāng wò|pū|piào. **c)** Wǒ shàng yí|xià lóu|tī. **d)** Wǒ xià yí|xià chē. **e)** Wǒ zhǎo yí|xià liè|chē|yuán.

Übung 19
a) Nín lái yí|xià. **b)** Nín bāng yí|xià wǒ de nǚ|péng|you. **c)** Nín tíng yí|xià (nín de) chē. **d)** Nín de shǒu|jī, gěi wǒ yí|xià. **e)** Nín wèn yí|xià nà ge rén. **f)** Nín de piào gěi wǒ kàn yí|xià.

Übung 20
a) Zhè **shì** wǒ de xíng|lǐ. **b)** Chē|xiāng zhǐ **yǒu** wǔ ge rén. **c)** Zhèr **yǒu** lóu|tī, nàr yě **yǒu. d)** Wǒ de míng|piàn **zài** qián|bāo. **e)** Tā bú **shì** Tiān|jīn|rén , tā **shì** Jǐ|nán|rén. **f)** Nǐ **yǒu** wǒ de piào ma? **g)** Xíng|lǐ **zài** bú **zài** chē|xiāng? **h)** Běi|jīng **yǒu** jǐ ge dì|tiě|xiàn?

Übung 21
a-3, b-7, c-5, d-6, e-1, f-4, g-2

Übung 22 (Beispiellösungen)
a) Bù yuǎn, dà|gài wǔ|shí mǐ. **b)** Hái yǒu sān|shí fēn|zhōng. **c)** Tā xià|wǔ sān diǎn bàn shàng chē. **d)** Jiào Cháng|chūn Lù. **e)** Qù Gǔ|lóu yào zài Tiān|ān|mén Guǎng|chǎng huàn chē. **f)** Wǒ bù qīng|chu. **g)** Dào Qīng|dǎo zhǐ yǒu wò|pū|piào.

Übung 23
a) Sie will zu Fuß gehen. **b)** Die Frau will zum Ostbahnhof. **c)** Er schlägt ihr vor, mit der U-Bahn zu fahren, weil es zu weit zum Laufen sei und die U-Bahn schneller ist. **d)** Die Frau will wissen, wo die U-Bahn-Station ist.

Friseur und Massage (S. 153ff.)

Übung 1
a) bā diǎn bàn **b)** liǎng diǎn èr|shí fēn **c)** wǔ diǎn yí kè **d)** shí|yī diǎn líng wǔ fēn **e)** liù diǎn bàn **f)** sān diǎn sān kè

Übung 2
A: Nín lái **jiǎn** tóu|fa ma?
B: Shì. Wǒ **yù|yuē** le sān diǎn bàn.
A: Ò, **xiàn|zài** sān diǎn. Duì|bù|qǐ, wǒ|men hái hěn **máng**. Qǐng nín sān diǎn bàn **zài lái**.
B: Wǒ **zài** zhè|lǐ **děng**, hǎo ma?
A: Kě|yǐ.

Übung 3 (Beispiellösung)
a) Wǒ lái.
b) Wǒ xiàn|zài lái.
c) Wǒ kě|yǐ xiàn|zài lái.
d) Wǒ kě|yǐ xiàn|zài lái jiǎn tóu|fa.
e) Wǒ kě|yǐ xiàn|zài lái jiǎn nín de tóu|fa.

Übung 4 (Beispiellösung)
A: Nín hǎo, wǒ lái jiǎn tóu|fa. **Xiàn|zài** kě|yǐ ma?
B: Duì|bu|qǐ, bù kě|yǐ. Wǒ hěn máng. Nín zhè|lǐ děng èr|shí fēn|zhōng, hǎo bù hǎo?
A: Bù hǎo, èr|shí fēn|zhōng tài jiǔ. Wǒ **yǐ|hòu** zài lái.
B: Hǎo, nín kě|yǐ **sān diǎn bàn** zài lái.

Übung 5
Vgl. Text A 1

Übung 6
a) yì nián (Zeitdauer, kein Zeitpunkt) **b)** liǎng (kein Verb) **c)** fà|xíng (kein Körperteil)

Übung 7
a) Nǐ|men zuò jiǎo|bù àn|mó ma? **b)** Tā wǔ diǎn yǐ|hòu zài lái. **c)** Nǐ yào děng shí fēn|zhōng. **d)** Wǒ|men bú zuò quán|shēn àn|mó. **e)** Wǒ bú ài zhè ge fà|xíng.

Übung 8 (Beispiellösung)
a) Bejahend: Shì. Verneinend: Bú shì, wǒ de hái|zi bù lái jiǎn tóu|fa, wǒ lái jiǎn.
b) Bejahend: Dōu zuò. Verneinend: Wǒ|men bú zuò nán fà|xíng.
c) Bejahend: Yǒu. / Yǒu kòng. Verneinend: Duì|bu|qǐ, méi yǒu (kòng).
d) Bejahend: Yào děng shí fēn|zhōng. Verneinend: Mǎ|shàng jiù kě|yǐ.
e) Bejahend: Shì. Verneinend: Tā|men bù huí|lái.
f) Bejahend: Yào yù|yē. Verneinend: Bú yào yù|yē.

Übung 9 (Beispiellösung)
a) Nǐ|men nán fà|xíng yě zuò ma? **b)** Hòu|mian bú yào jiǎn tài duō. **c)** Quán|shēn àn|mó bā diǎn kě|yǐ ma? **d)** Wǒ zhǐ yào xǐ tóu. **e)** Wǒ de péng|you hòu|mian yào jiǎn céng|cì.

Übung 10
a) Qián|mian nín bú yào jiǎn tóu|fa. **b)** Wǒ|men xiàn|zài kě|yǐ xǐ tóu ma? **c)** Tā hòu|mian jiǎn céng|cì. **d)** Nín liǎng diǎn zài lái. **e)** Wǒ xiàn|zài yào yù|yuē.

Übung 11
Individuelle Lösungen, zum Beispiel: Nǐ|men hái yào děng.

Übung 12
a-5, b-4, c-1, d-6, e-2, f-3

Übung 13
a) Wǒ bú yào děng tài jiǔ. **b)** Nǐ zuì|hǎo zhǐ jiǎn yì diǎn|diǎn. **c)** Bú|yòng, xiè|xie. **d)** Nǐ zhào yí|xià jìng|zi.

Übung 14
a) Wǒ de tóu yào cháo xià. **b)** Wǒ jiān|bǎng bù shū|fu/ hěn lèi. **c)** Àn|mó jiān|bǎng, wǒ yào qīng yì|diǎn. **d)** Wǒ shàng|mian téng, xià|mian bù téng.

Übung 15
a) Shǎo yì|diǎn ba. / Qǐng shǎo yì|diǎn.
Weitere Lösungen analog.

Übung 16
Individuelle Lösungen

Übung 17
a) Wǒ gěi nǐ kàn diàn|yǐng. **b)** Tā gěi nín àn|mó. **c)** Wǒ|men gěi nǐ jiā rè|shuǐ. **d)** Wǒ gěi tā yì bēi chá. **e)** Tā gěi wǒ rǎn tóu|fa.

Übung 18
Individuelle Lösungen. Beispiele:
A: Wǒ|men zhǐ yǒu rè|shuǐ. B: Nà wǒ bù hē.
A: Wǒ|men zhǐ zuò jiǎo|bù àn|mó. B: Nà wǒ bú yào.
A: Wǒ|men zhǐ mài Yīng|wén bào|zhǐ. B: Nà wǒ bù mǎi.
A: Wǒ|men zhǐ zuò nǚ fà|xíng. B: Nà wǒ bù huí|lái.
A: Wǒ|men zhǐ fàng Zhōng|wén diàn|yǐng. B: Nà wǒ bú kàn.

Arzt und Apotheke (S. 173ff.)

Übung 1

a	d	u	o	t	u	k	p	l	ü
f	u	t	u	z	h	a	o	i	y
u	i	o	n	h	a	n	i	b	a
s	t	p	y	o	u	x	i	a	o
a	h	e	u	n	t	a	u	g	n
m	a	i	t	g	a	n	m	a	o
x	i	a	o	u	f	a	i	p	l
i	s	t	r	t	e	r	k	i	f
z	h	i	t	o	n	g	y	a	o
a	i	n	t	e	k	u	a	n	i

Übung 2
Frage 1: b **Frage 2:** c **Frage 3:** b **Frage 4:** c

Übung 3
A: Nín zhǎo **shén|me**?
B: Wǒ zhǎo **chuāng|kě|tiē** hé zhǐ|tòng|yào.
A: **Dà** hé hái|shi **xiǎo** hé zhǐ|tòng|yào?
B: Xiǎo hé.
A: 20 piàn 12 **Yuán** 5 Jiǎo.

Übung 4
a-4, b-3, c-2, d-5, e-6, f-1

Übung 5
a) Nǐ zhǎo shénme? **b)** Zhè shì zhōng|yào ma? **c)** Nǎ zhǒng hǎo? **d)** Nǐ xū|yào dà hé hái|shi xiǎo hé?

Übung 6
a) Nà|bian shì yào|diàn ma? **b)** Zhè shì sì|shí piàn zhǐ|tòng|yào ma? **c)** Zhè hé shì dà hé ma? **d)** Zhōng|yào yǒu|xiào ma? **e)** Èr|shí piàn shí Kuài hái|shi shí|wǔ Kuài?

Übung 7
a) Hái|zi bù néng mǎi yào. **b)** Zhè zhǒng yào bāo|hán kàng|shēng|sù. **c)** Nín xiǎng mǎi xī|yào hái|shi zhōng|yào? **d)** Zhè shì líng diǎn qī kè yí piàn. **e)** Bié dān|xīn, yào|diàn yí|dìng yǒu zhǐ|tòng|yào.

Übung 8 (Beispiellösungen)
a) Zhè zhǒng yào|piàn yí|dìng méi yǒu kě|dì|sōng ma? **b)** Hái|zi yí|dìng néng chī zhè zhǒng yào ma? **c)** Yí piàn yǒu líng diǎn èr hái|shi líng diǎn wǔ kè? **d)** Kě|dì|sōng néng chī duō jiǔ?

Übung 9 (Beispiellösungen)
a) Zhè zhǒng yào yě yǒu|xiào ma? **b)** Nǐ hái yào shénme? **c)** Tā néng chī kě|dì|sōng ma? **d)** Dà|rén yào chī kàng|shēng|sù duō jiǔ?

Übung 10
a-2, b-6, c-1, d-4, e-3, f-5

Übung 11
Frage 1: b **Frage 2:** b **Frage 3:** a

Übung 12
a) Nín xiàn|zài shūfu bù shū|fu? **b)** Yī|sheng gěi bù gěi nǐ kāi ge yào|fāng? **c)** Wǒ yào bú yào tuō shàng|yī? **d)** Nín yào bú yào tā měi|tiān chī liǎng piàn? **e)** Tóu jīn|tiān téng bù téng? **f)** Nǐ dù|zi è bú è?

Übung 13
a) jié|hūn (kein Bezug zum Thema Arzt und Apotheke) **b)** zhè|li (kein Substantiv) **c)** shū|fu (keine Zeitangabe)

Übung 14
a) tǎng|xià: sich hinlegen; sān: drei; zhèli: hier; xiàn|zài: jetzt; shì: sein; gěi: geben **b)** míng|zi: Name; jīn|tiān: heute; rèn|shi: kennen, kennenlernen; dǎ|zhēn: eine Spritze geben; dì|fang: Ort **c)** shàng|yī: Oberbekleidung; zhàng|fu: Ehemann; kāi|shǐ: anfangen; yě: auch; xué: lernen; kāi: öffnen, (ein Medikament) verschreiben **d)** ma: Fragepartikel; téng: wehtun; xiān|sheng: Herr; shēn hū|xī: tief atmen; tā|men: sie (Plural) **e)** yào|fáng: Apotheke; suì: Jahre alt sein; shén|me shí|hou: wann; qī: sieben; tuō: (ein Kleidungsstück) ausziehen

Übung 15 (Beispiellösungen)
a) Wǒ bù shū|fu, wǒ dù|zi téng. **b)** Wǒ de dù|zi jīn|tiān kāi|shǐ téng. **c)** Tā bù qǐng wǒ tuō kù|zi, tā qǐng wǒ tuō shàng|yī. **d)** Wǒ yào tǎng|xià. **e)** Yī|sheng gěi wǒ dǎ|zhēn. **f)** Yào|piàn wǒ měi cì yào chī sì piàn, měi tiān yào chī sān cì.

Übung 16
f – e – c – d – a – b oder f – d – a – e – c – b

Übung 17
a) Wǒ hū|xī.
Wǒ shēn hū|xī.
Wǒ kāi|shǐ shēn hū|xī.
Wǒ xiàn|zài kāi|shǐ shēn hū|xī.
b) Yī|sheng kāi yào|fāng.
Yī|sheng kāi yí ge yào|fāng.
Yī|sheng kāi bù kāi yí ge yào|fāng?
Yī|sheng jīn|tiān kāi bù kāi yí ge yào|fāng?
Yī|sheng jīn|tiān gěi nǐ kāi bù kāi yí ge yào|fāng?
c) Tā qǐng yī|sheng.
Tā qǐng yī|sheng dǎ|zhēn.
Tā qǐng yī|sheng gěi tā dǎ|zhēn.
Tā qǐng yī|sheng gěi tā de hái|zi dǎ|zhēn.
d) Tā chī.
Tā chī yào|piàn.
Tā chī zhè ge yào|piàn.
Tā yào chī zhè ge yào|piàn.
Tā shén|me shí|hou yào chī zhè ge yào|piàn?
e) Wǒ tuō shàng|yī.
Wǒ yào tuō shàng|yī.
Wǒ yào tuō shàng|yī hái|shi kù|zi?
Wǒ yào tuō shàng|yī hái|shi yào tuō kù|zi?

Übung 18
a) Hái|zi **yào** bú yào **tuō** tā de shàng|yī? **b)** Wǒ **de** bèi|bù **kāi|shǐ / hěn / bù** téng. **c)** Tā **měi / yí** cì **chī** sān **ge** yào|piàn. **d)** **Yī|sheng** qǐng tā **shēn** hū|xī. **e)** Měi cì wǒ dù|zi **téng** wǒ yào chī **eine beliebige Zahl** ge **yào|piàn**. **f)** **Nǐ shén|me** shí|hou **kāi|shǐ** bù shū|fu?

Übung 19
Individuelle Lösungen

Übung 20
a) Nǐ shén|me shí|hou kāi|shǐ chī yào? **b)** **Yí ge** xīng|qī **hòu tā dé le liú|gǎn.** **c)** Yī|sheng qǐng wǒ shēn hū|xī. **d)** Dài|fu zài gěi tā dǎ|zhēn, kě|yǐ ma? **e)** **Nǐ|men jīn|tiān** zuì|hǎo **hǎo**|hǎo xiū|xi.

Übung 21 (Beispiellösungen)
a) Wǒ yào zài chī yào|piàn ma? **b)** **Dài**|fu, wǒ yǒu shén|me bìng? **c)** **Jīn**|tiān kě|yǐ hē jiǔ ma? **d)** Wǒ **nán|péng|you shén|me shí|hou yào zài lái? e)** Wǒ yào xiū|xi duō jiǔ?

Übung 22 (Beispiellösungen)
a) Wǒ jīn|tiān kāi|shǐ tóu téng. **b)** Yǐ|hòu wǒ zài kě|yǐ hē jiǔ. **c)** Dài|fu měi cì gěi wǒ dǎ|zhēn. **d)** Wǒ tài máng, bù kě|yǐ xiū|xi. **e)** Zhè ge yào|piàn jiào Ā|sī|pǐ|lín.

Übung 23 (Beispiellösungen)
a) Tā yào tuō shénme yī|fu? Yào tuō shàng|yī ma? Yě yào tuō kù|zi ma? **b)** Tā yào tǎng|xià ma? **c)** Tā yào chī yào ma? **d)** Dài|fu kě|yǐ gěi tā kāi ge yào|fāng ma? **e)** Tā yào chī jǐ piàn? **f)** Yào|piàn tā yào chī duō jiǔ? **g)** Tā zuì|hǎo yào hē shuǐ hái|shi hē chá? **h)** Tā míng|tiān hái yào lái ma?

Die Haushaltshilfe (S. 196ff.)

Übung 1
a) qǐng (Verb, kein Adjektiv) **b)** dì|fang (kein Raum in der Wohnung) **c)** kòng (keine Zeiteinheit)

Übung 2
a) Nǐ xiān cā chú|fáng. **b)** Nǐ de ā|yí ài hái|zi ma? oder Hái|zi ài nǐ de ā|yí ma? **c)** Tài|tai, wǒ jīn|tiān dǎ|sǎo shū|fáng. **d)** Zhè liǎng ge **cè|suǒ méi yǒu chuāng|hu. e)** Wǒ|men de ā|yí bú yòng xué Dé|yǔ.

Übung 3
a) hái|shi **b)** gān|jìng / qǐng **c)** yě d) zāng / bú yòng

Übung 4 (Beispiellösung)
a) Nǐ xiān dǎ|sǎo chú|fáng, rán|hòu dǎ|sǎo cè|suǒ.
b) Qǐng cā shū|fáng de chuāng|hu.
c) Zhè ge fáng|jiān nǐ bú yòng dǎ|sǎo.

Übung 5
a) dǎ|sǎo, zhěng|lǐ **b)** yào, dòng, cā, zhěng|lǐ, ài **c)** dǎ|sǎo, cā **d)** ài **e)** jiāo|shuǐ **f)** dǎ|sǎo, zhěng|lǐ

Übung 6
Lösungen analog des Beispiels.

Übung 7 (Beispiellösung)
Beispiel für Montag: Xīng|qī|yī qǐng nǐ dǎ|sǎo cān|shí hé cè|suǒ.
Im Anschluss: Huā yào měi|tiān jiāo|shuǐ.

Übung 8
a) tàng (bügeln); gān|jìng (sauber); duì (richtig); sān (drei); zhè xiē (diese paar); hǎo (gut), yù|shì (Badezimmer) **b)** xǐ|yī|fěn (Waschpulver); jīn|tiān (heute); shì (sein); xiǎo|jiě (Anrede für junge Frau); chú|fáng (Küche); ba (Partikel für Vorschläge und Aufforderungen) **c)** rán|hòu (danach); yī|fu (Kleidung); zāng (schmutzig); tā (er, sie, es); yě (auch); zài (sich befinden); yùn|dǒu (Bügeleisen); nàr (dort) **d)** cè|suǒ (Toilette); kù|zi (Hose); gān|jìng (sauber); nǐ (du); bú yòng (nicht brauchen, nicht müssen); xiān (zuerst) **e)** shū|fáng (Arbeitszimmer); bā (acht); bù xíng (das geht nicht); ā|yí (Haushaltshilfe); cā (putzen, wischen); dǎ|sǎo (saubermachen); wǒ (ich)

Übung 9
a-4, b-5, c-6, d-1, e-3, f-2

Übung 10
a) Tā zài.
Tā zài Běi|jīng.
Tā jīn|tiān zài Běi|jīng.
Tā jīn|tiān zài Běi|jīng hái|shi zài Shàng|hǎi?
b) Wǒ yǒu.
Wǒ yǒu yùn|dǒu.
Wǒ méi yǒu yùn|dǒu.
Wǒ hái méi yǒu yùn|dǒu.
Wǒ hái méi yǒu yùn|dǒu hé xǐ|yī|fěn.
c) Ā|yí dǎ|sǎo.
Ā|yí dǎ|sǎo shū|fáng.
Ā|yí dǎ|sǎo tā|men de shū|fáng.
Ā|yí xīng|qī|wǔ dǎ|sǎo tā|men de shū|fáng.
Ā|yí xīng|qī|wǔ dǎ|sǎo tā|men de bù gān|jìng de shū|fáng.
d) Nǐ zài.
Nǐ zài chú|fáng.
Nǐ zài chú|fáng xǐ.
Nǐ zài chú|fáng xǐ yī|fu.
Nǐ zài chú|fáng xǐ wǒ|men de yī|fu.
e) Zhè shì chèn|shān.
Zhè nǐ de chèn|shān.
Zhè bú shì nǐ de chèn|shān.
Zhè yě bú shì nǐ de chèn|shān.
Zhè yě bú shì nǐ de chèn|shān ba.

Übung 11
a) Sie soll die Ehefrau fragen. **b)** Eine Hose. **c)** Sie sucht das Waschpulver. Es ist im Badezimmer.

Übung 12
a) Qǐng nǐ yòng shǒu xǐ chèn|shān. **b)** Nǐ yòng lěng shuǐ xǐ kù|zi. **c)** Nǐ tàng xī|zhuāng ba. **d)** Qǐng yòng xǐ|yī|jī xǐ zhè xiē yī|fu. **e)** Xī|chén|qì huài le, nǐ mǎ|shàng jiào rén lái xiū ba.

Übung 13 (Beispiellösungen)
a) Qǐng tàng nà xiē xī|zhuāng. **b)** Nǐ kě|yǐ zhěng|lǐ chú|fáng. **c)** Zhè xiē huā yào měi|tiān jiāo|shuǐ. **d)** Yī|fu yào yòng shǒu xǐ. **e)** Yù|shì bú yòng mǎ|shàng cā gān|jìng. **f)** Xǐ|yī|jī huài le. Nǐ jiào rén lái xiū ba.

Übung 14 (Beispiellösungen)
a) Zhè ge yùn|dǒu huài le, wǒ kě|yǐ zì|jǐ xiū. **b)** Nǐ jiào ā|yí cā cè|suǒ. **c)** Qǐng nǐ měi|tiān yòng shǒu xǐ yī|fu.
d) Máo|yī, wǒ mǎ|shàng yòng xǐ|yī|jī xǐ. **e)** Nǐ yào jiào rén xiū ma?

Übung 15
a) yí ge xiǎo bāo xǐ|yī|fěn **b)** sān píng niú|nǎi **c)** yí dà bāo xiāng|jiāo **d)** yí ge yùn|dǒu **e)** yì píng jiàng|yóu **f)** liǎng ge lí|zi **g)** shí ge jī|dàn **h)** sì gōng|jīn mǐ|fàn

Übung 16 (Beispiellösungen)
a) Qǐng mǎi wǔ ge xiāng|jiāo hé shí|èr ge jī|dàn. **b)** Qǐng nǐ mǎi shí|wǔ ge jú|zi hé sān píng niú|nǎi. **c)** Nǐ kě|yǐ mǎi xǐ|yī|fěn hé yì bāo yī|jiá. **d)** Nǐ mǎi qī ge lí|zi hé jiǔ ge xiāng|jiāo. **e)** Qǐng mǎ|shàng mǎi sì ge xī|hóng|shì hé liù ge dà píng|guǒ. **f)** Nǐ kě|yǐ mǎi liǎng bāo mǐ|fàn hé Ruì|shì qiǎo|kè|lì.

Übung 17
a) yào **b)** yòng – kě|yǐ/yào **c)** zài – mǎi **d)** yǒu – yào/yòng **e)** huài le – dòng/yòng **f)** gòu – mǎi g) zhěng|lǐ – xíng/kě|yǐ

Übung 18
a) Herr Schmitt ist sehr beschäftigt und kann nicht selbst einkaufen gehen. **b)** Ein Kilo píng|guǒ (Äpfel), fünf jú|zi (Mandarinen), zwei Flaschen Milch, eine Flasche Sojasoße, drei große Packungen Butter. **c)** Bananen und Reis.

Übung 19
a) Nǐ de hái|zi yào chī shén|me? **b)** Tā|men jīn|tiān bú yào chī tián de cài. **c)** Tā shén|me shí|hou xǐ zhè xiē zāng de yī|fu? **d)** Wǒ|men de ā|yí yào zuò wǔ ge cài. **e)** Wǒ hé wǒ tài|tai qī diǎn chī wǎn|fàn. **f)** Nǐ bú yòng zuò xián de cài ba.

Übung 20 (Beispiellösung)
Nǐ bā diǎn cā yù|shì. Bā diǎn bàn dǎ|sǎo kè|tīng. Jiǔ diǎn nǐ mǎi xǐ|yī|fěn. Shí diǎn bàn xǐ yī|fu. Shí|yī diǎn bàn zuò zhōng|fàn.

Übung 21
a) Wǒ de nán|péng|you hěn xǐ|huan (chī) xī|hóng|shì.
b) Ā|yí, qǐng nǐ xià|cì bié fàng wèi|jīng. **c)** Tā měi|tiān zì|jǐ zuò fàn. **d)** Zhá tǔ|dòu bú shì Zhōng|guó cài. **e)** Zhè liǎng ge cài yào yòng huáng|yóu chǎo. **f)** Jīn|tiān wǒ|men yào chī Dé|guó cài.

Übung 22
a) Ein neues Gericht, das er am Mittwoch gegessen hat. Ein Gericht aus Sichuan. **b)** Mapo Doufu. (Der Tofu der pockennarbigen Alten.) **c)** Die Zutaten (Tofu, Rindfleisch, Knoblauch, Sojasoße, Blütenpfeffer).

Kinder (S. 216ff.)

Übung 1 (Beispiellösungen)
a) Zhè shì yí ge nǚ|hái, bā suì, hé liǎng ge nán|hái. Yí ge shí|yī ge yuè, yí ge sì suì. **b)** Zhè shì yí ge nǚ|hái, shí suì. **c)** Zhè shì liǎng ge nán|hái, liù suì.

Übung 2 (Beispiellösungen)
Wǒ|men yì|qǐ xué Dé|yǔ.
Hái|zi|men rèn|shi nǐ.
Tā|men pāi|zhào.
Sān ge rén yì|qǐ lái.
Mǎ xiān|sheng hé Wáng nǚ|shì jié|hūn le.

Übung 3
a) Hái|zi|men duō dà? **b)** Nín de tài|tai duō máng? **c)** Liǎng zhāng piào duō|shǎo qián? **d)** Nǐ|men yǒu ér|tóng piào ma? **e)** Nán|hái duō gāo? **f)** Hái|zi duō kě|ài!

Übung 4
a) jǐ **b)** duō|shǎo **c)** duō|shǎo **d)** jǐ **e)** duō

Übung 5 (Beispiellösungen)
a) Yǒu méi yǒu ér|tóng piào? Antwort: Yǒu.
b) Zhè ge cài là bú là? Antwort: Bú tài là.
c) Tā lái bù lái Zhōng|guó? Antwort: Lái./Bù lái.
d) Wáng xiǎo|jiě de Yīng|yǔ hǎo bù hǎo? Antwort: Hěn hǎo. **e)** Nǐ|men yǒu méi yǒu sháo|zi? Antwort: Dāng|rán (natürlich) yǒu. **f)** Nǐ|men de hái|zi rèn|shi bú rèn|shi tā? Antwort: Bú rèn|shi. **g)** Nǐ ài bú ài Zhōng|guó cài? Antwort: Hěn ài.

Übung 6
Lái.
Lái yí ge.
Lái yí ge ba.
Lái yí ge cài ba.
Lái yí ge bú là de cài ba.
Lái yí ge bú là de cài ba.
Nín lái yí ge bú là de cài ba.

Übung 7
a) Alle bestellten Gerichte sind sehr scharf und vielleicht nicht für Kinder geeignet.
b) Nein. Aber die Kinder können nichts Scharfes essen.
c) Es wird gebratener Reis bestellt.

Übung 8
a) Tā **gěi** hái|zi **mǎi/huàn** niào|bù. **b)** Nǐ **dài** wǒ **qù** nǎr? **c)** Qǐng **gěi** wǒ **mǎi/dài/lái** liǎng ge cài. **d)** Wǒ **gěi** nǐ **kàn** tā de míng|piàn. **e)** Wǒ **gěi** hái|zi **chī** qiǎo|kè|lì. **f)** Nǐ **gěi** hái|zi **mǎi** shén|me?

Übung 9
c und e

Übung 10
a) Qǐng nǐ bā diǎn jiē wǒ. **b)** Qǐng nǐ jiǔ diǎn sòng hái|zi qù yòu|ér|yuán. **c)** Wǒ zì|jǐ sòng tā qù yòu|ér|yuán. **d)** Nǐ bú|yòng jiē wǒ.

Übung 11
a-4, b-1, c-5, d-2, e3

Übung 12 (Beispiellösungen)
a) Ich gehe Tickets kaufen. **b)** Wǒ sòng nǐ qù huǒ|chē|zhàn. **c)** Er kommt dich besuchen. **d)** Fahrt ihr nach Peking? **e)** Ā|yí qù zuò cài. **f)** Komm doch mal probieren. / Probier doch mal. **g)** Gěi wǒ lái jiǎn tóu|fa. **h)** Sie bringt dich nach Hause.

ABBILDUNGSNACHWEIS

Grafiken und Zeichnungen von Julius Friedl

Melina Barth 49; **BMW Brilliance Automotive Ltd.** 21 rechts unten; **Ding Na** 169; **Hartmut Göbel** 143 (rechts), 149; **戴维 David Z. Q. Jia** 53, 91, 93, 96, 98, 103, 109, 181 (links oben und unten, rechts unten), 182, 184, 185, 188, 192, 194, 197 (links unten), 201; **Tobias Kegler** 42, 84 (rechts oben und unten), 99 (rechts oben), 118 (rechts unten), 119, 121 (rechts), 132 (rechts), 205 (rechts Mitte), 211 ; **Veronika Köppl** 21 (links oben), 32, 64, 69, 79, 99 (unten), 202, 205 (Mitte links) ; **Heike Kraemer** 7, 21 (rechts oben), 30, 45 (links oben, links und rechts unten), 47, 51, 55, 57, 59, 61, 63 (links oben und unten, Mitte links), 67 (rechts), 70, 72, 73, 75, 76, 80, 84 (links unten), 86, 88, 95, 97, 102, 107, 111, 118 (oben und links unten), 120, 121 (links), 124, 127, 132 (links), 133, 134 (oben), 136, 141, 143 (Mitte), 147, 158, 161 (oben), 166, 167, 168, 172, 176, 197 (rechts), 205 (rechts unten), 210, 212; **Thomas Kraemer** 27; **Diana Krause** 100; **Li Dawei** 29; **Frank Meinshausen** 19, 21 (links unten), 36, 38, 45 (rechts oben), 63 (rechts oben), 66, 67 (links), 83, 89, 111, 117, 118 (rechts Mitte) 137, 151, 157, 181 (rechts oben) 197 (links oben), 205 (links oben)

Pexels
63 (Mitte rechts) Dewey gallery. https://www.pexels.com/de-de/foto/ernte-frau-mit-tassen-tee-4030788/
84 (links oben) Sam Lion. https://www.pexels.com/photo/pensive-asian-female-using-laptop-and-talking-on-smartphone-5709599/
126 Lian Rodriguez. https://www.pexels.com/de-de/foto/menschen-die-fahrrad-oder-motorrad-fahren-und-wahrend-des-regens-gehen-2872871/
179 Ryutaro Tsukata. https://www.pexels.com/it-it/foto/terapista-pungere-la-pelle-con-aghi-durante-la-procedura-di-trattamento-5473184/

Pixabay
9 unten (Jiaozi) Cassie Thinking. https://pixabay.com/de/photos/kn%c3%b6del-taiwan-schmackhaft-2392893/
9 oben (Baozi) Jing. https://pixabay.com/de/users/jing-48262/
105 Goldfrapp. https://pixabay.com/photos/airport-boeing-airliner-tower-1203075/
114 Reijo Telaranta. https://pixabay.com/photos/mini-bus-tricycle-4254618/
134 Wolfgang Reindl. https://pixabay.com/de/photos/himmelstempel-peking-china-beijing-645568/
138 martinkadu. https://pixabay.com/photos/train-china-mountains-railway-5826430/
156 MemoryCatcher (Siggy Nowak). https://pixabay.com/de/photos/barbier-haar-china-friseur-frau-3593928/
161 (rechts Mitte) bekashiller (Rebekah Lancaster). https://pixabay.com/photos/acupuncture-herbs-alternative-2308489/
205 syoclo (Sylvie Deloge). https://pixabay.com/photos/china-chinese-play-simple-boy-213851/
207 user_id:667037. https://pixabay.com/photos/married-couple-man-woman-old-579172/
209 Jason Goh. https://pixabay.com/photos/chinese-restaurant-asia-dish-china-679384/

Rebecca Rausl 34; **Reichert Verlag** 20

Shutterstock
9 Mitte (Zongzi) Romix Image. https://www.shutterstock.com/de/image-photo/zongzi-rice-dumpling-chinese-traditional-dragon-1956234679
25 Tom Wang. https://www.shutterstock.com/de/image-photo/businessman-giving-bunsinee-card-young-businesswoman-1643747569
87 Arthur Matsuo. https://www.shutterstock.com/de/image-photo/beijing-china-december-25-2019-entrance-1794825307
129 BartlomiejMagierowski. https://www.shutterstock.com/de/image-photo/yueyang-hunan-china-october-3inside-train-62249218
130 Parichart Patricia Wong. https://www.shutterstock.com/de/image-photo/sleeping-berth-on-train-china-1098847280
154 metamorworks. https://www.shutterstock.com/de/image-photo/hair-salon-concept-shampoo-station-718410409
161 (links Mitte) humphery. https://www.shutterstock.com/de/image-photo/jiujiangchinamarch-5-2014-daily-life-elderly-473867830
161 (unten) pcruciatti. https://www.shutterstock.com/de/image-photo/chongqing-china-jan-14-chinese-traditional-68934115
163 Dimitry Kalinovsky. https://www.shutterstock.com/de/image-photo/chinese-pharmacist-chemist-woman-choosing-tablets-152548235
189 ucchie79. https://www.shutterstock.com/de/image-photo/air-conditioner-cleaning-273836828
203 BaLL LunLa. https://www.shutterstock.com/de/image-photo/woman-cleaning-toilet-bowl-brush-1140776546
208 BoyCatalyst. https://www.shutterstock.com/de/image-photo/guangzhou-china-17-april-2017-child-629148449
215 Robert Kneschke. https://www.shutterstock.com/de/image-photo/kids-celebrate-together-childrens-birthday-party-578000404

Angela Wagner 143 (links), 205 (rechts oben), 216, 219; **Johannes Weikmann** 197 (links Mitte)

Wikimedia Commons
99 (links oben). Anonymousfox36- Own work, CC BY-SA 4.0, https://commons.wikimedia.org/w/index.php?curid=110856799
113 File: HK Central Taxi n South China Morning Post ads Classified Post.JPG; Autor: ChvhLR10; Link zur Lizenz: https://tinyurl.com/m664wppx; Es wurden keine Änderungen vorgenommen.

LISTE DER AUDIO-DATEIEN

Audio-Dateien
zum Download oder
direkten Hören
auf reichert-verlag.de

LISTE DER AUDIO-DATEIEN